原点教学

提升区域育人质量的
策略研究

陈 力 罗基鸣◎主编

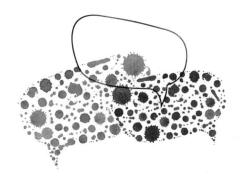

华东师范大学出版社

编　委　会

目 录

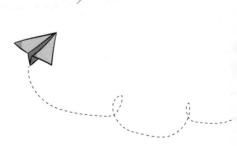

　　课堂教学要回到"原点"。从现实情况看，我们的课堂教学仍然存在着不少问题，课堂教学效果仍然不够理想。回归"原点"的课堂教学强调以问题为导向，着力于三个层面的改革：学校层面，完善与教学相关的管理制度，丰富校园文化，倡导以文化为主导的学校改革；教师层面，着力研训结合的教师专业发展，提升教师素质；课堂层面，进一步规范课堂教学秩序，优化课堂教学，提升教学质量。

第二章 基于标准：学科教学指导意见的编制与使用 / 023

课程标准是课堂教学的依据，也是测试命题的依据，是每一位教师心中都必须珍藏并遵守的"教学宝典"。不理解课程标准中的阶段目标，教学和评价都可能迷失方向。但课程标准并没有提供具体的操作指导意见，因此，在具体的教学中应当基于标准，结合每所学校和各学科的情况编制有操作性的教学指导意见以指导具体教学。

第三章 教学艺术：吸引孩子们进入学习的力量 / 049

教学是一个动态变化的过程，有效的教学不仅需要教育理论支持，更需要教学艺术的滋润。不少参与"原点教学"改革的学校经过长期的教学经验积累，形成了操作性强、实效显著的多种常用的教学方法，如情境教学法、语言幽默法、诱导质疑法、游戏法、故事法、肢体语言法等。这些教学方法从不同角度，借用不同载体，灵活运用语言、游戏活动、情境等手段，充分发挥教学情感的功能，形成了独具风格的教学艺术，将孩子们的注意力吸引到课堂上。

第四章　课堂范型：用流程稳定教学质量 / 091

在教育价值取向达成共识的前提下，教师在课堂这一特定教学场域中建立起较为稳定的教学活动框架和程序，从而形成一定的课堂教学范型。项目研究过程中，不少学校在课堂教学模式方面独树一帜，形成了特色鲜明的课堂范型，如以"循环链接教学模式"打造"生态课堂"、以"微环节教学"打造"高效课堂"以及以"类结构教学"打造"有效课堂"等。这些学校以流程稳定教育质量，其他学校可以从相关模式、方法中获得启发、帮助，并加以借鉴。

第五章　课堂监控：用"口令"来改变学习 / 123

"课堂口令"因其内容明确、语言精练的特点，尤其在大班额课堂中，发挥着十分重要的作用，可作为一种有效的课堂监控手段。"课堂口令"可以用于调控纪律、评价鼓励等具体教学活动中。项目研究过程中，一些学校针对学校"课堂教学管理欠规范、学生学习习惯不好、听课效率低下"等实际问题，探索并形成了成熟可复制的经验，即以课堂口令来构建有序课堂常规，达成高效的课堂管理。

第六章　质量监测：提升教学质量的关键工具 / 159

教学质量监测需要科学的测量方法和技术工具，从不同的维度对学校、教师和学生的行为表现等相关信息进行收集、归类、整理与分析，从而整体评价学校教学质量及其发展现状。在"原点教学"帮扶实验项目中，一些学校特别注重教学质量监测体系的构建。他们结合学校自身发展的实际情况，从学校教学水平、学生发展水平、教师专业发展等方面构建了具有特色的、科学可操作的教学质量监测体系。

第七章　制度重建：学校管理与教学改革良性互动 / 187

学校管理改革不可能一蹴而就，同时也不能孤立进行。教学改革的全面、深入开展，需要一个与之相适应的管理制度的支撑和保障，即学校管理与教学改革应形成一种良性互动。一方面教学管理要促进课堂教学改革，另一方面课堂教学也可能倒逼学校进行管理改革，两者相互促进，形成良性循环。在"海南省小学低年级基础学科教育教学综合改革实验研究"项目中，不少学校针对原有学校管理制度存在的弊端，重新构建新的管理制度，提升了教学质量，获得良好效果。

第八章 协同机制：用"共同体"撬动教学变革 / 241

基于提高教学质量、促进学校发展的目的，海南省部分中小学校建立起了相应的合作机制，建立起了学校发展"共同体"，形成了相互帮扶与支持的合作关系。各个"共同体"学校优势互补，加强学校之间的交流与合作，促进教育均衡发展，形成了良好的协同机制。学校以"共同体"撬动教学变革，在学校管理层面、班级管理层面、教师教学层面与学生学习层面都获得了成效。

前　言

用"原点思维"看教学改革

　　黑格尔曾说:"前进就是回溯到根据,回溯到原始的和真正的东西。"①从事物发展的初始点、起始点思考问题的方式,我们叫做"原点思维"。"原点思维"在很多时候能给我们解决实践中的问题以新的视角,从而寻求新的突破。

　　在生活中,常常遇到这样的情况:一些难以找到答案的问题,只要回到问题的原点去思考、探究,答案马上就会像闪电一样在思维的黑暗夜空中明晰地显现出来。例如,美国新泽西州杨格先生种植的味道好、无污染的"高原苹果"在国内市场上很畅销。有一年,在苹果成熟季节,一场冰雹袭来,把满树苹果打得遍体鳞伤。而杨格已经预订出了9 000吨质量上等的苹果,面对这突如其来的天灾,看来只有降价处理,自己承受其中的经济损失了。但是杨格具有出色的应急智慧,善于利用"原点思维"把不利因素变为有利因素。他想出了这样一条绝妙的广告:"本果园出产的高原苹果清香爽口,具有妙不可言的独特风味。请注意苹果上被冰雹打出的疤痕,就是高原苹果的特有标记。认清疤痕,谨防假冒!"结果,这批受伤的苹果极为畅销,以至于后来的经销商专门请他提供带疤痕的苹果。② 可见,回到原点的思维是解决问题的关键。

　　黎巴嫩的著名诗人有一首诗中写道:"我们已经走得太远,以至于都忘了我们为什么而出发。"用这首诗来描述我们当前的教学现状是何等贴切。在我们当下的课堂教学中,出现了多少问题都是源于我们不清楚教学的"原点"为何。我们大多数的教学问题都是因为我们背离了教学的最初"原点"而陷入了越改越有问题的怪圈。

　　有学者将我们现在背离"原点"的教学现象称之为"反教学现象"③。比如说,教师

---

① (德)黑格尔.逻辑学[M].杨一之,译.北京:商务印书馆,1965:55.

② 陈凯安.原点思维[J].思维与智慧,2006(1):4-5.

③ 李倩,刘万海.回归教学原点:意涵及可能[J].当代教育科学,2010(6):10-13.

在知识讲授中的统一步调、强制灌输，以及对宣扬的价值信条本身缺乏诚意；各种有形无形的课堂冲突（比如体罚、辱骂、剥夺学习权利等）导致师生关系的紧张；带有表演味道的造假公开课展示；不顾及个体差异，损害个性与创造力的僵硬刻板的标准化评价，以及不切实际的随意表扬与浮夸；学习者的模式化、高分低能与情感淡漠；教育者的疲于应付，日益功利化的教学取向，以及对学生不切实际的过高要求等等。各种反教学现象的增多，不仅影响了教学质量，也影响着师生的交往效果、人际关系，导致教师不愿意教而强教，学生不愿意学而被迫学，双方在对抗性气氛中都享受不到教学本身带来的成就感与幸福感，甚至还影响到社会对学校教育，对教师和学生身份的公正评价。我们现在要做的，就是对那些未曾加以审视或予以重视的表现以新的关注和解释。研究者认为反教学现象出现的根源不在于个体，如指责有的教师不够敬业、专业素养低下，课堂管理、沟通等教学技能与教学机智水平差，导致师生交往困难、正常教学受阻、教学质量下降等；或者干脆埋怨学生不够听话，学习动机不强，品性顽劣。这些因素当然都可能难逃其咎，但皆因其或然性而算不上根本的解释，最根本的原因在于师生精神自由的缺失。

也有学者从有效教学的角度将教学的历史嬗变分为适应生存需要的实用性教学，以个人发展为目标的教学模式多元化，以及回归主体并关注个体内心体验的为幸福而教的三个历史阶段①。适应生存需要的实用性教学阶段是指自教育产生以来到近代以赫尔巴特为代表的形式教学论的发展阶段，该阶段主要特征是教育为适应个体的生存需要，教学的目的为传授经验知识。以个人发展为目标的教学模式多元化阶段，主要是指 20 世纪以来的教学理论，其中以杜威把"人"的问题引入教学为标志。该阶段的主要特征是教学开始关注个人的发展，教学的内容由单一的知识传授转变为发展多元智能。教学论在发展的历程中，逐渐偏离了其对人性"善"的追求，而失去了其正当性；以其目标的功利性失去了教学的有效性；以教学方式的技术性而失去了教学过程的自足性。未来的教学发展应当是回归主体并关注个体内心体验的为幸福而教的阶段。

---

① 闫婷.回归原点的有效教学[J].基础教育,2014(1)：58 – 65.

无论是对"反教学现象"的控诉,还是对有效教学历史嬗变的追溯,我们都可从中发现——我们的教学现状已经背离教学的初衷、原点太远。我们认为当前的教学领域背离"教学原点"主要表现在以下几个方面:背离学生主体、背离学生生活、背离发展规律、背离教育的本质。

1. 背离学生主体。教学是教师的教与学生的学的统一,教师与学生在教学过程中互动、交流,以此使学生获得知识、能力、思想、技能的提升。这是学界对教学的共识。在教与学这对矛盾体中,我们也清楚教师的教是为了促进学生的学。学生是教学的主体,这是有效教学的基础。保证学生在教学中的主体性地位,让学生参与教学是提高教学效率的有效途径。尽管这一观念在学界已有共识,每个基础教育的教师也基本认同这一教学理念。然而,只要回到课堂之上,我们的教师基本仍旧回到"满堂灌"、"一言堂"等传统教学模式上来。我们发现出现这一现象的原因是多方面的:一方面教师习惯于传统的教学模式,一旦运用启发式、讨论式等师生互动的教学方式,我们的教师一下子很难胜任其教学运作。因为讨论式、启发式的教学方式会给课堂教学带来更多的变化性、开放性。这种变化性和开放性给教师运作课堂带来了麻烦和困难,可以说我们的教师还并不具备胜任开放式教学的能力素养。另一方面,即便是我们的教师具有较高的教学技能,能胜任开放式的教学方式,我们的学生也并不习惯于开放式的课堂教学。一旦进入课堂的讨论环节,课堂往往会出现"万马齐喑"的尴尬局面。我们的学生习惯于教师讲授式的传统课堂,习惯于接受学习,一旦进入互动式的教学环节,学生往往未经过准备,不知如何发言,甚至还生怕自己的发言有误而使自己陷入尴尬的境地。这种师生双方的不习惯于开放式互动教学的情况,使我们的教学改革困难重重。这种传统的"一言堂"无法保证学生的主体参与。这种对教学主体性的背离,又是我们教学改革的深层桎梏。

2. 背离学生生活。杜威曾批判以赫尔巴特为代表的传统教育学使学校脱离社会,使教育和生活割裂,提出了"教育即生活"、"学校即社会"的观点。我们现在的学校教学基本仍旧是以课本的知识传授为主,很少与我们的生活经验相联系。我们的教师并不善于将课本的抽象知识以生活经验的方式给学生呈现。教师之所以如此,是因为将课本知识转化为生活经验的形式是一个很复杂的过程,需要教师具备丰富的生活经验,并且善于将它与课本知识相联系。其次,以生活经验的方式给学生呈现课本知识需要耗费很多的时间和精力。教师需要不断地举生活中的例子,以及做各种游戏来让学生理解课本所要求的知识在生活中的表现。这种教学方式比较耗时、耗力,也不一定能取得很好的教学效果。许多教师认为这会增加教学负担,也会降低教学效率。这说明我们的很多教师仍然停留在"传授知识"这一层面。我们知道知识是传授不完的,而且争分夺秒地在课堂上传授过多的知识,学生也是吸收不了的。课堂教学更应注重学生该如何学会学习,以及理解知识在生活世界中的意义。只有学生理解知识在生活世界中的意义,才能使其对知识产生热爱,才能理解学习知识对其自身发展是有用的。这些对学习的态度和观念其实对一个人的终身发展是影响深远的。知识本源于生活经验的积累、提炼,知识的教学也应当回到生活世界的本来面貌。课堂教学应当回到"知识"的原点,与学生生活经验相契合。

3. 背离发展规律。根据心理学的研究,学生的发展具有阶段性、顺序性、连续性和个别差异性。"因材施教"是自古就提出来的重要教学原则。我们的课堂教学应当遵循教学原则和学生的发展规律。然而在我们的课堂教学中存在诸多背离这些教学原则和发展规律的现象。我们的课堂教学强调整齐划一,因为整齐划一能给我们的教师减少很多麻烦。课堂教学是一对多的,如果我们的教学不是整齐划一,那么教师就需要更多的教学操作以应对不同学生的要求。这种整齐划一的教学实际上对大部分学生都是不利的。因为学习速度较快的学生按照教师的进度就是浪费了很多时间。学习速度比较慢的学生也跟不上教师的教学进度。因此,这种整齐划一的教学方式对于大部分学生而言都是不利的。整齐划一的教学方式忽视每个学生的差异性、阶段性。这种对发展规律的背离,违背了教学的初衷,阻碍了有效教学的进行。

4. 背离教育的本质。王道俊、郭文安编写的《教育学》曾指出教育的质的规定性是有目的地培养人的社会活动。教育的本质在于促进人的发展,这种发展既表现为知识的增长、能力的发展,也表现为品德的成长、社会性的获得。教育所指向的人的发展是一种全面的发展,而非片面的发展。反观我们当下的课堂教学,教学是唯考试是瞻,唯分数至上。家长、教师、学校之间达成空前的默契,学生在考试中获得高的分数是对学生未来的负责。而那些从事学生个性发展、兴趣培养和爱好特长的活动均被视为妨碍学生学业水平发展的活动。其实,数十年的教育实践早就告诉我们学生成绩的高低并不意味着学生未来社会成就的高低,甚至很多时候是反其道而为之的。然而,我们的家长、教师、学校在明白这些状况的同时,却依然置若罔闻,知其不可而为之地践行着"分数至上"、"知识至上"的课堂教学。一位家长的话可谓道出了此中真意:"一所学校能让我的孩子,通过几年努力考入名牌大学就是对我们来说最好的教育。"从中,我们可以看出家长对孩子真切的关爱与期望。然而我们也可以看出这种价值观是我们社会对教育的歪曲,我们的孩子这么刻苦地读了 12 年的书,仅仅是为了考入大学或者考入名牌大学吗?那么,北大、清华之类的名校扩大招生规模是否就意味着我们教育质量的提高?显然,这种结论是荒谬的,这种价值观也是一种歪曲了的价值观。我们现在的教育就是处在一种只看教育结果,无视教育过程,甚至是为了教育结果而不择手段的教育。这种教育显然已经违背教育的本质。这种对教育本质的背离,最终只会让我们的教育离其"原点"越来越远。陷入群体无知的我们已经在不知不觉中走上了一条南辕北辙的不归路,且越行越远⋯⋯

在我们现实的课堂教学中,背离教学原点的现象并不仅仅表现在学生层面,在教师专业化方面也存在背离"原点"的现象。

在教师方面,背离"原点"的现象表现为教师教学自主性的消失。联合国教科文组织在 1966 年发布的《关于教师地位的建议》的报告中明确将教师列为一种专门职业。专门职业的专业性主要体现在三个方面:一、具备专门的理论和知识;二、为社会提供专门而不可替代的服务;三、工作具有专业自主性。其中,工作的自主性是职业专门性的核心特征。教师作为一种专门职业,其教学能力是其专业自主性的主要表现。因此,从学理上讲教师的教学应当具有自主性,教师应当自主决定自己的教学,包括教材的选用、教学进度的安排、教学目标和教学价值的取舍以及对教学的自主评价。然而,在现实的课堂教学中,我们的教师的教学自主性却受到种种挑战。我们的教师无法随意选择教材,也不能决定其教学进度的快慢,甚至连教学方式都要在相互讨论中慎重选择。我们教师教学的主体性受到严重的挑战。在新一轮课程改革中,有人将我们的教师比喻为"戴着镣铐跳舞"的人。可见,我们的教师没有专业的自主性,其教学的运作受到教材、教育行政部门、教研组等多方面的制约。这种对教师职业自主性的束缚使教师沦为教材的"传声筒"、可怜的教书匠。我们常将教师的工作经典地阐述为"传道，授业，解惑也"，如今的现状是"师道之不传也久矣"。其实，教师的自主性是教师专业发展的源泉，教师教学自主性的消失，让教师失去了对教学工作的能动创造性，其教学工作成了一种机械的操作。教学经验失去了原汁原味的"活水"，成了简单、反复的操作。教师的专业发展失去了实践的沃土，只能在贫瘠的荒漠中缓慢前行。教学的本意是教学相长，教与学双方在教育的场域中交流、互动，共同发展。当下的课堂教学变成了教和学在种种束缚下的"表演"。教学既是对教师的束缚，也是对学生的束缚。

正是由于我们的课堂教学出现了背离学生主体、背离学生生活、背离发展规律、背离教育本质以及背离教师教学自主性等背离教学"原点"的问题，我们的教学才逐渐偏离教学正轨，迷失教学方向。既然问题出自背离教学"原点"，那么解决之道就应该是认清教学"原点"，并让我们的课堂教学逐步重返教学"原点"。

那么教学的"原点"是什么呢？"原"，即最初、起始的意思；"点"，即方位、地点。"原点"，就是最初的地点、起始的地点的意思。其实仅仅将"原点"看成是最初的起始点没有完全理解原点的意思。按照马克思主义哲学的观点，"原点"和"终点"是相对的概念，"原点"既是最初的地点，同时"原点"也预示着"终点"的方向、归宿，而"终点"又是事物发展下一阶段的"原点"。因此，"原点"教学，就应该回归课堂，回归教学的初始状态。我们应该知道教学是教育的一种手段，因此我们在追问教学的"原点"为何时，应当从"教育是什么"这一核心问题谈起。我们应当从历史的视野追问"教育是什么？"只有了解教育的本质的历史嬗变，探索教育本质的时代所指，我们才能进一步认识何为教学的"原点"，以及如何回到教学原点。

"教育是什么？"这个"大问题"古今中外都有无数教育家、思想家谈论过。我国第一本教育专著《学记》就论述道："教也者，长善而救其失者也"；到了东汉许慎的《说文解字》又将其表述为："教，上所施，下所效也。""育，养子使作善也。"道家老子认为"人法地，地法天，天法道，道法自然"，认为一切都应当回归自然，"复归"人的自然本性，教育就应当是使人"复归"人的本性；在古希腊，伟大思想家柏拉图说：教育引导人类从"现实世界"走向"理念世界"，将芸芸众生从黑暗引导向光明，最终，走向绝对的"善"；柏拉图的学生亚里士多德则认为，追求理性就是追求美，这便是教育的最高目的；捷克著名教育家夸美纽斯在"自然主义"原则基础上建立了他的学校制度,倡导"泛智教育",即"把一切知识教给一切人的艺术";法国启蒙思想家卢梭认为:教育应当依据儿童自然成长的顺序,培养具有思维、欢乐和感受能力的儿童,"只有符合自然的教育才是最有效的教育";德国哲学家康德在讨论教育问题时认为,教育的根本任务在于充分发展人的自然禀性,使人都成为其本身,成为原本的自我,得到自我的完善;被誉为"师圣"的瑞士教育家裴斯泰洛齐认为:教育的目的是在于按照自然的法则全面地、和谐地发展儿童的一切天赋力量;科学教育学的创始人赫尔巴特认为道德教育是教育的第一任务;美国哲学家、心理学家、教育家杜威认为"教育即生活",教育是经验的改造或重组,主张"在做中学";马克思在深刻地分析了人的全面发展的意义和教育对人的全面发展的重要性的同时,强调教育与生产劳动的有机结合;科学家劳厄认为:"教育无非是一切学过的东西都遗忘的时候所剩下来的东西";在当代,我国学者周弘提出"赏识教育新说":教育的落脚点不是追求每次都获得成功,而是超越成功,追求奋斗过程中的和谐,教育首先应让学生彻悟人生密码,懂得做人、做事、做学问的诸多道理;联合国教科文组织指出,面对未来的社会,教育必须围绕四种基本的学习能力来重新设计和组织。这四种基本的学习能力亦即教育的四大支柱——学会认知(learning to know)、学会生存(learning to be)、学会做事(learning to do)、学会共处(learning to live together)。

纵观历史上对"教育是什么"的讨论和争辩,我们发现古今中外对教育的共识是教育是项促进人发展的活动,具体而言是通过教育活动,使受教育者的潜能得到充分生长、发挥,以完善其人性,实现人充分而自由的发展。教学作为教育的一种特殊手段,教学的"原点"也应当促进人的潜能充分而全面的发展。因此,我们应当以促进人充分而全面的发展作为教学改革的出发点,让我们的课堂教学重返其"原点"。

教学的"原点"在于促进人充分而自由的发展,那么教学的主体就应当是学生。回到教学"原点",教师应当把课堂还给学生,让学生成为课堂的主角。还课堂予学生,让课堂成为学生个性展现和潜能发展的舞台。所以有人说的"让学是教学的原点"不无道理[1]。那么如何做到"让学",或者说将课堂还给学生呢?我们认为应当从以下几个

---

[1] 孙火丽.让学——教学的原点[J].小学教学参考,2010(1):15 - 16.

方面做：(1) 给学生以充分的学习时间，许多高效课堂的倡导者认为，高效课堂就应该是快节奏的，应当"向 40 分钟要质量"。实际上，快速地教，并不一定能促成快速地学。因此，不能盲目地加快课堂节奏，应当在适当的时候放慢课堂的速度，给学生以自由的学习时间。(2) 给学生宽阔的活动空间。时间和空间是事物存在的两个方面，不仅要在时间上给学生以自由学习的时间，还应当在空间上给学生以宽阔的活动空间。学生只有具有充足的活动空间和自由的学习时间的时候，才能自由地享受课堂教学的乐趣。(3) 引导学生自己归纳学习方法。学习方法是影响学习结果的重要因素，不同的学生具有不同的学习风格，适合于不同的学习方法，要引导学生自主地认清自身的学习方式，寻找自己的学习方法。给学生以时间、空间和自主学习的方法，学生才能成为课堂的主人。每个学习者能尽情地在课堂上释放自己的特点、兴趣、特长。教师负责引导、规范学生的学习，师生互动，和谐共融，这样的课堂才是真正的高效课堂。

让教学回归"原点"，应该让我们的课堂贴近学生生活。我国伟大的人民教育家陶行知先生提出"生活教育理论"，认为"生活即教育"、"社会即学校"。可见，生活中本身就含有教育的意味。知识来源于生活，又服务于生活，课堂教学也应该以生活为其本源。要让教学贴近生活应当从以下几个方面入手：(1) 引导学生回顾生活。书本中的很多知识都能在生活中找到原型。教师应当积极地引导学生在教学中回顾生活中的点点滴滴。(2) 引导学生体验生活。在教学中找到课堂与生活的契合点，引导学生体验生活中蕴含的知识，将课堂上学到的知识在生活中得以运用。(3) 开展体验式教学。体验式教学是一种重要的教学方式，通过情景再现、师生互动，让学生在体验中实现教学内容的传递，为学生呈现原汁原味的情感体验、生活体验。体验式教学具有亲历性、个别性、意会性和整体性等特点，除了体验外还要引导学生对体验进行反思。没有反思，体验就只能停留在经验水平，无法形成理性的认识。

让教学回归"原点"，应当以学生的身心发展规律为本。不能以整齐划一作为衡量课堂好坏的标准，要尝试个别化教学。教师应当具备敏锐的洞察力，了解不同学生的性格特点，引导其培养适合于自己的学习方式。

回到教学"原点"应该发挥教师的专业自主性。专业自主性是教师工作专业性的重要标志，对教师专业发展具有重要意义。具体来说，教师应当从以下几个方面入手：

(1) 回到教学中检视专业价值。教师只有在教学体验中,积累教学经验,反思自身教学行为。这种对教学的直接体验对教师的专业发展具有重要意义,是教师专业成长的重要基础和资源。(2) 回到教学中提升教学智慧。教师的教学智慧不足不能仅靠理论学习来习得,教师只有回到教学,在教学中不断体验、反思才能获得教学经验,提升教学智慧。(3) 回到教学中提升生命体验。教学是教师工作的一部分,也是教师生活的一部分,更是教师生命的一部分。教学作为教师的一段独特的生命历程,对教师生命的价值具有独特意义。教师应当全情融入教学过程,在教学中寻找自己生命的意义和价值。

新课程改革已开展 15 年有余,众人期待的素质教育却并无起色,教育质量的提高也未见分晓。如今,我们应当回归课堂、回归教学,从教学的原点中寻找课程改革的深层桎梏。

2013 年,我们启动"海南省小学低年级基础学科教育教学综合改革实验研究"项目,开始进行"原点教学"实验项目,旨在寻找当今课堂存在的现实问题,寻求解决之策。

"原点教学"实验项目选择了海南省内九所小学,分别是海口市英才小学、定安县龙门镇中心小学、龙门镇英湖小学、海口市山高小学、澄迈县永发中心小学、侍郎小学、海口市滨海第九小学、海秀中心小学、丘浚学校。这九所学校中既有办学水平较高的学校,也有办学水平相对较低的学校;既有城市学校,也有乡镇学校;既有公立学校,也有民办学校。这九所不同背景的学校基本可以代表我们当前课堂教学的真实状况。

本书第一章从教学的"原点"出发,寻找课堂教学中存在的问题。我们通过深入的调研,了解基础教育教学中的现实问题,然后又以这些问题为导向看我们教学改革的应有之策。第二章以课程标准为依据,探讨如何编制课程标准,以及如何使用学科教学指导意见。第三章回到课堂探讨教师教学的艺术,介绍了我们课堂教学中常用且管用的 7 种教学艺术。第四章聚焦于课堂范型,探讨如何在变化的课堂之中寻求稳定的课堂程序,以稳定教学质量。第五章关注于课堂监控,尝试探索适合于学生的课堂管理小口令来进行学习监控。第六章讨论如何监管教学质量,尝试建构教学质量监测工具，优化教学评估。第七章致力于制度重建，探索学校管理和教学改革的的良性互动以促成新制度的生成。第八章探索教师协同机制，构建教师"共同体"以撬动教学变革。

在本书付梓之际，我们要诚挚地感谢一直给"原点教学"实验项目组给予帮助的同仁。感谢大家对本书的关注和支持，感谢九所实验学校领导和有关科组教师的倾诚合作，让我们有了宝贵的实践资源；感谢海口市、澄迈县、定安县三地研训机构领导及学科教研员，让我们的项目推进得到了良好的组织保障和业务支持；同时也要感谢华东师范大学出版社刘佳老师对本书出版所付出的辛勤劳动！

第一章 问题导向：
从学情调研看教学改革的重点

　　课堂教学要回到"原点"。从现实情况看，我们的课堂教学仍然存在着不少问题，课堂教学效果仍然不够理想。回归"原点"的课堂教学强调以问题为导向，着力于三个层面的改革：学校层面，完善与教学相关的管理制度，丰富校园文化，倡导以文化为主导的学校改革；教师层面，着力研训结合的教师专业发展，提升教师素质；课堂层面，进一步规范课堂教学秩序，优化课堂教学，提升教学质量。

- 智慧1-1　问题导向：寻找教学改革的突破点
- 智慧1-2　直面问题：扎实推进课堂教学改革

　　"回到原点"是近几年教学理论界的强烈呼声。"原"，即最初、起始的意思，"点"，即方位、地点，也就是说"原点"，就是最初的地点、起始的地点的意思。其实仅仅将"原点"看成是最初的起始点没有完全地理解原点的意思。按照马克思主义哲学的观点，"原点"和"终点"是相对的概念，"原点"既是最初的地点，同时"原点"也预示着"终点"的方向、归宿，而"终点"又是事物发展下一阶段的"原点"。因此，"原点教学"，就应该回归课堂，回归教学的初始状态，在最初的教学原点中寻找教学改革的突破口。

　　2013年海南省"原点教学"实验项目正式启动，我们通过对学校的实地调研，从学情出发，探讨教学改革的问题与出路。

　　在实验开始后，我们对9所学校的课堂教学状况进行了实地调研。在经过专家会诊、研讨分析后，我们发现9所学校在学校、教师、课堂三个层面还存在一些问题，这些问题制约了教学质量的提高。

一、问题的原点：基于学情调研的考察

　　学校、教师、课堂所存在的现实状况就是教学实践的"原点"，我们要从教学实践的原点中找到问题所在，这就是我们教学改革的出路所在。

　　（一）学校层面

　　1. 校园基础设施陈旧。一所学校的基础设施是学校校园的物质基础，是教师和学生共同生活的地方，没有一个良好的校园环境会对校园的宏观面貌形成不良的影响。

无论是教师，还是学生都或多或少会对学校产生不良的印象，从而影响教师的教与学生的学。

九所实验学校中不少学校的校园基础设施都不尽如人意，有的学校没有多媒体设备，有的学校教学楼陈旧，有的学校图书资料残缺。种种问题都显示出我们的学校在基础设施上还有待改进。如果说改革的原点在于教学，那么教学的原点就在于学校的基础设施建设。教学环境是教学过程中两个主体——教师与学生——进行教学互动的基础。没有良好的教学环境自然会制约教学过程的进展。

我们调研龙门镇中心小学时发现该校的主体教学楼已 30 余年未经修缮。学校当时没有配套各类功能室，比如：科学实验室、图书室、电脑室、美术教室、音乐教室等。当时的现代化的教学设备只有一个多媒体教室和一个远程教育资源接收室。缺少科学实验器材、音乐器材、美术教具等。

在澄迈县永发中心小学，我们发现其教学楼投入使用时间不长，总体来说干净整洁，但缺少多媒体等辅助教学设备。教师在平时教学中，主要以黑板、粉笔、书本为教学工具，缺少现代教育信息技术设备，大部分教师不熟悉运用多媒体设备，甚至有些教师不会使用多媒体设备辅助教学。

2. 学校制度不健全。学校教育是制度化的教育，制度化的教育自然需要严谨的学校制度规范其运行。学校制度不仅包括宏观层面的国家教育制度，各个学校也应当具备各自的管理制度以规范其学校的日常运行。

在调研中，我们发现多数学校存在学校制度不健全或流于形式的状况。学校"因校制宜"地制订管理制度能取得不错的效果，如龙门镇中心小学制订有《教师坐班管理制度》《教师岗位责任制量化指标》、《学生在校一日常规》等管理制度，这些制度对学校的日常运行产生了积极的效果。不过该校的学校制度也存在欠缺的地方，如在教师的研修培训活动，学校正常的教研活动，课堂教育教学质量，学生课余活动方面的制度缺失。此外，学校教学常规检查不深入，学校教学常规管理过于形式化，只注重备课、听课、作业、考试数量等量化指标的检查，而忽视了质量和内容的检查。学校检查没有深入到每个教师的课堂教学表现，不知道教师在课堂中教得怎么样，学生是否在学，学得怎么样？甚至对某些年纪大的教师低效课堂的表现予以默认。

3. 校园文化建设缺乏。教育是一种文化的存在,人是一种历史文化的存在,对人的教育就是一种文化涵养的过程。其中,文化对人的塑造具有重要的功能,校园文化作为社会文化的子文化,对人的发展也具有重要影响。此外,学校是一种有目的、有计划地教育人的专门机构,其校园文化对人的发展,尤其是知识、人格、品德等素质发展具有不可替代的作用。

在对九所学校的调研中,我们发现九所学校几乎没有什么文化建设。在与各个学校教师的座谈会中,没有听到什么关于文化建设的内容。在全面地调研了各个学校之后,我们发现九所学校在文化建设方面,除了像"校训"、"校风"等内容可以算得上文化建设,其他文化方面几无建树。由此,校园文化成为这九所学校的一个"真空"地带。

(二) 教师层面

1. 教育思想落后。教育思想是教师对教育的根本看法,指导教师的所有的教育实践。教师对教材的选用,教学方法的运用,教学行为的表现,教学评价等一切教学活动均受到其教育思想的影响。

谈到教育思想,许多教师都普遍存在错误的认识。(1)教师无"思想"论,许多教师认为普通的一线教师谈不上什么教育思想,至多只有一点教育经验而已。认为教育思想是教育领域更深层次的问题,均是专家学者在讨论,普通教师没能力谈,也没有必要谈论教育思想。而事实上,几乎一个教师的所有行为均受到教育思想的影响。大到校本课程的开发、教学策略的选择,小到对一个学生的评价,乃至课堂教学上的一个眼神、表情,无不是其教育思想的体现。(2) 教育思想"庸俗"论,许多教师认为教育思想是很高深的问题,普通教师无法深刻体认。于是,许多教师都以庸俗的方式来理解教育思想,认为教育思想就是一些教育领域的"大道理",是一些不言自明、无条件信奉的原则。这种观点庸俗地认为教育思想是应当敬而远之的"大道理",实际上是一种架空教育思想对教学实践指导的错误认识。(3) 教育思想"无用论",这种观点认为教育思想是讨论教育领域的重大问题,对于普通教师没有任何意义,对其教学实践没有什么作用,于是回避对教育思想的学习与讨论。这些对教育思想的错误观点长期在我们学校中蔓延,阻碍我们教师的专业成长和教学质量的提升。在永发中心小学(包括许多的公立学校)的课堂中,我们看到,老师们在"兢兢业业"地"传授知识",简单地进行知识灌输,忽视学生的主体地位的发挥和培养。这就是忽视教育思想的重要性,没有更新教育思想的例证。

2. 教学技能不足。目前大多数教师的教学行为可以这么描述:用着昨天的方法,教着今天的知识,解决着明天的问题。教师早已习惯凭借一本教科书,以三寸不烂之舌,老和尚念经似地照本宣科。主动反思、自我提升的教师越来越少,对学科知识体系、学科素养能认真钻研并努力实践的优秀教师更少。年轻教师愿意进步,苦于没有榜样和缺乏经验;骨干教师有能力,而自我提升、专业发展的意识却日渐薄弱;有经验的老教师更是推诿多于承担,不乐意传帮带。教师队伍的职业倦怠感从来没有像现在这般强烈,培训学习的实效性难以落实保障。

不论怎么大力倡导素质教育,应试教育还是大行其道,考场论英雄。对于教师教育教学能力的评价标准,主要还是依据教师所带班级的成绩。上级逼下级,校长赶教师,教师追学生。教师难以静下心来解读课标,研读教材,打造真正幸福的课堂。

教师教学技能的不足具体表现为教学方法老套、课堂调控不力、课型把握不到位。

(1)教学方法老套。很多教师备课教案中有教学方法设计,但是不是自己设计的,所以在实际教学中不执行教案设计,谈不上有好的教法和学法;有的课堂教师还是侧重于讲解,学生被动接受,课堂气氛沉闷,学生主动积极性受到抑制;有的课堂,追求课堂热闹而不注重实效,为了讨论而讨论,为了探究而探究;有的课堂,教师一问到底,如果离开了问,有的教师真的不知如何上完一节课;有的课堂,教师的设问缺乏针对性,要么过于简单,学生只答"是"或"不是",要么过于复杂,要么无思维价值,不能引起学生思考。这些毫无意义的问答,淹没了教学重点,挤占了学生读书、思考、训练的时间,也限制了学生思维。教师习惯于"专制式"的教,学生习惯于"被动式"的学;教师只顾"教什么",不研究"怎样教",学生只知"学什么",不掌握"怎样学"。本应是课堂主体的学生的学习兴趣、学习方法、学习习惯等被置之度外,结果是学生不会学、不懂学,乃至学不好,学习效益低。

(2)课堂调控不力。在起始年级,学生就要养成良好的学习习惯。我们的老师也告诉学生要养成怎样的良好的课堂学习习惯。可是在课堂上,学生的注意力集中的时间是有限的,时间长了,学生就会在课堂上开小差,搞小动作等分散注意力。我们的教师没有正确运用课堂调控的方法和教学艺术等来调控课堂，以致课堂上学生注意力不集中而影响到课堂教学的效率。

（3）课型把握不到位。很多课堂教学中，教师根本不分析课型，精读课文、略读课文教师习惯于一讲到底，没有教给学生学习语文的方法，既无针对性，又浪费了大多数学生的学习时间。

3. 教研团队建设缺乏。"教育要发展，教研必先行。"教研工作应帮助教师较好地理解新课改的精神实质，改变教学方法，进而促进教师的专业成长。而教研团队建设缺乏可从以下两个方面看出。

一是活动形式化——不注重内容。主要表现在两个方面：一是组内的老师对教研的理论价值认识不够，将教研当作额外的负担。常听有的老师这样说："搞教研，我哪里有时间，新课都教不完呢？"还有的老师说："我们这些教书匠能研出名堂来，还要那些专家干嘛？"二是老师们为了教研而教研，把教研当作展示的窗口，当作作秀的手段，平时没有认真发现现实教育中的问题，而是热衷于搞大课题。在教研组的活动中，老师们在规定的时间均能到达规定的地点，但是，在活动的过程中，往往没有把自己当作教研活动的主体，参与的主观能动性不足，积极性不高。

二是组内教研活动经验化——不重视科研方法。这一问题主要表现在三个方面：一是组内的公开课不指向教学实践中具体的问题，目的不明确。也就是说，教研往往只停留在浅层次的上课、听课、评课、经验总结方面，始终是"就课论课"的形式，而没有指向教学实践中的具体问题，每一次的教研也没有一个明确的主题，所以这样的教研就犹如缺乏灵魂的躯壳，显得苍白无力。二是教师们只关注个人经验，运用个人经验解决问题，而忽略他人的经验，不会利用已有的研究成果，解决教学过程中的问题。按原来自己的老路子进行教学，走了很多弯路。三是个人反思不深刻，缺乏同伴互助，缺少专业引领。有的老师肤浅地认为：个人反思，就是上完课后写一则教学后记；同伴互助，就是教研组的几位老师互相听课、评课；专业引领，就是请几个专家来点评我们的课堂，作一些指导。当然，这种形式的教研对老师们也或多或少有一些帮助，但它却存在较多的问题，我们不可忽视。比如，这种教研形式封闭、重复的东西太多，各说各的，缺乏真正的交流，构不成群体合作学习等。

（三）课堂层面

良好的课堂秩序是有效教学的基础条件，课堂秩序不良是教学低效的直接原因。

在永发中心小学的调研中，我们看到的是这样的场景：一个班级六十多个学生，真正融入课堂的不到四分之一。学生们的状态之多，令我们诧异：喝牛奶的、吃东西的、画画的、睡觉的、在桌子下玩的、伸手到窗外接雨水的。你讲你的，我做我的。如此松散的课堂，没有规范的课堂常规，学生欠缺良好的学习习惯，要想提高课堂效率，提升成绩，谈何容易。

在起始年级的课堂中，有的课堂上，学生窃窃私语、左顾右盼，打瞌睡、玩东西、搞小动作等，没有集中精神参与到课堂学习当中；有的课堂，学生回答问题抢答、乱答、哄答已成比较普遍的现象，这些影响到其他学生的思维、倾听……这些存在的问题没有得到教师的及时禁止或纠正，令人担忧的是很多教师也想管一管，但就是找不到好的方法、做法，只能束手无策、熟视无睹或放任自流，严重影响课堂教学的效益。

二、应对之策：结对帮扶的智慧运作

为了解决我们在调研过程中发现的问题，我们通过优质学校与薄弱学校结对帮扶的形式来解决教学实践中的问题。经过遴选确定了海口市英才小学与龙门镇中心小学、海口市山高小学与澄迈县永发中心小学、海口市滨海第九小学与海口市海秀小学三对学校。

（一）以文化为主导的学校改革

教学改革首先是学校文化建设的实践创新。没有了学校文化建设这块沃土，教学改革就是无根之木、无源之水。我们确立了学校的办学思想为"书养品性、实践创新"，办学的核心理念为"以书养性、以文化行、以梦励志"。为了科学高效实现目标，我们方向性地谋划了各版块的实施策略。

1. 管理制度文化围绕学校"书养品性、实践创新"的办学思想，提出"德治先行、法治并举、规矩方圆"的文化建设总目标。为了实现目标，学校计划通过推动师生的潜心阅读、强化师生和家长的"十好习惯"建设、组织各种主题活动等，以调酿绿色人文环境,熏陶、感化人,实现文化化人。同时制订并施行《学校管理制度》,体现既有规矩,又成方圆的意识。

2. 校容校貌文化围绕学校"书养品性、实践创新"的办学思想,提出"翰墨香飘、雅趣厚重、润泽身心"的文化建设总目标。也就是说,校园的一花一草、一墙一柱,一处拐角一块标牌,都将被赋予特别的文化内涵。"雅趣厚重"是因为小学,需要"厚重",更需要童真童趣。为了实现目标,精心设计室外文化(如第一层规划为中国文化层,第二层规划为世界文化层,第三层、第四层等都应该有主题地精心设计)等等,让人在不经意驻足间感受翰墨的香飘、体验文化的厚重、享受身心的润泽。

3. 课程文化建设是围绕学校"书养品性、实践创新"的办学思想,进行的行为文化("形文化")建设,是整个体系建设中最关键的部分。"课程"是从拉丁语派生出来的,意为"跑道",英语中的课程术语出现在中世纪,意为"学习的进程"。学校的办学理念、教育目标等无论多么美好、多么宏伟,如果不能细化并进入课程,就意味它没有被设置为跑道,不在教育之路上,那么它将因不能被常规施行而游离于师生之外,最终沦为口号。故学校计划把"书养品性、实践创新"的办学思想细化到经精心整合的国家、地方和校本课程中,分别构建教师、学生、家长三大课程,让课程载运学校走向一种特别构想的美好境界。

(二)"研—训"结合的教师改革

在教师改革方面,我们采取"研—训"结合的方式,以专题讲座培训和教材探讨、课例研讨的方式进行教师培训,让教师获得新的成长。

1. 专题讲座,更新理念。教师教育思想的落后是没有接触到新的思想长期墨守成规的后果。通过一些优秀的专家型教师、学科名师的讲座能让教师获得新的教育思想。滨海九小的几个老师主讲的讲座取得了不错的效果。比如:吴春娆副校长在关于《教师专业发展》的报告中告诉我们,一名教师优秀与否,不在于他(她)教了多少年,而在于他(她)用心教了多少年;王艳组长在关于《课堂行为习惯养成教育》的报告中给我们支了三招,一是设计有趣的教学方案,二是建立自己的人格魅力,三是建立自己的班级规矩;孙丽华组长在关于《低年级识字教学初探》的报告中借"饱满"一词儿丰富了我们识字教学的方法,还调整了我们的一种意识,即学不是为了"考",而是为了"用";

苏云燕主任在关于《如何提高学生的计算能力》的报告中告诉了我们，计算教学方法固然重要，道理更重要，同时还坚定了我们做学生"口算训练"的信心。正因为这样"走心"的报告，我们的老师理念悄悄地在更新，意识慢慢地在调整，方向对了，方法有了，教育教学也就相对轻松、有效了。

2. 教材解读，夯实基础。为了让我们起始年级的老师，尤其是一些年轻教师吃透教材，把握好课程标准，知道每一个知识点应该教什么，教到什么程度。滨海九小课题组以学科为单位分成三个小组：分别是冉茂娟主任带领的语文组，苏云燕主任带领的数学组，还有钟云主任带领的英语组。各小组的所有成员轮流给我们相关学科的老师作教材解读，每次一个单元。因为是真心想帮助，所以都准备得很充分，解读得很细致，很到位，加上我们实验年级的老师中有责任心极强的几位老教师在，他们都非常自觉：认真倾听，用心笔记，还积极提问呢！给其他年轻教师做了很好的榜样。因此，每次解读活动都特别高效，老师们都有很多的收获！记得海秀小学的王敏老师在自己的心得体会中说过，听了钟云老师的教材解读让她突然清醒意识到仅仅让学生跟着老师鹦鹉学舌却不知道其意思，英语思维是得不到培养的。

3. 课例研讨，提升能力。如果说教材解读解决了我们老师"教什么"、"教到什么程度"的问题，那么，课例研讨就是要解决老师们"怎么教"、"教得怎么样"的问题。在滨海第九小学与海口海秀中心小学的实验中主要是这样进行的：先深入课堂进行诊断，了解我们老师上这些课型具体存在什么问题；然后选择比较典型的课题，一般是单元的起始课，让老师们根据自己对教材的理解自主备课（当然，这里面会定出主要备课人），备课时要求我们的老师要关注自己平时课堂上存在的问题；接着集中研讨，大家针对主备人的教学方案各抒己见，重点关注三个方面，即教学目标是否准确，教学活动是否有效，10分钟的课堂练习设计是否有针对性，修改过后形成共案；再接着是听评课，通过实打实的课堂检验我们老师驾驭"共案"的能力以及"共案"在学生身上产生的效率，有问题重新调整，没问题精雕细琢；最后定型，成为一种模式，进行推广。通过这种课例研讨，各个教师交流了自己对课例的授课经验、教学技巧，互通有无，共同进步。

（三）优化课堂教学

1. 强化课堂常规，培养学生良好的学习习惯。良好的课堂常规，是课堂效率的基础和保证,在山高小学和永发中心小学的实验组即从课堂常规入手。2013 年 9 月中旬,山高学校领导及骨干教师共 12 人再次来到永发中心小学,现场指导老师们进行课堂常规训练。课后,两校老师一起研讨了良好的课堂常规对课堂的意义,如何有效地利用课堂口令进行课堂调控,山高的老师们传授了许多训练妙招,并针对永发的实际情况,为他们量身打造简单易学的课堂常规训练口令,如:

1. 小眼睛,看过来;小嘴巴,管好它;小耳朵,认真听。

2. 坐姿,端正;脚放平,背挺直。

3. 立正,一二;一二三三四,五六七七八。

4. 小手放背后,我就放背后。

5. 火车火车开过来,请你开到我这来。

6. 小手指着第一题,我就指着第一题。

三个学科同时进行现场指导,由山高的语文教师董菲菲、数学教研组长姜伟、英语教师郑倩进行具体操作实验,一节课下来,几乎没有几个同学走神,孩子们参与的积极性很高,永发的老师们直呼"神奇"。

2. 优化课堂教学过程,提高教师教学技能。我们还通过优化教学过程来实现对教师技能的提升:(1) 优化教学内容,为提高课效作保障。学校采取同年级、同学科集体备课制度,尤其是要共同研究教材,根据教材精心设计、重组教学内容。(2) 所有教师均应重视学情分析,着眼于学生的发展需求和学习基础,设计教学内容时要注意层次性,注意分层教学,努力寻求适合本班学生学情的教学方式。(3) 优化课堂结构,提高课堂教学效益。教师在设计教学结构时,应做到脑中有标,胸中有本,目中有人,心中有数,手中有法,从而保障学生学习的高效。(4) 优化时间安排,努力创建学习型课堂。首先要按照新课标要求开齐课程、开足课时,不为低效课堂、加班加点、题海战术等提供时间空档,迫使教师提高单位时间的教学效率。(5)教师要转变观念,增强责任感和使命感,要帮助学生养成课堂上科学、合理支配时间的习惯和能力,并指导学生学会"经营"课堂时间,使课堂产生高效教学。(6)优化学法指导,探究最佳教学途径。每一个教师都应该教会学生学会学习,要向任教班级学生介绍本学科的特点、学科方法及其作用,对本学科学习进行专门的学法指导,有意识地突出学法渗透、指导学生自学、质疑问难等,培养学生良好的学习习惯。提倡学生运用"自主、合作、探究"等学习方法。(7)优化课堂练习,巩固转化学生的知识,学生的课堂练习要精心设计,要紧扣当堂教学内容,着眼于学生发展,要有弹性。课内外作业都要分层设计和布置,使所有学生有事可做、有事能做、做有所获。作业有做必做、有做必收、有收必全、有收必改、有改必评、有错必纠。作业批改提倡面批,坚决避免重复机械的练习。(8)优化师生关系,营造和谐学习氛围。每节课都应创设民主、宽松、和谐的教学氛围,树立学生的自主意识,尊重、理解、信任学生,要培养学生学习的积极性,着力学生创造性思维和想象力、创造力和动手能力的培养,使学生全身心投入到课堂学习中,主动学习、主动发展。

智慧 1-1

问题导向：寻找教学改革的突破点

永发中心小学位于澄迈县东部，创建于 20 世纪 50 年代初，是一所历史悠久的农村小学。目前，学校占地面积 13 726 平方米，教学班级 25 个，学生 1 200 多人，教职工 70 人，任课教师 69 人，职工 1 人。其中，省级骨干教师 3 人，县级骨干教师 17 人，省级教学能手 1 名，省级教坛新秀 1 名，县级教学能手 1 名，县级教坛新秀 3 名，小学高级教师 48 人，小学一级教师 21 人，学历达标率 100%。学校先后获"全国少先队先进单位"、"海南省校本培训示范学校"、"海南省德育工作先进单位"、"海南省课改工作先进单位"、"海南省卫生先进学校"、"海南省校容校貌一等奖单位"、"澄迈县十佳学校"、"澄迈县规范学校"等近 20 项荣誉。

近几年来，学校全体领导班子和教职员工以"养成良好习惯，激发求知欲望"为办学宗旨，秉持"尚德、博学、务实、开拓"的校训，高扬"民主、互爱、求真、创新"的校风，践行"敬业、爱业、乐业、精业"的教风和"乐学、勤思、自主、合作"的学风，精诚团结、勇于创新、锐意进取。如今校园，静谧端庄，清洁明亮，人文气息浓郁。"三墙三廊一厅"构思巧妙，启智楼宏伟端庄，图书室、阅览室、多媒体教室、实验室、计算机室、音体美教室等一应俱全。启智楼走道、楼梯、教室里的学习园地、图书角等，每个角落都承载着育人功能。此外，新建成的学生食堂、学生宿舍和一个标准化塑胶运动场都已投入使用……学校教育环境的不断更新完善，为学校进一步发展打下了坚实的基础。

一、我们的问题

1. 教学楼投入使用时间不长，总体来说干净整洁，但缺少多媒体等辅助教学设备，教师在平时教学中，主要以黑板、粉笔、书本为教学工具，缺少现代教育信息技术设备，大部分教师不熟悉运用多媒体设备，甚至有些教师不会使用多媒体设备辅助教学。

2. 学校教研团队建设缺乏，教研活动的开展较被动，随意性较强，没有连续性的长期目标，教师参加教研活动的意识不强，不够主动，课堂教学质量有待提高。

3. 班额过大，课堂教学管理没有规范化，学生还未养成良好的学习习惯、卫生习惯、礼仪习惯及生活习惯，家庭教育缺失以及家长参与素质较低等。

4. 课堂教学方式仍以教师的教授为主，学生听课状态非常不集中，学生的参与性和积极性没有发挥出来，换言之，学生的主体地位没有凸显出来，教师的新课改精髓理念没有在课堂教学中得以体现。

二、我们的对策

2013 年，我校参与"海南省小学低年级基础学科教育教学综合改革实验研究"项目，启动"原点教学"实验研究。在省教培院及各级领导的关心支持下，在海口市山高学校的大力帮扶下，我校基础学科教育教学综合改革实验项目工作主要以规范课堂教学，提高教学质量为主目标，通过学校抓实、教师过关、整体提率等措施来促进我校师生的成长，提高我校的教学质量，项目成果初显成效。

（一）学校抓实

我校对实验项目抓实主要体现在"三调整"上，自接受实验项目工作以来，我校领导高度重视，成立了实验项目工作领导小组，由王德炳校长亲自担任组长，负责项目工作的全程管理领导。为了保障实验项目工作的顺利开展，我校进行的第一个调整就是教研活动时间上的调整，经我校实验项目工作领导小组商量决定，安排每周星期三下午为数学科组教研活动时间，每周星期四下午为语文科组教研活动时间，每周星期五下午为英语科组教研活动时间，并安排每个月一次专题研讨，每学期一次阶段总结活动，这样为实验项目活动的开展给予了时间上的保障。教研室将对实验项目的工作情况随时跟踪调查，及时掌握实验研究情况。

为了提高起始年级的教育教学质量，为了每一个孩子的进步，我们的第二个调整是化小班额，把起始年级的班级再增设一个班，每班人数基本都控制在 45 人左右，这样子化小了班额人数，也减少了科任教师的管理压力，从而提高教师的课堂教学成效。第三个调整是对科任教师进行了调整，我们调整上来了一批年青而又充满活力的骨干教师来担任一年级语文、数学和三年级英语的教学工作，大大充实了我校这两个起始年级的教师队伍力量，为我们的综合改革实验工作顺利开展起到了决定性作用。

为了项目的顺利开展，在抓实落实的层面上，根据我校的实际情况，我们做了几个改变：

1. 领导重视，改变思路。项目开始之初，王德炳校长亲自领队，带领我校和侍郎小学起始年级的全体任课教师先后两次来到山高学校进行课堂观摩学习，县研训中心的邱梅金教研员参加并指导我们的考察学习活动。通过学习，我们了解到山高学校教育教学成绩的取得，是因为他们的领导团队不墨守成规，敢于求新求变，敢于突破自己。所以我们决定利用这次项目开展的机会，在起始年级借鉴山高的经验，进行小范围的实验，从课堂常规、教学方式以及教研团队的建设方面进行改变。

2. 以点带面，带动教研。山高的高效课堂，源于他们建立了强大的教研团队。所以在向山高学校学习的过程中，学校领导要求起始年级的骨干教师与山高教研团队建立帮扶对子，对于课堂常规管理、教学方式实施、打造教研队伍等进行广泛的交流，通过山高教研团队到校当面指导、我校教师到山高跟班学习、同课异构等活动，以及电话、博客和 QQ 等方式，实现教学资源的共享。我们也把好的方法借鉴过来，尽快本土化，以便更好地运用到我们的课堂中。骨干教师的转变带动整个团队的转变，使教研活动由被动变为主动，教师的业务素养得到了提升。

3. 确立目标，逐步转变。山高的课堂，最让我们称奇的是他们的常规和学生的精神状态。通过山高团队的诊断，要想提高我们的课堂效率，提升成绩，首先要规范好课堂常规，培养学生们良好的学习习惯。确定了突破点，山高的老师们帮我们制订了切实可行、方便操作的课堂常规小口令。如：（1）小眼睛，看过来；小嘴巴，管好它；小耳朵，认真听。（2）坐姿，端正；脚放平，背挺直。（3）立正，一二；一二三三四，五六七七八。（4）小手放背后，我就放背后。（5）小手指着第一题，我就指着第一题……这些小口令犹如"魔法棒"，让我们找到了规范课堂的秘诀。

随着课堂秩序的好转，我们的目标转向课堂教学。因为山高的"循环链接生态课堂"的要求比较高，我们的课堂不能照搬，所以经过我们双方的多次上课、研讨，在他们课堂的基础上，截取其中的几个环节，梳理出适合我们的一个教学模式。"四步循环"课堂，主要通过四个步骤来进行：（1）明确目标，教师引领（操作方法：教师设置情境，导入所学内容。）（2）合作探讨，活动体验（操作方法：教师根据所学内容，设计几个有梯度的任务，让学生根据自己的需求和能力自主学习，目的是让每个人都有事做。通过自己的学习，再和对子或组内成员说说自己的收获，培养学生合作交流的意识。）（3）分享质疑，沉淀提升（操作方法：根据教师所设计的任务，汇报自己通过学习、交流、拓展的成果，在班内进行分享。）（4）达标测评，反馈矫正（操作方法：重点、知识点的落实、检验，并及时纠错。）

（二）教师过关

有了目标，有了方法，然后就应该具体实施和验收。

首先，教师们要过的是课堂常规训练关。为了课堂教学的整体转变，校领导通过商议，特地用一上午的时间，专门让老师们利用山高的训练方法，训练自己的课堂常规。刚开始，大家训练不够顺利，经过与山高帮扶团队的及时沟通，老师们渐渐领会了诀窍，常规有了一些进步。但教育是不能急于求成的，在大家的努力和坚持下，课堂常规的成效越来越显著。我们定期选出常规优秀的班级表演，并请老师们观摩学习。学校的王校长和曾常务副校长经常到各班级去随堂听课，检查各班级课堂常规的训练落实情况，在校领导的督促和引导下，我们的课堂常规有了可喜的进步。现在，老师们已经能够娴熟地管理课堂了。

课堂常规好了，接着就是我们对课堂模式的打造。要想利用"四步循环"打造高效课堂，山高的老师们要求我们首先要训练小组长和小对子。具体操作是在班级里选出几名能力较强的学生，作为小组长，老师要在班级为他们树立威信，以便他们能帮助老师管理小组的学习，当然，老师也要对他们提出具体的要求。其次，训练小对子时，老师必须要求每个人张口说话，参与进来，人人有事做，才能体现学生才是课堂的主人，课堂的实效才能有所保证，小对子的合作训练是非常有难度的，老师在课堂中既要照顾每个学生，又要兼顾到全局。小对子合作训练成功，小组合作也就是水到渠成的事，"四步循环"课堂的打造也就成功了一半。这个过程是循序渐进的。

课堂模式初具雏形，教师过关就要过教学水平提升关和过教材重难点把握关。为了进一步提升我校科任教师的教学水平，以便更好地服务于课堂、服务于学生，项目开展以来，山高学校与我校老师坐在一起，共同备课，共同设计适合我校上课的课堂范例。两校帮扶和被帮扶老师对子有语文：山高小学李桂燕，永发中心小学王佳妹。数学：山高小学姜伟，永发中心小学颜丹。英语：山高小学康杰，永发中心小学陈惠。结对子老师经常交流学术上、教法上存在的问题和解决方法。现在我们教师的教育教学水平都得到了进一步的提升，并形成了多种多样的独特的课堂教学特色。

我们还要求教师必过教材重难点关，并学习山高的命题方法，组织科任教师进行单元命题工作。开学初，学校根据起始年级每学科的单元教学进度，把单元命题工作安排到每一位科任教师，要求科任教师根据学校安排的命题单元内容，认真思考，把握吃透单元的重难点，并按时命好一份质量较高的单元测试卷，由教研员把关。

现在，我们培养了一大批优秀的年轻教师。这些年轻的教师在实验项目实践中快速成长起来，他们不仅形成了自己独特的教学风格，也成为我校教学的中坚力量。他们在参加的各级各类比赛中，更是硕果累累，如：戴启灏老师荣获澄迈县小学语文优质课评比一等奖；颜丹老师在参加县级骨干教师同课异构活动中受到好评；陈惠老师荣获县小学英语教师课堂教学评比二等奖等。

（三）整体提率

整体提率就要提高学生的听课率和学生的及格率等，我们知道如果课堂上学生的听课率低了，学生参与课堂的学习积极性少了，就会制约到我们教学质量的提高。课堂是教学的主阵地，有效的课堂教学必须建立在规范的课堂常规上，因此，为了进一步规范我校课堂常规，充分调动每一位学生学习的积极性，提高学生的听课率，逐步提高教学质量，学校实验项目组讨论制订了我们的课堂常规制度和课堂常规口令，并在每个学期开学的第一周印发到每一位科任教师手中,并要求科任教师利用开学第一周的时间对自己的课堂进行专门的常规训练。

经过我们狠抓课堂常规训练和课堂管理,现在我们的学生在课堂上的表现比以前转变了好多,坐姿端正、精神饱满,听课率也提高了许多,这让我们感到很欣慰。伴随课堂的转变,孩子们的学习成绩也提升了,可以说我校基础学科教育教学综合改革实验工作取得了显著的成果

总之,在山高小学的帮扶指导下,在我校全体师生的共同努力下,我们将继续固化现有成果,力求优化常规,让学生养成更多更好的学习和生活习惯,使课堂更加规范化;通过结对子帮扶,让更多的老师共进共勉;通过尝试更多形式的教学,找出适合自已和学生的方式,优化教学;逐步形成不同类型的教学范式,引领更多的老师进行轻松高效的教学;将项目辐射、铺开,让其他没有参与实验的班级和老师,特别是教学点的老师,都参与其中,乐在其中,共享成果。

（供稿：海南省澄迈县永发中心小学　曾维全）

智慧 1－2

直面问题：扎实推进课堂教学改革

2013 年 9 月 12 日,是《海南省小学低年级基础学科教育教学综合改革实验研究》项目正式签约的日子。这天也是滨海九小与海秀中心小学一起牵手,并肩向前的日子。可以这样说,能够借助项目研究这一平台,与海口市海秀中心小学结成共同体,对我们滨海九小来说,是一种荣耀,更是一种挑战,它促进我们自身的教育教学能力与水平的提升。

一、感受问题

我们课题小组的全体成员来到了海秀中心小学实地调研。在这次调研中我们发现海秀中心小学由于学校领导班子非常重视学校的发展,对课程改革有着独到的见解,校园环境优美,散发出浓郁的文化气息,硬件设施完备,每间教室都有多媒体、电子白板,教师的工作状态也积极而向上,能够用虚心的态度来面对新课改,来接纳我们的帮扶,而不是抵触,令我们感动。

在与学校领导和起始年级的任课教师座谈以后,我们也了解到,虽然学校近年来发展势头迅猛,但学校的师资力量还比较薄弱,生源也大多是外来务工的子女,学生良好的生活和学习习惯尚未养成,且家长的文化素质较差,家庭教育这一环节不够给力。

当我们亲临海秀中心小学一年级的课堂,对课堂教学进行诊断时发现,海秀中心小学教师的课堂教学还基本处于一种即兴的、无理据的或者仅以"我以为"的个人经验性的教学,缺乏科学的依据,课堂也主要以教师的讲授为主,学生的主体性和主动性尚未能很好地发挥,还存在以下的问题:

（一）教研组层面

1. 活动形式化——不注重内容。主要表现在两个方面:一是组内的老师对教研的理论价值认识不够,将教研当作额外的负担。常听有的老师这样说:"搞教研,我哪里有时间,新课都教不完呢?"还有的老师说:"我们这些教书匠能研出名堂来,还要那些专家干嘛?"二是老师们为了教研而教研,把教研当作展示的窗口,当作作秀的手段,平时没有认真发现现实教育中的问题,而是热衷于搞大课题。在教研组的活动中,老师们在规定的时间均能到达规定的地点,但是,在活动的过程中,往往没有把自己当作教研活动的主体,参与的主观能动性不足,积极性不高。

2. 组内教研活动经验化——不重视科研方法。这一问题主要表现在三个方面:一是组内的公开课不指向教学实践中具体的问题,目的不明确。也就是说,教研往往只停留在浅层次的上课、听课、评课、经验总结方面,始终是"就课论课"的形式,而没有指向教学实践中的具体问题,每一次的教研也没有一个明确的主题,所以这样的教研就犹如缺乏灵魂的躯壳,显得苍白无力。二是教师们只关注个人经验,运用个人经验解决问题,而忽略他人的经验,不会利用已有的研究成果,解决教学过程中的问题。按原来自己的老路子进行教学,走了很多弯路。三是个人反思不深刻,缺乏同伴互助,缺少专业引领。有的老师肤浅地认为:个人反思,就是上完课后写一则教学后记;同伴互助,就是教研组的几位老师互相听课、评课;专业引领,就是请几个专家来点评我们的课堂,作一些指导。当然,这种形式的教研对老师们也或多或少有一些帮助,但它却存在较多的问题,我们不可忽视。比如,这种教研形式封闭、重复的东西太多,各说各的,缺乏真正的交流,构不成群体合作学习等。

3. 英语科组没有固定的教研时间,英语教师流动性大,教师任教班级太多。

（二）教师层面

教师缺乏专业知识与理论,对《课标》把握不准,急需专业引领。从教师对教材的处理来看,老师对于教材的理解不透彻,教学重难点把握不准确。课堂教学存在穿新鞋、走老路的现象,还是停留在教师满堂灌,学生被动接受的层面,教学效率低下。参加教研活动更多的是来自课题组、来自学校等各方面的外在压力,没有提升自我的内在发展需要。教师课堂上在培养学生口头表达能力方面不重视。不太重视学生动手能力的培养。活动设计华而不实,缺少实效性,小组合作学习流于形式,缺乏指导。课堂评价大而空洞,缺少针对性。

(三)学生层面

语文学科:1. 缺乏有序的教学秩序,课堂上学生不会倾听,做小动作、说话的现象比比皆是;2. 学生缺乏良好的学习习惯;3. 学生学习成绩不理想,例如许多孩子拼音不过关,没法拼读出正确的三拼音节,对于整体认读音节概念模糊;对应该掌握的生字没能做到读准字音、认清字形、了解字义、熟练运用。

数学学科:1. 学生用规范的数学语言表达问题不完整;2. 课堂动手操作能力差;3. 教师引导学生缺少方法。

英语学科:1. 听力输入少;2. 单词认读能力差;3. 重点句型的掌握不牢固,会说不会用;4. 字母书写、单词书写不规范;5. 学生的家庭作业完成率低、质量差。

二、制订计划

基于以上的问题,学校根据实际情况制订共同成长的课题方案,主要内容是:

1. 学校管理层面:规范课程开设,落实教学常规;开展校本教研,提高研训效果。

2. 班级管理层面:建立班级常规,开展良好习惯养成教育。

3. 教师教学层面:认真学习新课标,实施有效教学;培养良好学习习惯;注重过程评价,实现教学目标。

4. 小学低年级基础学科(语文、数学、英语)教材解读与教学设计研究。

5. 小学低年级学习习惯养成研究。

6. 小学低年级基础学科(语文、数学、英语)学习水平检测与诊断研究。

三、实施措施

通过课堂诊断,我们经过反复地研讨,确定了现阶段海秀帮扶的"适合"措施:带领教师进行课标的研读,更新教学理念,建立教学底线;建立各学科本学期的重点课型的教学模式,例如语文学科的识字教学模式,数学学科的计算教学模式,英语学科的"听说课"教学模式;帮助建立良好的课堂秩序和学生学习习惯。

（一）集体备课,保质保量

课题初期,两校领导及课题组成员就齐聚一堂,仔细讨论了本学期的帮扶计划。会议上,滨海九小教研室的冉茂娟主任强调,要坚持每学期每月两次的互访频率,只能多不能少,首先保证量够。其次每两个月都要安排理论指导、教学实践、诊断医治、集体备课四方面的内容,这样一来,质也得到了保证。

（二）脚踏实地,扎实落实

针对海秀中心小学学生生字掌握不够扎实这一实际情况,在一二年级减负,没有家庭作业的大背景下,我们主要想依托"每天一听"的环节,在学校解决生字的巩固问题。在开学初,两校教师一起研讨、制订听写方案,从听写的内容、听写的量、批改的方式、改错方式、激发兴趣等方面进行全面预设。到了学期中,我们再一起研讨,对半学期听写的情况进行交流、分析,修正和完善听写方案,学期末则通过开展对学生识字能力考核的活动来检验活动实施的效果。

（三）专题讲座,理论学习

由冉茂娟、孙丽华和干艳三位老师分别做《学习习惯养成的培养》、《解读低年级语文课标》和《如何让学生读得绘声绘色》等专题讲座,期间海秀中心小学的老师们也两次前往滨海九小,聆听了吴清锴副校长的教研讲座,落实了每月有理论学习这一计划。海秀中心小学的一年级老师们也因此有了更多的理论来指导实践。

后续的活动我们继续从送理论、教方法和传经验这三个维度来设计适合海秀中心小学的帮扶活动,还准备了针对海秀学校提出来的学生差异大的实际情况开展的"同读一本书"活动,书名是《小学课堂差异教学策略研究》,希望通过读书活动,让老师们都能站在更高的一个高度上，一起科学地、有效地攻破教学难关。

（四）观摩学习，诊断医治

首先，课堂是教学的主阵地，为此，滨海九小的老师特别注重对课堂的诊断和医治。如海秀中心小学的老师们先观摩学习了滨海九小的曾红蕊老师执教的《鲜花和星星》一课，接着由海秀中心小学的老师执教了《小池塘》一课，课后两校的老师们共同对这节课进行了诊断和医治，共同学习，共同进步。

其次，以细化教材解读，提高教师的教研能力为主。教材解读跟海秀中心小学的课程标准校本化课题融合，滨海九小的老师们在解读教材时尽量细化到每一课的每个环节，让老师们知道如何去把握教材，知道每节课的教学"底线"。海秀中心小学的老师则细化教学内容，提交每一单元细化后的教学目标、教学内容、教学重难点及教学方法和技巧。

再次，以课例为载体，开展"一课多研"和"同课异构"活动。以"送课、看课、研课、磨课"为主要方式分为两种操作模式。一是通过滨海九小教师引领性的教材解读、研究课、观摩课、校本教研等，帮助海秀中心小学的老师学习如何将现代的教育教学理念运用到教学实践中，如何开展有效的教研活动，提升教师专业技能。二是两校互动式研究课、观摩课教研活动，确定研究主题，两校教师现场授课、现场对话、名师点评，在互动交流中深入理解新课程课堂教学的内涵。这个活动模式每月两次的探访与回访，让海秀中心小学的老师受益匪浅。

经过几年的项目研究，海秀中心小学的老师更新了理念，对教材的解读更加到位，知道每一个知识点应该教什么，教到什么程度。多次的课例研讨，提升了老师们教科研的能力，每次活动后的及时反思，老师们已经形成一种习惯。老师们课堂行为的改变，促进了学生学习成绩的提高，降低了低分率，课题研究促进了海秀中心小学教师和学生的共同发展。

（供稿：海口市滨海第九小学　苏云燕　孙丽华）

第二章　基于标准：
学科教学指导意见的编制与使用

　　课程标准是课堂教学的依据,也是测试命题的依据,是每一位教师心中都必须珍藏并遵守的"教学宝典"。不理解课程标准中的阶段目标,教学和评价都可能迷失方向。但课程标准并没有提供具体的操作指导意见,因此,在具体的教学中应当基于标准,结合每所学校和各学科的情况编制有操作性的教学指导意见以指导具体教学。

　　● 智慧2-1　以研促教：基于课程标准的教学改革
　　● 智慧2-2　标准细化：专业的学科教学标准研制

课程标准是教育教学的底线，是教学的依据，也是测试命题的依据，是每一位科任教师心中都必须珍藏并遵守的"教学宝典"。不理解课程标准中的阶段目标，教学和教学评价都可能迷失方向。

然而，课程标准其实仅仅给教学提供基本的标准，并没有提供具体的操作指导意见。因此，我们在具体的教学中应当基于标准，结合每个学校和各学科的情况编制一定的教学指导意见以指导我们的具体教学。

一、制订学科指导意见的思路

学科指导意见应当在遵循学科标准的基础之上结合所使用的教材和学校的具体情况制订。

（一）化虚为实——可操作

《义务教育课程标准》是我国教育部颁布的对义务教育阶段各个学科教学的基本要求。由于立足于整个国家基础教育的要求，在很多表述上都是宏观层面的要求。这种宏观层面的要求，对于一线教学而言略有点虚无、渺茫。因此，我们应当化虚为实，在制订教学指导意见时，要将课程标准中的宏观表述转化为教师能理解的实际操作。如语文课程标准中的培养目标中有要求："认识中华文化的丰厚博大，汲取民族文化智慧。"在制订教学指导意见时，就应该让教师了解中华文化具体是怎样一个体系，中华文化有哪些形式，以及文化之中蕴含着我们的哪些智慧。只有将这些宏观目标，转化为具体的操作目标，教师才能真正地按照《义务教育课程标准》的要求落实其教学活动。

（二）化高为低——够得着

事物总是由简单向复杂，由低级向高级发展，人的思维认知过程也是如此。《义务教育课程标准》中的许多目标，作了较高层次的描述。在制订学科指导意见时，应当化高为低，让每个学生够得着。数学课程标准中有一个总目标是："了解数学的价值，提高学习数学的兴趣。"其实这是一个高屋建瓴的表述，我们应当在制订指导意见时，建议教师让学生了解数学的具体价值，以及设法勾起学生的学习兴趣。

（三）化静为动——有实效

教学是教师的教与学生的学的互动变化的动态过程。《义务教育课程标准》上的所有表述都是静态的描述，如何将静态的文字表述，转化为动态的教学过程是理解新课程改革中的关键问题。我们在教学指导意见编制时提出依据课程标准的动态化教学策略与方法。

二、教学指导意见编制

（一）教学指导意见编制的指导思想

根据学校实际情况，把落实课程标准作为核心任务，以课堂教学实践和校本研训为根本，进一步推进学校教学常规和课堂教学的完善与实施，加强教研组的建设和教师培训的力度，紧跟时代步伐，探索"高效教学"的方向，提升学校教学质量，提高教师的教学能力。

（二）教学指导意见编制的具体流程

1. 研读标准，把握核心。"学科指导意见"是标准的具体化，与标准是一脉相承、前因后果的关系。因此，在制订"学科指导意见"时一定要仔细研读标准，把握其精髓。每个学科的课程标准都有几个核心的关键词，我们总结了如下一些关键词[①]：

----

① 海口市英才小学.规划标准，促进专业——海口市英才小学学科教学标准研制.

语文学科(第一学段)：写好字，读好书，养习惯

数学学科(第一学段)：兴趣、能力

英语学科(第一学段)：容错、积累、运用

　　课程标准中的关键词是核心，领会了这些关键词就能把握课程标准的精髓，在制订"指导意见"时就不会偏离方向。

　　2. 广泛调研，发现问题。课程标准反映了我们各个学科在教育领域应当达到的标准，体现了国家和社会对未来一代的要求。"学科指导意见"要依据课程标准的核心，同时要反应教学实践中存在的问题，以此来提供指导。因此，制订"学科指导意见"需要立足于广泛的调研。通过课堂观察、教师访谈、教学研讨、专家会诊，发现教学实践中的问题。

　　3. 汇总分析，形成文本。各学科的研讨组，根据调研的情况和标准的要求，在汇总分析基础上进行"学科指导意见"的文本写作。

　　4. 适用、讨论、修正。将形成的初步文本交给实验学校教师进行试用测试。在试用的过程中及时反馈、沟通，发现存在的问题，对其进行修正。在对"意见"进行多次讨论修正后，最终形成《学科指导意见》正式稿。

三、学科指导意见的使用

（一）理解学科指导意见

　　教师应通过对学科指导意见的研读，形成自己的理解。以下是以海口山高小学数学学科为样本的一个学科指导意见的解读范例①：

----

① 海口山高小学.基于标准的学科指导教学改革.

1. 教材特点

本册教材共有 8 个单元。

数与代数领域五个单元分成三部分。第一部分是认数，即第三单元认识 100 以内的数。第二部分是计算，三个单元，即第一单元教学 20 以内的退位减法，第四、六单元教学两位数加、减整十数、一位数的口算和两位数加、减两位数的笔算，在这两个单元里还要教学求两数相差多少的实际问题。第三部分是常见的量，一个单元，即第五单元认识人民币。

空间与图形领域安排一个单元，即第二单元认识图形，认识长方形、正方形、圆、三角形和平行四边形。遵照儿童观察物体由整体到部分，由粗略到细微的认知规律，在学生直观认识长方体、正方体、圆柱和球之后认识基本的平面图形。

"统计与概率"领域安排一个单元，即第七单元统计，教学用做记录的方法收集和整理数据，继续认识简单的统计表，重点仍放在数据的收集和整理上。在一年级上册学过用分一分、排一排、数一数的方法收集整理数据的基础上，初步学习分类整理数据及填写统计表的方法，体会统计的价值。

"实践与综合应用"领域安排了三次实践活动，主要是让学生综合应用所学知识解决现实生活中的问题，从而培养应用意识、合作意识，获得数学活动的积极情感。

最后一个单元安排期末复习。

2. 关于教学建议

本次教材精心选取学习素材，激发学生的探索愿望，基于这种认识，教师在教学中应注意选取密切联系学生生活、生动有趣、有数学内涵的素材。考虑到一年级学生的生活经验和心理特点，教师主要可从学生的学校生活、家庭生活、游戏和童话世界中选取学习素材，提出有关的数学问题。如可用猴子卖桃引出十几减 9 的计算，可用搭积木的场景引出长方形、正方形等图形的认识，用两人抓花片比多少的情境引出求两数相差多少的实际问题，用商店购物的情境引出对人民币元、角、分的认识等等。这样选择学生身边的、感兴趣的事物和现象，从中提出数学问题，可以激发学生的学习兴趣和学习动机，可以帮助学生借助熟悉的事物理解数学知识，还可以使他们初步感受数学与日常生活的密切联系，增加对数学的亲近感。

注重呈现方式，为学生营造积极思考与合作交流的空间。按照新的教学理念，数学学习是学生在自己已有的知识和经验的基础上的一种自我的、能动的、有意义的建构，有效的数学学习不能单纯地依赖模仿与记忆，动手实践、自主探索、合作交流是学生学习数学的重要方式。一般体现"创设问题情境——学生主动探索——建立数学模型——解释、应用和拓展"的过程，并采用图片、对话、活动等多种形式，使学生在研究现实问题的基础上主动地展开数学学习。教学中应给学生提供充分的自主探索、合作交流的机会，对于每个领域的每堂课都提供充足的时间和空间让学生观察、操作、猜测、探索和交流。如在探索计算方法的过程中，通过具体的操作活动，可以提出"你想怎样算"、"你喜欢用哪种方法算"、"和同学说说你是怎样算的"等问题，引导学生独立思考，提倡计算方法的多样化，鼓励学生发表自己的意见，提供与同伴进行交流的机会。

突出重点，帮助学生掌握算法、形成技能。计算是本册教材的教学重点，占教学总量的一半以上。教师要把握好教学层次，在知识沟通中培养学生的计算能力。在实施教学时要注重从学生感兴趣、贴近学生生活的情境入手引入问题，引导学生经历探索计算方法的过程，提倡算法多样化，并引导学生逐步优化算法。算法多样化是课程标准倡导的一个重要思想，要尊重学生的独立思考，鼓励学生探索不同的方法，并不是要求学生掌握多种方法。在以口算与笔算为主线的同时，恰当安排估算与解决实际问题的教学时机，使估算和口算、笔算融为一体。总之，计算教学要妥善地处理好情境创设与复习辅垫、算理直观和算法抽象、算法多样与算法优化、解决问题和技能形成的关系。此外，值得一提的是，计算正确率的高低不仅以计算技能为基础，还与计算习惯的养成密切相关，教师应有意识地引导学生细心地观察、有序地思考（表述）、规范地书写……

进一步培养学生的数感、空间观念等数学意识。数感、空间观念、统计观念等所涉及的数学意识，是学生对学习对象带有感情色彩的感受、体验和理解，这些感受、体验和理解可以帮助其在解决问题的过程中选择恰当的策略。因此教师在帮助学生掌握概念、形成技能的同时要十分注意培养学生数感、空间观念、统计观念等数学意识。如教师在教学"认数"和加、减计算时，要多利用实物、图形等，结合现实情境，用恰当的语言描述加深对数序、数的大小的理解，加深对算理的理解，教师还要有意识地培养学生估算意识，引导学生对计算结果进行预测、监控和检验；在教学"认识图形"时，要注意联系实际，加强操作，使学生形成实物的面与图形之间的联系，能够互相转换；在教学统计知识时，要让学生在探索、比较的基础上自主确定收集和整理数据的方法，感受统计思想，掌握统计知识，增强科学统计的观念。

充分尊重学生多样的学习方式，引导学生逐渐形成学习策略。学生学习数学的过程是他们探索的过程、交流的过程，学生获得数学知识是他们"做数学"的结果。教师在教学中要鼓励学生运用已有的知识、方法和经验去解决问题，以帮助他们不断积累学习数学的方法，逐步形成有效的、多样化的学习策略。对于教材中呈现的不同算法、不同解法，教师不能立足于全部"教"给学生，更不能要求学生必须掌握，如果教材中呈现的某种方法学生没有提到，教师没有必要再去追问"是否还有别的方法"；有的学生提到了教材中没有的方法，只要是正确、合理的，教师都应肯定，不正确的教师要予以引导，帮助辨析、交流、比较，寻找一种适合学生自己的方法，并努力把它学好。教师要充分尊重学生的选择，因材施教，千万不能"一刀切"，使学生学习方式、学习策略单一化、模式化。

注重练习的实践性和开放性，培养学生实践能力和创新意识。教材在引导学生对新建立的数学模型进行解释和应用时，安排了很多具有实践性和开放性的习题，教师在教学中要在充分领会教材意图的基础上做到既尊重教材又不拘泥于教材，能动地处理教材，适当的更改、调整、增删都是可以的，目的在于使练习的内容和形式更加贴近学生，增加趣味性、综合性、实践性、开放性，从而有助于唤起学生主动探索的愿望，提高动手操作的能力和主动求异的意识，培养实践能力和创新能力。

（二）基于学科指导意见的课堂教学

教师要根据课堂特点、自身能力创造性地使用《学科指导意见》形成自己的教学风格。在我们实验的学校中，海口市山高小学探索出了自己的"生态链接"自主学习模式，以下对此模式做介绍。

"生态链接"自主学习模式具体操作流程①

（一）复习链接，整理巩固

老师备课必须要清楚一个问题：就是本节课的学习内容。如何让学生利用已有的生活经验或学习经验转换、推理，预测新知识，对以后的学习、成长、发展，或生活有什么作用，这是一种链接思想，就如对生命的培育要遵循生态链，这也可以说是一种大教学观，这种思想决定了一个老师对教材的把握度，和老师对学生的引领高度，也影响到老师对课堂教学的切入是否达到贴切和巧妙的效果。

（二）明确目标，教师引领

目标确定的要求：

"目标主题化"，主题鲜明了，才能抓"文眼"、找"线索"，才能做到"唯简约，乃从容"、"简简单单做教学，完完全全给学生，扎扎实实求发展。"

出示目标有两种方式：

1. 老师用巧妙的引领语言承载流露出目标。

2. 学生通过自己看书，自己找到自己应该学会什么，研究什么。

引领方式：

1. 情境创设、知识铺垫、教师示范、教师讲解。

比如：动情的朗诵；意味深长的一句话；一个小故事；一个情景；一个小实验；一首歌；一幅画等等。

2. 学生根据学习单的引领进行学习。学习单是教研组的教研成果，不同学科、不同课型的学习单有不同的范式。

---

① 海口山高小学.基于标准的学科指导教学改革.

（三）自主研究，多元选择

自主

"自主"指学生有主动权和选择权，可以根据自己的学习目标，按照自己的意愿和喜好去选择学习内容和方式，给他们彰显自己个性的空间，以更好地调动学习的内驱力。

多元

多元化地选择学习进度，基础差一点的慢一点，程度好一点的快一点，优秀一些的更快一点。

多元化选择学习方式，例如根据自己的兴趣、能力和需要选择读、写、思、悟、算、画、操作、体验、创作、出题、搜集、实践、调查等学习方式。

（四）合作探讨，活动体验

活动体验

美国实用主义教育学代表人物杜威认为：1. 教育即生活。2. 教育即学生个体经验不断增长，从做中学，从各种各样的活动中，从实践中获得知识经验。老师创设一定条件，让学生完全参与其中，通过实践来认识周围的事物，用各种感官，通过操作、观察，经历事物变化的过程，寻找内在的规律（物理实验、化学实验、生物实验等），建构空间观念（比如数学的长度、面积、体积，科学、地理等），发现其中的奥秘（比如细胞），体验情景、过程，体会情感，感悟哲理（语文、品德情景展现、实践活动等）。

操作要领：

合作探讨

1. 个人经过独立学习，会遇到一些疑难问题，需要找对子或组员商量探究。探究的方式很多，找学具观察操作，在黑板画图分析，查工具书，到一定生活情景中去体验等等。独立可以指一个人独立完成，也可以指一个"独立团"完成，群策群力。

2. 需要对子讲解帮助。

3. 需要两人或几人合作完成一个创意。

4. 有组织、有总结地探讨。

（五）分享质疑，沉淀提升

操作要领：

1. 人人参与、尝试成功、感受快乐，启动思维、释放潜能，根据学科特点不同，教材内容不同，可以讲解、分析、拓展、点评、质疑、争辩、美读、演示、演艺、唱、画、跳、游戏、活动、操作、展示创作，出题等。

2. 分享的过程中学生要冷静，有自己的立场和发自内心的深思，可以补充、质疑，加上老师点拨、引导、提携或完善，达到对问题的透彻解决、举一反三，或者升华到一定高度。

（六）达标测评，反馈矫正

操作要领：

1. 针对目标口头反馈。

2. 针对目标纸面反馈、测评。

3. 出题方式有教研组统一出题，也有学生自己编题，对子互相出题等。

4. 当堂对子互相批阅。

 **智慧 2-1**

以研促教：基于课程标准的教学改革

运算是数学教学的重要内容，在义务教育阶段的数学课程的各个学段中，运算都占有很大的比重。学生在学习数学的过程中，要花费很多的时间和精力去学习和掌握关于各种运算的知识和技能。

《义务教育数学课程标准（2011年版）》在学段目标的"知识技能"中，对各学段运算分别提出了明确的要求："第一学段：经历从日常生活中抽象出数的过程，理解万以内数的意义，初步认识分数和小数；理解常见的量；体会四则运算的意义，掌握必要的运算技能，能准确进行运算；在具体情境中，能选择适当的单位进行简单的估算。第二学段：体验从具体情境中抽象出数的过程，认识万以上的数；理解分数、小数、百分数的意义，了解负数的意义；掌握必要的运算技能；理解估算的意义；能用方程表示简单的数量关系，能解简单的方程。"

《义务教育数学课程标准（2011年版）》指出："运算能力主要是指能够根据法则和运算律正确地进行运算的能力。培养运算能力有助于学生理解运算的算理，寻求合理简洁的运算途径解决问题。"

从运算内容看，运算能力包含数的运算能力和符号的运算能力，在小学阶段，主要是针对前者的培养，具体而言主要体现在：计算能力的形成、运算法则和公式的掌握、应用问题的解答三个方面。从运算过程看，运算能力包括分析运算条件、探究运算方向、选择运算公式、确定运算程序等一系列过程中的思维能力，也包括在实施运算过程中遇到障碍而调整的能力。

运算能力已经是每个公民必须具备的基本素养之一。依据新课程"人人都能获得必需的数学"这一基本理念,教师如何让新课程标准下的计算教学更能吸引学生,不再枯燥呢? 如何让老师更加关注计算教学? 以下就谈谈我们的一些做法:

一、课标解读重视运算

每学期开学初,教研室要安排科组长组织教师认真学习新课标,学校也会组织骨干教师给数学教师进行教材解读,特别是计算教学,主要让老师们重点了解以下几点:

1. 明晰运算的教学改革思路,明确运算能力意义与范畴的拓展之处。关于运算,《全日制义务教育数学课程标准(实验稿)》第一学段的总体要求是:"应重视口算,加强估算,提倡算法多样化;应减少单纯的技能性训练,避免繁杂计算和程式化地叙述'算理'";第二学段总体要求是:"应重视口算,加强估算,鼓励算法多样化;应使学生经历从实际问题中抽象出数量关系,并运用所学知识解决问题的过程,应避免繁杂的运算,避免将运算与应用割裂开来,避免对应用题进行机械的程式化训练。"由上可见,社会的快速发展,人文内涵的改变,影响着各学科的功能和定位。数学学科中的运算,已经由过去只注重笔算拓展到笔算、口算、估算并重,由过去只单纯地注重技能、技巧,拓展到对运算过程中教学思考的重视,由过去单一的计算范畴,拓展到现在"能够寻求合理简洁的运算途径解决问题"。

2. 重视帮助学生深刻理解各种数的内涵。在小学阶段,学生将要学习到整数、小数、分数(百分数)的意义和运算。在实践中我们发现,提倡算法多样化时学生方法单一、墨守成规,解决分数应用题时学生乘除混淆,深层次原因乃是学生对这些数的意义理解不深,直接影响到了运算过程中算理的理解与算法的选择,影响到了运算律的建模以及解决问题中方法的确定。所以,教学中应关注学生对整数的理解,对数的组成与分成的理解;学习小数时,对小数与整数联系的理解,对计数单位的理解;学习分数(百分数)时,对分母、分子的理解。对数的意义的理解透了,运算的方法和解决问题的途径就有了。

3. 重视帮助学生深刻理解四则运算的意义。随着社会的发展,只是求结果的运算,终究会向计算器倾斜。运算除了是求得结果,其意义更在于用运算解决问题,而对四则运算意义的深刻理解,显然是选择算法的前提。比如对于乘法意义的理解深了,意识强了,学习乘法分配律时才不会从乘法分配律的外在形式上去掌握,而会理解为a个c加b个c等于(a+b)个c。加法有了,减法也可以顺推理解了,形如"45×99+45"这种变式呈现,也就可以解决了。

二、主题研讨强化运算

1. 学校通过制订教学节的活动方案,把计算教学定为上课内容,所有参加这一届教学节数学科组经验交流课都要以计算教学为主题。科组在磨课过程中不断改进教学方法,以"行为更进课"作为主阵地,通过"一课多次更进"和"一人多次更进"的形式,尝试按照课前会议——课中观察——课后会议的程序,进行课堂观察。在研讨活动中,科组的每一位老师主动参与,经历一个"设计——实施——评价——反思——再设计——再实施——再评价——再反思"等依次类推的三次更进的全过程,使整个教研由个人活动转变为团体活动,发挥团队合作精神,促使每一位老师参与备课、听课、反思、讨论、修改,如此反复的过程中,加深对计算教材的理解。经过不断的磨课促进计算教学方法的不断优化,促使教师计算教学的课堂更加合理高效。

2. 科组确定的研讨专题也要围绕计算教学。每次教学节除了科组经验交流课外,还有第三阶段的一年一度的科组课题阶段性总结汇报,每学年确定一次,一般都是根据教学节的课题为主。教研组在磨课研讨时出现的问题,都会成为研究的专题。老师们将研讨时的心得体会写成论文、案例、反思,在教学中不断地对计算教学的方法进行总结改进。

三、设计活动激发兴趣

为了提高低年级学生对计算的熟练程度,激发低年级学生对口算的兴趣,进一步提高计算的速度,培养正确的计算能力。学校还通过举办全员参与的口算能力检测竞赛,检测一、二年级学生的口算能力,通过竞赛让计算变得更有趣。

（供稿：海口市滨海第九小学　苏云燕　曾媛媛）

智慧 2-2

标准细化：专业的学科教学标准研制

海口市英才小学，创建于世纪之交。建校时间虽然只有十五年，但学校一直锐意进取，秉承"以书养性、以文化行、以梦励志"的办学思想，致力于打造高素质的教师队伍，努力用 50 个平台培养每一个孩子。作为海南省教学教研基地校，学校更加认识到：标准就是效率，标准就是专业。

一、课程标准是教学改革的依据

课程标准是教育教学的底线，是教学的依据，也是测试命题的依据。不理解课程标准中的阶段目标，教学和教学评价都可能迷失方向。以下是起始年级（第一学段）语数英的阶段目标，是每一位科任教师心中都必须珍藏并遵守的"教学宝典"。

语文课程是一门学习语言文字运用的综合性、实践性课程。义务教育阶段的语文课程，应使学生初步学会运用祖国语言文字进行交流沟通，吸收古今中外优秀文化，提高思想文化修养，促进自身精神成长。工具性与人文性的统一，是语文课程的基本特点。

语文第一学段的阶段目标：

（一）识字与写字

1. 喜欢学习汉字，有主动识字、写字的愿望。

2. 认识常用汉字 1 600 个左右,其中 800 个左右会写。

3. 掌握汉字的基本笔画和常用的偏旁部首,能按笔顺规则用硬笔写字,注意间架结构。初步感受汉字的形体美。

4. 努力养成良好的写字习惯,写字姿势正确,书写规范、端正、整洁。

5. 学会汉语拼音。能读准声母、韵母、声调和整体认读音节。能准确地拼读音节,正确书写声母、韵母和音节。认识大写字母,熟记《汉语拼音字母表》。

6. 学习独立识字。能借助汉语拼音认读汉字,学会用音序检字法和部首检字法查字典。

（二）阅读

1. 喜欢阅读,感受阅读的乐趣。养成爱护图书的习惯。

2. 学习用普通话正确、流利、有感情地朗读课文。学习默读。

3. 结合上下文和生活实际了解课文中词句的意思,在阅读中积累词语。借助读物中的图画阅读。

4. 阅读浅近的童话、寓言、故事,向往美好的情境,关心自然和生命,对感兴趣的人物和事件有自己的感受和想法,并乐于与人交流。

5. 诵读儿歌、儿童诗和浅近的古诗,展开想象,获得初步的情感体验,感受语言的优美。

6. 认识课文中出现的常用标点符号。在阅读中体会句号、问号、感叹号所表达的不同语气。

7. 积累自己喜欢的成语和格言警句。背诵优秀诗文 50 篇(段)。课外阅读总量不少于 5 万字。

（三）写话

1. 对写话有兴趣,留心周围事物,写自己想说的话,写想象中的事物。

2. 在写话中乐于运用阅读和生活中学到的词语。

3. 根据表达的需要,学习使用逗号、句号、问号、感叹号。

（四）口语交际

1. 学说普通话,逐步养成说普通话的习惯。

2. 能认真听别人讲话，努力了解讲话的主要内容。

3. 听故事、看音像作品，能复述大意和自己感兴趣的情节。

4. 能较完整地讲述小故事，能简要讲述自己感兴趣的见闻。

5. 与别人交谈，态度自然大方，有礼貌。

6. 有表达的自信心。积极参加讨论，敢于发表自己的意见。

（五）综合性学习

1. 对周围事物有好奇心，能就感兴趣的内容提出问题，结合课内外阅读共同讨论。

2. 结合语文学习，观察大自然，用口头或图文等方式表达自己的观察所得。

3. 热心参加校园、社区活动。结合活动，用口头或图文等方式表达自己的见闻和想法。

通过义务教育阶段的数学学习，学生能：

1. 获得适应社会生活和进一步发展所必需的数学的基础知识、基本技能、基本思想、基本活动经验。

2. 体会数学知识之间、数学与其他学科之间、数学与生活之间的联系，运用数学的思维方式进行思考，增强发现和提出问题的能力、分析和解决问题的能力。

3. 了解数学的价值，提高学习数学的兴趣，增强学好数学的信心，养成良好的学习习惯，具有初步的创新意识和科学态度。

第一学段(1～3年级)

知识技能

1. 经历从日常生活中抽象出数的过程，理解万以内数的意义，初步认识分数和小数；理解常见的量；体会四则运算的意义，掌握必要的运算技能，能准确进行运算；在具体情境中，能选择适当的单位进行简单的估算。

2. 经历从实际物体中抽象出简单几何体和平面图形的过程，了解一些简单几何体和常见的平面图形；感受平移、旋转、轴对称现象；认识物体的相对位置；掌握初步的测量、识图和画图的技能。

3. 经历简单的数据收集、整理和分析的过程，了解简单的数据处理方法。

数学思考

1. 在运用数及适当的度量单位描述现实生活中的简单现象，以及对运算结果进行估计的过程中，发展数感；在从物体中抽象出几何图形、想象图形的运动和位置的过程中，发展空间观念。

2. 能对调查过程中获得的简单数据进行归类，体验数据中蕴涵着信息。

3. 在观察、操作等活动中，能提出一些简单的猜想。

4. 会独立思考问题，表达自己的想法。

问题解决

1. 能在教师的指导下，从日常生活中发现和提出简单的数学问题，并尝试解决。

2. 了解分析问题和解决问题的一些基本方法，知道同一个问题可以有不同的解决方法。

3. 体验与他人合作交流解决问题的过程。

4. 尝试回顾解决问题的过程。

情感态度

1. 对身边与数学有关的事物有好奇心，能参与数学活动。

2. 在他人帮助下，感受数学活动中的成功，能尝试克服困难。

3. 了解数学可以描述生活中的一些现象，感受数学与生活有密切联系。

4. 能倾听别人的意见，尝试对别人的想法提出建议，知道应该尊重客观事实。

基础教育阶段英语课程的总体目标是培养学生的综合语言运用能力。

英语综合语言运用能力的形成建立在学生语言技能、语言知识、情感态度、学习策略和文化意识等素养整体发展的基础上。语言知识和语言技能是综合语言运用能力的基础，文化意识是得体运用语言的保证。情感态度是影响学生学习和发展的重要因素，学习策略是提高学习效率、发展自主学习能力的保证。这五个方面共同促进综合语言运用能力的形成。

国家英语课程要求从 3 年级起开设英语课程，三四年级应完成一级目标：

一级：对英语有好奇心，喜欢听他人说英语。能根据教师的简单指令做动作、做游戏、做事情（如涂颜色、连线）。能做简单的角色表演。能唱简单的英文歌曲，说简单的英语歌谣。能在图片的帮助下听懂和读懂简单的小故事。能交流简单的个人信息，表达简单的感觉和情感。能模仿范例书写词句。在学习中乐于模仿，敢于表达，对英语具有一定的感知能力。对学习中接触的外国文化习俗感兴趣。

课程标准是教学的依据，我们每一位教师都必须认真研读课标。当教师能主动改变原有的教育价值观、学生观、教学观时，就能主动转变学生的学习方式，关注教育教学的本质真谛，努力提升学科素养，最终实现"纸上得来终觉浅，绝知此事要躬行"的目标。

二、学科教学指导意见是课堂教学的标尺

海南省研训院基于课程标准，充分调查研究了我省的小学课堂教学现状，制订了详尽的学科教学指导意见（见《意见》）。《学科教学指导意见》是起始年级课堂教学的重要标尺。

如果说《国家课程标准》是"法"，那么《学科教学指导意见》就是"依法执教"。一线教师对于《国家课程标准》的领悟和践行需要长期的实践过程，为了少走弯路，不走弯路，严格执行《学科教学指导意见》，就是最好的选择。毕竟它是基于课标、基于现实的建议，它完全可以很负责任地指导我们的学科教学。同时，《意见》已经具体到每一册，每一个单元，每一个版块。只要我们认真学习，并在教学实践中不断落实和验证《指导意见》，我们的课堂教学必定就是有效、高效的，这也正是省研训院制订、出台《学科教学指导意见》的目的所在。

三、学科教学标准校本化是学科课堂教学转型的根基

基于对《课标》的深入研读，基于对《学科教学指导意见》的实践，我们越发认识到只有立足校本化，基于我校的教学现状，基于学生的课堂学习，才能落实《课标》的育人

目标。我校学科教学标准校本化的原则是：建构教学模式，思辨学科标准，夯实校本研训，科学监测评价。

（一）"一单五环"的教学模式：实现课堂的有效转型

《课标》最终还要通过课堂教学来落实，课堂永远是教育教学工作的主阵地，不能放弃。而一个行之有效的教学模式，必定是实现课堂有效转型的催化剂和润滑油。我校提出的"一单五环"的教学模式是基于校情、学情，对办学思想的一次大提升。以学生自主学习为根本，以学生对知识体系的构建为核心，以学生自我价值展示为动力，以教师的启发、引领、点拨为激活方式，以激励评价为手段，以整合教材形成知识导图为突破口，从呈现知识导图出发，到编制"学习活动单"结束，实现"自主乐学、习得方法"的学科课程理念。建构"一单五环"课堂教学运行机制，其中"自学指导"、"合作探究"、"展示提升"三大课堂核心元素的设计，将自主、合作、探究的课改理念化为高效课堂的实际生产力。"一单五环"教学模式将实现"学生的学习过程看得见、听得到、摸得着"。

"一单"是指一课一张或多张"学习活动单"，包括：自主预习单、当堂研究单、巩固检测单、整理研究单等。

"五环"是指教师与学生的五大环节：1. 教师五大教学操作环节："提出目标→导航指导→管理促进→引导评价→巩固拓展"；2. 学生五大自主学习环节："明确目标→自主学习→合作探究→展示提升→自我完善"。

"一单五环"教学模式中的"一单"是实施教学策略的"拐杖"，可以说，"单子"设计的效果直接影响到课堂教学的效果。因此，我校集体备课的主要任务除了常规的内容，特别凸显的就是要备好"学习活动单"，只有集体"把脉"过的单子才能正式"登台亮相"。在这个过程中，课时目标、教材重难点、重要知识点都必须经过梳理，也必须得到彰显。学生的学习过程不再是随意、想当然的，而是有理有据、有声有色的，"一单"确实转变了学生的学习方式。"五环"的环环紧扣、循序渐进，也充分体现了"学习活动单"的集体智慧，实现了"一单五环"的"完美合体"。具体来说，这一教学模式体现了以下的实施成效：教师的教育科研能力得到提升，有效的课堂转型实施初见成效，学生的自主研学能力得到提升。

"学习活动单"的实施体现出教与学过程管理的精细化、规范化；"五环节"导学质量监控,彰显了学校强烈的质量追求意识。"一单五环"既保证课堂导学的紧张有序,又彰显出开放性课堂的生动活泼。定向导学、互动展示、当堂反馈课堂运行模式,彻底转变了我校传统的教学方式和学习方式。

(二)思辨学科标准:规范教师教学的专业标准

以各学科为例详述(熟知课标,且行且思):

语文(第一学段)关键词:写好字,读好书,养习惯

1. 喜欢阅读,感受阅读的乐趣。养成爱护图书的习惯。(1)不要以低段的学生识字量少为由,就只重视书写,忽视多读。(2)不要以家长不重视、家庭条件的制约为由,就忽视学生的自主阅读。(3)教师是职业的阅读者。(4)爱阅读的孩子是聪明的孩子。为孩子大声朗读,是培养孩子爱上阅读的好方法。孩子在听的过程中,不仅能品味文章的各种滋味,还能体味朗读者的语感和情感变化,从而提高孩子的综合素养。

2. 学习用普通话正确、流利、有感情地朗读课文。学习默读。朗读,是把文字转化为有声语言的一种创造性活动,是一种出声的阅读方式,是小学生完成阅读教育任务的重要基本功,就语文学习而言,朗读是最重要的。朗读是阅读的起点,是理解课文的重要手段。(1)关于默读:低段是"学习",中段是"学会",高段是"有一定速度"。(2)读正确:读准字音、不添字、不漏字、停顿恰当。(3)读流利:不顿读、不指读、不重复、不唱读、语速合适。"能恰当地停顿,语速合适"这是"正确、流利朗读课文"的难点。教师要教给学生选准停顿点和把握停顿的时间。主要是看标点符号停顿的方法和读长句子的停顿方法。

3. 结合上下文和生活实际了解课文中词句的意思,在阅读中积累词语。借助读物中的图画阅读。(1)何谓了解:侧重知道人或事的具体状况,是外在的、直观的情况。知道很清楚为"了解"。何谓理解:侧重知道人的追求、想法,是内在的感受,用自己的体会来感受对方为"理解"。"理解"比"了解"程度深。(2)何谓积累:逐渐积聚起来的成绩、经验、知识等。何谓运用:根据事物的特性加以利用。(3)不要忽视插图的作用(识字:词串对应的图片;看图说话)。

4. 阅读浅近的童话、寓言、故事,向往美好的情境,关心自然和生命,对感兴趣的人物和事件有自己的感受和想法,并乐于与人交流。(1)培养自主阅读的好习惯:亲子共读、大声读故事、阅读记录卡、班级营造读书的氛围。（2）强力推荐绘本故事：画面美好、情感丰富、优秀品质、值得品读。（3）主动阅读可以改变一个孩子！

5. 诵读儿歌、儿童诗和浅近的古诗，展开想象，获得初步的情感体验，感受语言的优美。（1）强调：浅近、初步。（2）作用：培养想象力、感受语言的优美。（3）孩子的想象力很奇妙："夏天，我的头就是一个小太阳，因为它总是滚烫滚烫的。""我真想把自己塞进冰箱里，这样我就既凉快又新鲜了。""我喜欢叫他'小橙子'，因为他总是穿着橙色的衣服。""我爸爸是强壮的剑龙，我妈妈是高雅的长颈龙，我是可爱的小飞龙。""我很担心我的小兔子被老鼠吃了，所以我要抱着它睡觉。""书就是我的宝贝！"

6. 认识课文中出现的常用标点符号。在阅读中体会句号、问号、感叹号所表达的不同语气。（1）标点符号：语气、语感（读、写！）从读好一句话开始；从写好一句话开始；常抓不懈。（2）课文就是好的范本：《青蛙看海》、《狼和小羊》、《狐狸和乌鸦》、《水乡歌》。"我没有一双像你一样有力的翅膀，也没有四条善跑的长腿，怎么上得去呢？""亲爱的狼先生，我怎么会把您喝的水弄脏呢？ 您在上游，我在下游，水是不会倒流的呀！""您的嗓子真好，谁都爱听您唱歌，您就唱几句吧！""水乡什么多？ 水多。"

7. 积累自己喜欢的成语和格言警句。背诵优秀诗文50篇（段）。课外阅读总量不少于5万字。（1）关注四字成语、重叠词的积累、运用。（2）编写校本教材。（3）5万字的课外阅读总量是保底的。要通过自主识字提高阅读量，同时通过自主阅读来培养自主识字的兴趣。

教学建议：（1）恰当使用课堂小口令，让学生明确老师的课堂要求。（2）教师要加强自身的范读能力，通过引读和范读指导学生读好课文（自己首先要爱上朗读课文）。（3）尝试当堂背诵积累。（4）用一节课读好课文，用一节课写好生字（利用好"汉典"、"象形字典"识字教学的常用网站）。（5）课内得法、课外得益。（6）低段阅读课第一课时的教学目标：学会生字新词；读准字音，读通课文；初步学会整体把握课文内容；落实指导写字任务。

数学（第一学段）关键词：兴趣、能力

1. 学好数学最主要的就是兴趣爱好，对于刚入学的孩子培养兴趣更重要。我们倡导"跨学科"听课，数学老师要学习语文、音乐老师的教学语言，增强数学课堂的趣味性。尤其倡导让学生在做中学数学。

2. 从小培养学生认真审题和学会读题再做题的好习惯，也是我校数学教学秉持的标准。数学老师要像语文老师一样要求学生认真读题三遍，边读边画出关键词（已知量、未知量），同时根据所画的关键词学会作图帮助理解。这种良好的审题做题习惯，对于学生学好数学将是受益终身的。

3. 数学学习主要就是"计算运用"和"解决问题"两大块。培养学生的审题能力，就是"解决问题"的最佳路径。而"计算运用"能力只能在大量的训练中日渐提升。我校特别编印了《数学口算》校本教材，每天有五分钟的"微课"——口算训练，每到期末进行全校的口算检测。有效的训练已经见证了学生计算能力的大幅度提升。

英语（第一学段）关键词：容错、积累、运用

1. 我校是"攀登英语"实验校，所以从一年级就开设攀登英语课。攀登英语的情境趣味、师生互动、多元评价、视听刺激，大大提升了学生学习英语的兴趣。针对三年级开设的常规英语，应该借鉴学习攀登英语的教学策略，在课堂教学上引进多元评价方式，增强学习的互动性、趣味性，从而丰富常规英语的课堂教学，让学生能大胆说、大声说、大方说。

2. 英语学习同样是一个积累运用的过程，必须关注学生对重点单词、句型的背诵积累。因此，每个学生都应有一张《默背单》，按每个模块默写和背诵重要的单词和句型。这张《默背单》由家长、同学、老师同时评价，课前班级用、课后回家用，多管齐下、齐抓共管，帮助学生做到堂堂清、日日清、周周清。

3. 有了攀登英语的积淀，英语课堂应基本实现"英语口语化"，不用或少用"双语教学"。这不仅是发挥教师的示范作用，更是鼓励学生会听、会说。在英语听说读写的过程中，应该遵循"容错原则"，也就是保护学生学习英语的兴趣和自信，通过循序渐进、日积月累的学习，学生的英语学习才能实现厚积薄发。

（三）夯实校本研训：人人努力做到"专业服人"

从《国家课程标准》到省《学科教学指导意见》再到学科教学标准的校本化，这从上至下的过程，既是学习、理解、实践的过程，更是反思、思变的过程。为此，自我反思、同伴互助、课例研修等校本研训方式，是研制和执行学科教学标准的出发点，也是落脚点。我校基于学校文化建设，基于学生的全面发展，提出了"3366"式校本研训模式。

第一个"3"是三级管理：校级领导、教导处、备课组。校级领导基于学校文化建设确立"3366"式为校本研训文化建设的当前模式，引导围绕"志存高远、厚德载物、终身乐学、善施教化"的文化建设目标展开，并将具体成绩与绩效挂钩、与评先评优挂钩，以学校之手强力推进。教导处是学校管理教育、教学工作的职能部门。校本研训建设目标的最终目的就是为了提升教师的专业素养，提升整体的教学教研水平。而教导处是否能发挥职能部门的作用，做到贯彻领会、专业引导、跟踪反馈，将直接决定着校本教研文化的建设目标。备课组是教导处领导下的落实学校教学工作的教师基层组织。可以说，教导处的工作内容、工作形式、工作效果，都是通过备课组来落实和呈现的。备课组作为教师基层组织，它就是教师教学教研工作的舞台，也是提升教师专业素养的平台。备课组整体的教学教研水平，就是校本教研"三级管理"的最好践行和见证。

第二个"3"是三次联席会议：总体方案学习会、教导处统筹会、备课组部署会。校本研训关乎学校的内涵式发展，关乎学校育人品位的提升。因此，全员参与、集体研究、民主决策，必然是校本研训文化建设那隐形的翅膀。联席会议，也由此应运而生。这三次会议并不是独立无关的，而是"顶层设计——中层贯穿——基层落实"的立体建模，同时也是一个"自上而下，由下到上"的完成过程。这三次会议更不是彼此作壁上观，学校领导、教导处、备课组长、骨干教师、教师代表，都是联席会议的重要成员。大家为了共同的目标，集思广益、出谋献策，坚持"团结协作、维护全局"的原则，为学校的教学教研工作保驾护航。

第一个"6"是语文、数学学科的六个年级以备课组为单位主持具体工作。综合学科则以英语组、音乐组、美术组、体育组、科学组、计算机组6个备课组为单位开展具体工作。

第二个"6"是每学期规定动作——六大教研主题活动，即：读书沙龙、"三个一"主题教研、学业质量分析、说教材展示，另外两个主题由各科组根据学科特点来确定，每学期保证六大教研主题活动。主题确定后，由各备课组随机抽取确定本组的教研活动主题，并按教导处安排的时间组织全校观摩。其他参与观摩学习的备课组，教导处要求他们在活动结束后五分钟内，立即进行全组的交流讨论，并指定一名年轻教师作小结发言,其他老师作补充发言。这六大教研主题活动,不仅见证了当日作为观摩主角的备课组总体的教学教研能力,也促进了年轻教师的快速成长。

"3366"式校本教研模式从纵向、横向立体细化了学校校本教研文化建设工作,明确了发展路径和工作目标任务等,引导全体教师朝着学校的育人目标坚定前行。任何一种模式的存在,都必须有操作层面和操作策略的支撑和检验。校本教研,最终指向的就是教学现场,就是常规管理。聚焦课堂、规范管理,俨然就是校本研训模式生根发芽的沃土和活水源头。于是,在这一发展模式下,自然生成了我校"一单五环"、集体备课大家看、教学常规抽抽看等高效的教学模式、研讨模式和管理模式。还自然生成了"四级备课"和"三微课程"。"四级备课"即个人第一次备课,第二次中心发言,第三次课堂教学检验,第四次集体备课展示;"三微课程"即"五分钟口算训练课程"、"十分钟经典诵读课程"、"十分钟提笔习字课程"。"四级备课"从根本上杜绝老师们"不备课就上课"的现象,保证课堂的实效性,"三微课程"虽然很小、很不起眼,却是最能为学生成长打底的课程。在"3366"式校本研训模式的引领下,我校的教学教研工作正行进在快速而平稳的快车道上,而"专业服人"的理念也日渐深入每一位教师心中。

(四)科学监测评价:打造高效课堂

学科教学标准最终要通过监测评价来检验和推进,而监测评价必须是多元化、过程性、激励性的,必须凸显学科的核心素养。

1. 常规监测:(1)单周常规抽抽看。学校把语文、数学、综合三大科组以备课组为单位进行电脑编程,每个科组里均有六个备课组。单周周五例会时间,由教导处利用电脑根据编程随机抽取常规检查的备课组。被自动编程随机定格的备课组就是本周被抽检的备课组,透明操作,公开抽检,没有商量,好好送检。(2)双周检查反馈。双周教导处和备课组长对常规抽查抽到的备课组进行常规检查,检查的内容包括授课计划(教师的教学进度是否合理)、教案(备课能否根据教材和学生的实际因材施教)、教学反思(课堂教学完成后是否有反思、小结)、听课笔记(教师教研活动的参与情况)、作业批改(作业批改的方式方法、作业布置的数量)等,并对检查的内容做详细记录,同时上交存档。

检查是为了更好的反馈和跟踪。学校更侧重于在检查中发现优点与不足,并做到及时反馈跟踪,以便于老师共同学习、改进和发扬。因此,教导处在检查后根据需要会及时和个别老师进行沟通交流,帮助这些老师及时改进常规工作。同时,教导处把检查情况上报到学校,由被抽检备课组的组长在周末的全校教职工例会上详细反馈。这种反馈方式有"一对一"的沟通跟进,也有"全员"的交流分享,不仅保证了常规抽检工作的实效性,也提升了备课组整体的教学教研能力。

2. 课堂监测("四课"活动)

内容:新教师过关课、二级教师汇报课、一级教师示范课、高级教师专题研究课(注:省骨、省学带需上专题研究课)。

形式:执教一堂公开课,写一篇不低于800字的"教学反思"并上传到个人博客。

组织安排:(1)每学期第一周以备课组为单位商议课题,备课组长最迟于第三周周二前上报到教导处(上课时间从第四周起),上报信息包括:年级、科目、时间、课题、执教教师、授课地点,然后由分管教导进行听课人员安排。(2)建议各年级上同一专题的研究课或是"同课异构"。(3)四课时间原则上不得安排在周一至周三上午第3、4节教研活动时间,以避免和教研活动冲突,不利于老师调课听课。(4)每个老师上完公开课后需在当周把教学设计和教学反思上传到个人和科组博客,并把文档上交到教导处。(5)听课前明确课堂观察点:学习活动单的使用和效果。(6)同一学段的备课组长、同年级组(同科组)的老师,务必按听课安排表自行调课听课。如不能听课必须以书面形式向分管领导说明情况。(7)听课签到工作由执教教师所在年级组备课组长负责,组员直接在教研活动记录本上签到。(8)听课指导组(由校级领导、教导主任、备课组长组成)听课时必须认真填写"四课"活动课堂评价表,评价表由执教教师所在年级组备课组长提供给校级领导、两位备课组长填写。评价表作为"四课活动"考核和教师评聘职称考核之用。其余听课老师在该授课老师教学设计或反思后进行点评。

3. 学业质量监测

学业质量监测必须遵循"三维目标",从主观和客观两方面全方位考查学生的学业成绩:知识与技能:你是否已经学会了? 过程与方法:你是否会学了? 情感、态度、价值观:你是否学得有情趣? 对你有何影响?

主观性:主要考查学生的综合素养,反映学生的情感、态度、价值观,是学生学习能力的综合体现。是学业质量监测的重要组成部分。

客观性：答案比较客观、固定，主要考查学生对所学知识的掌握情况，能较容易地评价出被测者的水平，一般占监测内容的百分之六十。

学业质量监测除了全员笔试，还可以组织专题专项的考查。如针对语文朗读能力的"美文诵读"、"课外阅读星级认证"，针对数学口算的"我是小小速算能手"，针对英语口语的"故事大王擂台赛"等学科学艺竞赛。

对学生学业质量进行最终评定时，一定注意要以鼓励、引导为主，目的就是检测出学生学业的空白区、薄弱区，重要的不是结果而是根据结果接下来所应采取的相应措施。而采取的相应措施必须是为打造高效课堂、为促进学生的终身发展全方位服务的，这也正是"落红不是无情物，化作春泥更护花"的教育教学境界。

学校可持续发展的根本是什么？我们认为，教师专业水平无疑是学校可持续健康发展的关键因素之一。为了促进教师的专业发展，学科教学标准的研制和执行，无疑是活水源头、良田沃野。为此，我们将继续基于《国家课程标准》和《省学科教学指导意见》，不断践行和创新学科教学标准校本化工作，努力让我们的课堂春暖花开，让每一间教室都有梦！

（供稿：海口市英才小学　符碧玲）

第三章　教学艺术：吸引孩子们进入学习的力量

　　教学是一个动态变化的过程,有效的教学不仅需要教育理论支持,更需要教学艺术的滋润。不少参与"原点教学"改革的学校经过长期的教学经验积累,形成了操作性强、实效显著的多种常用的教学方法,如情境教学法、语言幽默法、诱导质疑法、游戏法、故事法、肢体语言法等。这些教学方法从不同角度,借用不同载体,灵活运用语言、游戏活动、情境等手段,充分发挥教学情感的功能,形成了独具风格的教学艺术,将孩子们的注意力吸引到课堂上。

教学是一个动态变化的过程,有效的教学不仅需要教育理论支持,更需要教学艺术使枯燥的课堂教学锦上添花。教学艺术需要长期的教学经验积累,以下介绍几种"原点教学"实验项目教师总结的教学艺术。

一、情境教学法

心理学研究已充分证明人是情境的动物,不同的学习情境也能达到不同的学习效果。巧妙地运用情境教学法,能有效地调动学生的兴趣,也能达到意想不到的教学效果,以下以小学英语教学中的一些情境作介绍:

(一)直观实物,激活情境

小学英语教材本身蕴含着各种丰富的情境内容。教科书中也采用彩色图画,情境会话贯串全套教材;内容系统,由浅入深,循序渐进。教材紧密结合儿童好动、善模仿等特点进行编排、设计。充分挖掘教材内容,激发学生乐学情趣,实施直观教学,创设教学情境,展示教材中的实物或画出相应的简笔画,可以刺激学生大脑兴奋,直接感受英语。

例如:在 PEP 三年级上册 UNIT2《Look at me》和 UNIT5《Let's Paint》中,所授知识点是人体的部位 head、face、mouth 和各种颜色单词的表达。这时可直接利用直观展现法,教师走到学生中间,轻轻地拍拍学生的头、摸摸自己的脸,和蔼可亲的教师先给学生营造一种轻松、愉快的学习环境。其次,教师在课堂教学中遵循让每个学生都参与到课堂中来的原理,在教读人体部位单词时,加入 Let's do 环节让学生拿出自己的小手,边读边做相应的动作。以丰富的体态语言与面部表情,调动学生学习的热情。这样即便是夸张的动作、朗读语调,孩子们也会觉得很有趣。"white"白色,直接指着墙壁或是白粉笔,让学生感知 white 的大意,在教学颜色这一单元时,教师也可以事先准备好一盒彩色粉笔或是彩纸,充当教具,利用实物直观帮助学生更深刻地进入情境教学中。

（二）展示课件,丰富情境

随着信息时代的到来,教学中多媒体技术的引入,灵活运用各种电教手段,像 TV、VCD、CAI 等,为学生提供真实自然的语言使用示范,使教学变得生动、活泼、感染力强,让学生置身于以英语为母语的环境中,体验英语的实际运用。充分利用现代化电教设备创设的情境教学让学生利用视觉、听觉、甚至触觉,调动学生运用各种感官去充分感知学习的对象,让学生多看、多听,获取最大的信息量。学生从录像中能看到生动的画面,帮助他们加深对某个句型、某个词汇的理解。

例如：人教版 PEP 六年级下册 UNIT2《What's the matter, Mike?》这一单元 B 部分 Let's talk 的内容,这一课时的目标是：1. 要求学生能够听说、读写四会句子：You look so happy. You look sad today. 2. 能够硬说、认读句子：I failed the math test. I'm sorry to hear that.并能在实际情景中运用。对于这些长句子的教学,教师播放 flash 动画,充分地让学生感知学习内容,尤其是"I failed the math test."这一句,动画上人物的表情,屏幕上闪现出一张不及格的数学试卷,短时间内把课文内容与实际情景、实物联系起来,帮助学生形成深刻的概念。同时,从影片里还能听到纯正地道的英语口语、绘声绘色的故事描述和对话,这就在不知不觉的模仿中提高了学生的英语语感。

可见,教师充分利用多媒体设备创设情景让教学直观明了,学生即使对学习英语不感兴趣,但对于动画上的画面还是感兴趣的。无形当中多方面地调动学生的感官,让学生多渠道地获得信息,从而加大了课堂教学的密度。

（三）积极评价,活跃情境

善于捕捉孩子们的闪光点,做到多表扬,少批评,发扬攀登英语课题中的容错原则。攀登英语能让孩子们在没有压力的情况下感受到学习的快乐。攀登英语有我们日常教学中所没有的学习气氛,学生可以大胆地发言,积极地参与,有一些害羞的、口吃的问题学生都能积极在课堂上大胆地展示自我,尽管他们说得不清楚,我们还是鼓励他们,肯定他们的付出。根据小学生的年龄特点,孩子们都比较害羞,担心出错,会害怕老师的责骂和同学们的嘲笑,以致回答问题时畏畏缩缩,所以每一个学生在学习的过程中,老师、同学们的认可极为重要。这情感直接影响着他们的学习兴趣及学习效果,我们教师在教学的过程中,不仅仅只是传授知识本领,更多的是激励、唤醒、鼓舞学生。教师可以在课堂教学中学生回答问题时耐心地鼓励:"Don't be shy!""Don't be nervous!""Come on!""I believe you can do it"等激励学生勇敢地回答问题。每当学生回答正确时,及时地说一声:"You are very good!""Great!""You are clever!""Excellent!"以示表扬,增加学生学习的成就感。

（四）回归生活,拓展情境

语言是人类交际的工具,它具有实际性和交际性。英语的教学必须由课内延伸到课外,把学习拓展到我们的实际生活中。语言它源于生活,是对生活的投射和精炼总结,把生活实例引入到英语学习的课堂中,对于小学生来说是非常生动形象的。要让学生体会到英语跟生活是息息相关的,而不是一门空洞的学科。小学英语课时少,时隔长,这对缺乏英语语言环境的中国学生来说很不利。在教学中,教师要尽可能地创造情境,比如突然的敲门、某同学的迟到、天气的变化等等。在这样的一个真实的情境中,让学生明白如何利用英语去表达正在进行的事情。多增加学生的语言实践机会,帮助学生在实际生活中创造英语环境,鼓励学生大胆开口,有底气地敢于大声和老师用英语打招呼、交谈,用所学的常用表达方式和同学相互问候、对话。多开展各类英语活动,如英语个人演讲赛、英文歌曲、英语故事比赛等,营造开口说英语的氛围让学生大胆放手去思考、去探究、去体会。情景教学中的直观性、趣味性和实践性紧密相连、缺一不可。科学地创设各种各样的情景教学能让学生达到在学中玩、玩中学的双重效果,提高英语教学质量。

总之,小学英语的情境教学的原则:由浅入深,由易到难,先短后长,先机械后灵活;从直观到抽象,单项到综合,循序渐进,才能使学生敢于开口,乐于开口。情境的方法是多种多样的,只有把握学生的特点,做到与学校生活、家庭生活和社会生活相联系。这样小学生才能更积极主动地学习英语,学好英语,从而为我们的小学英语教学带来事半功倍的效果。

二、语言幽默法

幽默能让我们平淡的生活中充满乐趣，在教学中也同样能起到不同凡响的效果，以下以语文教学情景中的例子说明：

（一）借用谐音进行仿词，产生幽默效果

相声演员很多时候就是利用谐音来"掉包袱"的。我们教师也可以在课堂上借用语音相近的字词，临时仿词，构成特别的语义，从而产生幽默效果。如：

一位语文教师第一次和学生见面，他自我介绍道："我是这个学校里最'忧瘦'的语文老师。"学生们以为老师发音不准，马上纠正："老师，是'优秀'吧？"老师补充说："是'忧瘦'，因为我很瘦，担忧自己会再瘦下去。"学生至此恍然大悟，微笑起来。笑声中，教师和学生的心理距离一下子拉近了。这就是仿词所起到的幽默效果。

（二）改变语流暗示的语义方向，产生幽默效果

我们知道，如果实际结果和我们的心理期待的结果反差很大的话，也会产生强烈的幽默效果。如：

语文课正在进行中，同学们正颇为吃力地抄着老师的板书。一位同学忍不住问："老师，还有吗？"老师刚好抄完了，特意留下一个句号没写，回答说："别怕辛苦，还有呢！""还有多少？""还有一个句号。"老师说着，把句号补上。学生们"哄"地笑了。老师继续说："别小看这个句号，没有它，就不是一个完整的句子。看不见它，你们就得继续抄下去。"学生微笑点头，在笑中解除了疲劳，在笑中增长了知识。在这里，幽默的作用可见一斑。

（三）巧用比喻修辞手法，创造出幽默意境

请先看以下例子①：

①　引用定安县龙门镇英湖小学《把快乐带进语文课堂——谈谈幽默语言在语文课上的应用》一文，此文为内部资料，未公开发表。

师生们正在分析一句病句：同学们正聚精会神、全神贯注地注视着英雄的报告。

　　师：这是一句病句，谁替它把把脉？它病在哪里？

　　甲生：它病在动宾搭配不当。"注视"与"报告"不能搭配。

　　师：如何治呢？

　　生：应把"注视"换成"倾听"。

　　师：哦，是进行"移植手术"。这句话还有其它毛病吗？

　　乙生：它病在重复多余。"聚精会神"和"全神贯注"是同义词不能重复使用。

　　师：如何治呢？

　　乙生：应把"全神贯注"删去。

　　师：哦，明白了，需要进行"切除手术"。同学们，其实，我们修改病句，就好像医生替病人看病一样，自身需要有扎实的功底，这样才能做到准确判断病症，对症下药，该"切除"的就"切除"，该"移植"的就"移植"，做到"药到病除"。如果大家平时多读书，增加语文素养，句子方面的"疑难杂症"是难不倒你们的。

　　……

　　在这里，教师巧妙地把"改病句"比作"医生看病"，并且郑重其事地运用了一些医学方面的专业术语，起到了妙趣横生的幽默效果，给人极为深刻的印象。

　　（四）规范认识和目前话语事实发生矛盾冲突，产生幽默效果

　　例如：在教《唐雎不辱使命》一课时，一位老师复述故事情节的时候，有意把唐雎的话"否，非若是也"改为洋味十足的"No，不是这样的"，引得学生哄堂大笑，也使学生在笑中记住了这句话的翻译。

　　在我们的印象中，古人对话是不可能用英语的，教师让唐雎说英语，是有意犯错，

这一"错"，错出了强烈的幽默感，使本来枯燥乏味的文言文课堂增加了几分生趣。

三、诱导质疑法

爱因斯坦有这样一段成功感言："我没有什么特殊才能，不过喜欢寻根究底地追究问题罢了。"教育家苏霍姆林斯基说："孩子提出的问题越多，那么他在童年早期认识周围的东西也就愈多，在学校中越聪明，眼睛愈明，记忆力愈敏锐。要培养自己孩子的智力，那你就得教给他思考。"古人也说："小疑则小进，大疑则大进。"

因此，教学中应倡导质疑，把"发问的权利"还给学生，调动学生主动思维、主动学习的积极性。以下以语文教学为例：

（一）引导学生，问在读题揭题时

文章题目往往就是文章的眼，它概括了文章的主要内容，点明了文章中心，揭示了文章主旨。尝试让学生抓住课题来提问，既训练了学生质疑的能力，激活了学生探究文本的兴趣，还可以起到梳理文章写作思路的作用，对学生习作极有好处。如学习《莫泊桑拜师》一课，针对课题质疑：从课题看出，这是写事的文章。围绕"拜师"思考，莫泊桑拜谁为师？莫泊桑为什么拜师？莫泊桑拜师的经过怎样？莫泊桑拜师的结果如何？问题一提出，不但使课文的结构清晰地呈现出来，还使学生养成抓问题理层次的良好阅读习惯。

（二）引导学生，问在矛盾冲突处

矛盾是文学创作中较为普遍的创造手法，却往往会对作品产生许多独特的效果。运用矛盾可以突出人物的形象、品格，从而塑造典型的人物。所以教学中应引导学生关注文章矛盾冲突处，体会人物特点。如学习《天游峰的扫路人》，课文中的扫路老人自己觉得工作一点不累，生活一点不苦。可是在一般人眼里，一位七十多岁的老人本该早已退休享受生活，而这位老人每天却要扫这一千八百多级的石阶，他的工作是多么劳累呀。自己一人生活在大山里，生活是多么清苦呀。由此，阅读理解课文时，引导学生联系生活体验发问：那么，到底天游峰的扫路人工作累不累？生活苦不苦？适时组织学生就此话题展开小小的辩论，从而更加深入体会老人自强不息、自信开朗、豁达乐观的精神。

（三）引导学生，问在课文关键处

一篇课文需要探究的问题很多，学习时不可能面面俱到，必须学会取舍，突出重点，寻找一个"切入点"，力求牵一发而动全身，这个"切入点"就是文章的关键处。例如学习《青海高原一株柳》，引导学生关注文中句子"这是一株神奇的柳树，神奇到令我望而生畏的柳树，它伫立在青海高原上。"放手让学生发问：这株柳树"神奇"在哪？作者为什么会对它产生望而生畏的感觉？围绕这两个"灵魂问题"展开学习，既避免教师烦琐的分析，又能启发学生潜心会文，很好地感悟到了这株柳树生长环境的恶劣，生长的艰辛和可贵的精神。教学主脉络更为清晰，阅读整体性更为突显，课堂更为高效。

四、游戏法

游戏是儿童的天堂，可以满足他们好动好玩的心理，使注意力不但能持久、稳定，而且注意的紧张程度也较高。因此，我们可以在枯燥无味的识字教学中穿插"快乐游戏识字法"，通过各种孩子们喜闻乐见的游戏帮助学生在不知不觉中识记生字。

（一）摘苹果游戏

摘苹果游戏是我们在低年级的识字教学中最常用的方法。就是老师出示一幅画着苹果树的画，树上挂着写有生字的苹果卡片，让学生提着果篮来摘，将苹果上的字读准字音、组词，才能把苹果放进篮子里，谁摘得最多谁就是识字小能手，得到老师的奖励，这种快乐游戏识字法用起来很方便而且又能收到很好的效果。

（二）扮演动物游戏

让学生扮成小动物，并模仿动物的声音、动作、外形特征表演出来。例如：一位学生到讲台上拿起生字卡片，全班同学齐问："喵，喵，你的名字叫什么？"台上的同学回答："喵，喵，我的名字叫做××。"读书的同时还要加上动作，就这样轮流上台表演。识字时常安排学生演一演，既给学生创造了施展才华的机会，又能让学生牢牢地记住了生字。

（三）邮差送信游戏

邮差送信游戏也是我们低年级识字教学中最简便而有效的方法。就是让一位学生拿着生字卡片扮演邮递员,然后,全班同学齐说:"丁零零,丁零零,邮递员叔叔(阿姨)来送信。"接着邮递员说:"小小信封送给你,请你念给大家听。"拿到信的同学,大声地把生字读出来,读对了,全班齐说:"对对对,就是'××',快收信。"读错了,全班齐说:"错错错,不是'××',谁收信?"然后,请一位同学来帮忙。

五、故事法

在教学中,对于学生不容易理解的难点问题,我常常以故事的形式来激发学生的学习兴趣,并能帮助学生突破难点。

例如,在教学二年级隔位退位减"204－108"时,学生在列竖式自主探索的过程中,产生了疑惑:个位不够减,要从十位退 1,十位上是 0 怎么办? 这时,我顺势编了个故事。个位上的 4 减 8 不够怎么办呢? 就向十位借:"老兄,你借给我一个吧,这样我就有 14,就够减 8 了。"十位上的 0 说:"老弟,我一个都没有怎么借给你呀。"4 又说:"我不够减,只能向你借了,你再给我想想办法吧!"0 是热心人,看 4 很着急,就说:"那我再向百位借吧?"十位 0 向百位 2 说:"老兄,你借给我一个吧,这样,我就能借给个位了。"百位 2 说:"好吧,我有 2 个,借给你 1 个,我自己还有 1 个。""十位 0 从百位上借来 1 个后,现在是几了?"学生答"10","那他还要借给个位 1,还剩几?""9。""现在个位上有多少了?""14。""够减吗?""够了。"学生在故事中很容易掌握隔位退位减的基本算理,攻克教学难点。

六、肢体语言法

肢体语言是一种无声语言,它不能直接传递信息,而有些情况下却能达到"此时无声胜有声"的效果,以下以英语教学为例:

(一) 运用肢体语言教字母

字母教学是英语教学中的第一步,也是至关重要的一步,教师应该在字母教学中就吸引学生的注意力,提高学生的兴趣。教师可以借助身体的各个部位来演示字母,这样既能直观教学也能提高学习气氛,使学生更快记住新学知识。同时,教师可以让学生自己想象怎样用肢体语言表示字母,让学生自己动脑、自主学习,调动学生的积极性。例如:教学大写字母 A 时,教师可带领学生两腿分开、两手上举过头拍掌;教学大写字母 B 时,背对学生、将右手叉腰、右腿弯曲与左脚靠拢,又如在教学字母 K 的时候,右手食指立起,左手食指和中指横着摆成一个 K 的姿势,代表字母 K,等等。用这些方法可以增强教学的形象性和趣味性,有助于学生学习记忆。

(二)运用肢体语言教单词

词汇,作为英语学习的核心,是英语学习的重中之重。在英语词汇教学过程中,如果仅仅面无表情地领读、跟读,学生们很快就会感到厌倦,而教师如能尽可能地使用肢体语言辅助教学并鼓励学生也使用肢体语言来理解所学内容,激发学生的想象力,虽然内容不变但学生会感到乐此不倦,达到事半功倍的效果。如在教 book 时,教师可边教读单词边做读书的样子,学生边做动作边念单词,多种感官并用,增强记忆;再如,教 rabbit 时可做兔子跳的动作;教 bike 时,可做骑自行车的动作;等等。在巩固 music, sports, computer game, painting 等单词时,教师可让一个学生做拉小提琴的动作,其余学生答 music;一个学生做运动,其余学生答 sports;一个学生做打字动作,其余学生答 computer game。这些方法都能加大语言信息输入的刺激强度,增强学生对单词的记忆力,提高学生学习英语的兴趣。

(三)运用肢体语言学习句子

句子是一篇课文的重要组成部分,在英语教学中起着一个承上启下的作用。一遍一遍的听、说、读、写固然能加深学生对句子的印象,但却不能让学生理解怎样才能更好地将其运用到实际生活中。所以,在教句子时,老师可以设计一些与日常生活相关的情景,运用肢体语言,让学生更快更好地领悟其中的含义,并能把它运用到日常生活中去。例如:讲解"I am sorry"时,老师可以假装不经意碰掉学生的书,然后带着愧疚、抱歉的表情大声对学生说"I am sorry"。接着,老师设计一些其他与道歉相关的日常生活情景,不断地重复"I am sorry"。最后让同学根据情景猜测句子的意思并理解句子的运用。经过不断的练习之后,教师请一些同学用"I am sorry"以及一些肢体语言辅助来表演一些日常生活中的情景,让他们置身于听说英语的环境中。

（四）运用肢体语言，设置情境，进行有趣的交际教学

英语课堂教学是以交际为主，毫无生气的交际会使学生感到乏味，而生动活泼甚至夸张手势、表情、动作可以活跃课堂气氛，引起学生的注意，促使交际活动愉快顺利地进行下去。如当教"I'm hungry"时。教师可以一边捂着肚子一边咂嘴，表现出饥饿状，学生很快会明白"hungry"是"饥饿的"的意思，学生也会回应所学过的"Have some bread"、"Have an apple"、"Have a cake"。用肢体语言创设情景，有利于学生迅速掌握所学的知识。由于学生一边看老师做动作，一边自己模仿学习，并动脑思考使学生自始自终处于积极的学习状态中，进而达到一个良好的教学效果。

（五）肢体语言在 chant 和 song 中的巧妙应用

英语教学不同于其他学科，它有自己的热身活动，每一个同学应该会 chant 和 song。为了让孩子们感受到学习英语的快乐，常常将 chant 和 song 加以动作，使其生动，并用来活跃气氛，让孩子们真正投入到英语学习的氛围之中。如在 chant："Clap, clap, clap your hands"；"Shake, shake, shake your hands"；"Wave, wave, wave your arms"中，老师一边领唱一边拍手、摇手、挥动胳膊。然后带着学生一起起来，这样能大大调动学生的积极性，使英语课堂充满生机和活力。

智慧 3-1

巧用教学艺术把课堂点亮

　　麦子就要长在麦田里，教师的主阵地就在课堂上。如何把握好 40 分钟的课堂，让之发挥最大的效益，在这个信息化、高效化的今天显得尤为重要。而打造高效课堂，教师的教学艺术是一把金钥匙！

　　一堂饱含教学艺术的课，能很好地激发学生的学习兴趣及求知欲，能在潜移默化中让学生轻松、有效地掌握知识习得方法，从而达到课堂教学的目的，成就高效课堂。

　　教学艺术遵循了一定的教育规律，需要老师们结合学识及各自的风格，在实践中不断地理解、感悟和运用，才能形成风格，挥洒自如，发挥效益。

　　接下来，我将谈谈我在这条道路上的探索与收获。

一、巧设竞争氛围，激发无穷动力

　　被称为"魔鬼教练"的大松博文曾说过："事无大小，人无高低，均在竞争中生存。"小学是孩子一生中最关键的时候，他的学习兴趣状态奠定了一生的基础。健康的竞争意识能够引导学生奋发向上，激发他们的无穷潜力。

　　大脑处于竞赛状态时，工作效率要比平常高得多。我在课堂上经常开展比一比的活动。这源于一次课堂契机。中年级要求要能自主查阅工具书，学校给每一个学生发了一本新华字典，可我发现学生懒得查字典，没有主动识字的意图。有一次，练习册上出现了"狡黠"这个词，全班学生没有人知道读什么，有的读"洁"，有的读"吉"。我要求他们查字典，但感觉他们慢悠悠的，马上调整策略：给出一分钟时间，要求学生比赛，看谁能在一分钟时间内查到这个字，知道这个字的读音与意思。"计时开始！"每个人都埋头快翻，20秒，就有同学喊找到了找到了！一分钟内，共有十几个孩子查到，我狠狠表扬了一番。

之后，我便经常性地创设竞争氛围。比赛背诵：1. 组和组之间比。给三分钟的时间自由背诵，组和组之间进行比赛，看哪个组背熟的人多。2. 个人和个人比。一个同学起来，挑战另外一个同学，用最快的速度背一首古诗或一段文字。看谁用的时间少，谁就是胜利者。在《经典诵读》课中，我都是用的这个方法，每一次一上课，学生就坐直，两眼发亮，跃跃欲试。我在一次反思中写道："国学课，因为加入了比赛背诵这样固定的环节，把学生的学习兴趣很好地激发了出来。他们的热情甚至有时候都出乎我的意料。特别是连嘉雯，对背诵古诗简直入迷，背书速度在班里也几乎是无敌的。"

除此之外，还有单词记忆比赛，词语解释比赛，辩论大赛等等。

二、巧辨字义，感受汉字魅力。

（一）追根溯源法

汉语言博大精深，每一个汉字都是一个故事。在教学中，我紧紧抓住了这一点，把一个汉字当做窗口，抓住契机，让学生不断习得方法，去发现汉语言文学的魅力，从而生出向往探索之心，真正踏上汉语的奇妙天地！

有一次，出现了再接再（　）的填空。很多同学分辨不清写错。在讲评时，我不是简单地纠正，让学生死记，而是出示了再接再厉的意思：接：接战；厉：磨快，引伸为奋勉，努力。指公鸡相斗，每次交锋以前先磨一下嘴。比喻继续努力，再加一把劲。唐·韩愈《斗鸡联句》："一喷一醒然，再接再砺乃。"接着，再单独出示"厉"的四种意思：1. 严格；2. 严肃；3. 凶猛；4. 磨，使锋利。让学生分辨，"厉"字在不同的词语中的不同意思。达到举一反三、触类旁通的目的。

同样，古诗《江雪》中，"孤舟蓑笠翁"的"蓑"、"笠"两字，问学生"为什么'蓑'字是草字头，'笠'字是竹字头?"学生通过自己查字典，明白了"蓑"是"用蓑草做的雨具"，而"笠"是用竹条做的斗笠。如此一来，学生书写时的错误率大大减少!

（二）悬赏辨析法

"拨开"这个词，写生字作业的时候，还是有十个八个同学写成"拔开"。怎么攻克这个难题呢? 我确实没有最妙的方法，但我相信把问题抛出来让大家一起去解决，定会有好的结果。于是我直接把这两个字写黑板上，悬赏："请同学们想一想妙招，谁有好办法区别这两个字，加分!"

同学们跃跃欲试。四五个同学都说了，但方法都不怎么好，有些还越听越晕。如蔡和卿很自信地说："两个字只要记住一个字就能区分了。拨字是用手把草分开。"

我的评价："拔河的拔也是提手旁啊，也是用手啊! 区分两个字要抓住不一样的地方! 所以关注右边的区别!"

黄扬帆说："拨右边是头发的发，用手分开头发!"

我："区分记忆时要巧妙联系字义!"

孩子们继续思考，张一丁："拨字右边是发，用手来拨开就能发现好东西。"罗英祺："拔河要有朋友。"

这回的方法比较靠谱了。我于是整合在一块，添油加醋总结道："拨开才能发现，拔河要有朋友，而且要流一滴汗，否则就输了。"

听完他们哈哈大笑，难题就这么解决啦!

三、巧设陷阱，激发思考能力

在《麋鹿》这节拓展阅读课上，我设了两个坎。

第一，分段时，学生把二、三自然段分一块。称写的是麋鹿的外形特点和生活习性。我板书时故意分开："那么也可以说第二自然段是写麋鹿的外形特点，第三自然段是写麋鹿的生活习性了?"那一刻，他们有点蒙，但过了一会儿，马上有学生狐疑地问："老师，好像不能分开啊! 必须合在一块说。"其他学生被这么一提醒，也仔细地一思索，方才发现，第二自然段中也提到生活习性。所以不能单独分一段。

第二，学完麋鹿的外形特点。我重新出示了一幅画问："看着这幅画，你们有什么话想说的吗?"

学生纷纷举手："我发现这只麋鹿膘肥体壮!""我发现这只麋鹿的毛色是棕灰色的。""……"

说了五六个，我一直在摇头，他们不禁发愣了，课堂一片沉寂。终于，管志远叫道："这不是麋鹿!"

我松了一口气："终于有人发现了! 你是怎么发现的?"

管志远："这只鹿的角尖都是向前，而麋鹿的角尖是全部朝向后的!"

其他学生恍然大悟! 这个特点是麋鹿和其他鹿最根本的区别! 学生自此更加深了对文本的理解。

四、巧妙指导，提高阅读能力

《义务教育语文课程标准(2011 年版)》明确指出，"阅读是学生的个性化行为。""不应以教师的分析来代替学生的阅读实践。"因此，在课堂中，我巧妙设计，力求学生自读自悟再朗读。教师随机指点与补充，实现课堂的自主高效。

教学《歌唱二小放牛郎》时，我设计了几个填空题：( )的王二小、( )的敌人、( )的八路、( )的老乡。让学生通过默读自主填空。交流时不仅要说出自己所填的词语，还要说出为什么这么填，从课文当中的哪些地方感受到的。孩子们填(凶狠)的敌人、(残忍)的敌人、(心狠手辣)的敌人，(可恨)的敌人等等。大部分同学被"敌人把二小挑在枪尖，摔死在大石头的上面。"这一句所震动。

师："你认为这句话应该怎样读才能读出敌人的凶残?"

生读。

师："你们认为他读出效果了吗?""没有。""那是什么原因? 谁来说说你的想法?"

生 1："我觉得'挑在枪尖'和'摔死'两个词语应该重读。因为太残忍了。"

生 2："我还觉得应该读得缓慢一些。"

师："是的，让我们缓慢而沉重地读好这句话，读出敌人的凶残和可恨!"

全班齐读。

接下来,我相机提示孩子们,"敌人去一条山沟'扫荡'"同样也显示出敌人的凶残。由于抗日战争时代离孩子们的生活实在太远,所以从字面上他们根本无法想象什么是"扫荡"。但在我愤慨的语言阐述和形象的多媒体图片展示下,他们直观而深刻地了解了当年日本鬼子在中国大地上"扫荡"的为所欲为的罪恶行径。对鬼子的凶残有了更深入的理解。

师:"现在,你知道怎么读好这句话了吗?"

生:"我觉得应该突出'扫荡'这个词。"

当他们再一次读"扫荡"时,加强了语气,稚嫩的声音里便有了些许悲怆的味道。

个别学生还填了(傻傻)的敌人,因为"敌人快要走到山口,昏头昏脑地迷失了方向",我建议他改为"愚蠢"。

接下来,孩子们从"他假装顺从自有主张"、"王二小带路走在前面,把敌人引进我们的埋伏圈"感受了二小的(聪明)、(勇敢);从"八路军战士从山上冲下来,复仇的子弹将敌人的胸膛射穿"感受到八路军的(愤怒)、(勇敢)和(坚强)。最后感受老乡失去二小的(悲伤)。每个孩子都在用心感受着,并学会了有技巧、有感情地朗读,把自己的体验表现出来,感染了在座的每一个人。

尊重学生自读自悟,尊重学生的多元化理解,倡导个性化朗读,其实可以这么简单,就是尽可能多地问问孩子"你觉得该怎么读,为什么?"让孩子说出理由,而不是靠教师告诉他们,这里怎么读,那里该如何念。只有这样,孩子们才是真正地进入了文本深处,触摸到了文字背后的情感。

第斯多惠说:"教学艺术的本质不在于传授本领,而在于激励、唤醒、鼓舞。"教学艺术的最终目的,是实现学生的自主学习、终身学习。因此,巧用教学艺术,点亮高效课堂,奠基的是孩子一生的基础,为孩子插上的是一往无前的翅膀,成就的是孩子梦想的人生!

(供稿:海口市英才小学　李雪兰)

智慧 3-2

创设感同身受的教学情境

　　王荣生教授说，苏教版语文教材的选文，当作为"样本"来教时，基本上是"组织学生交流和分享语文经验"。而大多数的选文，是用常态的心境叙写日常生活。人是普通人，事是平常事，景与物是平日里所能见的景物，抒发的情感、所表露的情思，也是我们所具有的，能感同身受的。因此，这些选文会很自然地唤起我们相关的生活经历和人生经验，也很容易用自己的既成经验，去过滤、同化甚至顶替选文中作者的经验。王教授所说的一番话，正是我们小学语文阅读教学要关注的学情，也是指引着阅读教学的路径。拓展阅读《掌声》一文的教学，让我更加认识到王教授对语文阅读教学敏锐的感觉。

　　《掌声》一文讲述的是小英因为从小腿残疾，而自卑地生活在自己的世界里，直到那一次同学们的掌声改变了她，让她重新找回了自信。这篇课文内容很贴近学生生活实际，学生阅读起来并不难。但如何调动学生的情感体验，做到感同身受，真切体会到人物的内心世界，从而实现同情心的移情，才是老师的教学功底所在，也是本文学习的情感、态度、价值观目标。用王荣生教授的话来说，就是要建立学生与"这一篇"课文的链接，这种链接包括生活经验和情感体验链接。而最好的链接方式，当然就是发挥"情境艺术"的教学情感功能。情境艺术就是在教学过程中，教师有目的地引入或创设具有一定情绪色彩的、以形象为主体的生动具体的场景，以引起学生一定的态度体验，从而帮助学生理解教材，并使学生的心理机能得到发展的教学方法。情境艺术的核心在于激发、唤醒学生的情感储备。

一、情境艺术增进学生对文本的理解与感受

《掌声》一文虽然通俗易懂，但每一个文字都是有画面、有声音、有呼吸、有色彩、有味道的，需要学生潜下心来与文本、与人物对话。于是，我带着全班学生一起去欣赏每一个文字后面的故事，我要让每一个文字在学生的脑海中活起来、站起来。

课始，我不是刻意渲染一种悲伤沉重的情境，而是以讲故事的方式引入这篇课文。我知道，教师的语言同样可以创设教学情境。我首先给学生范读课文，学生可以看课文，也可以不看课文，只要做到边听边想象就好。我美其名曰"打开大脑中的电影放映机，把一个个文字变成一个个活生生的镜头。"这不是随意的，更不是卖弄的范读，我是用心、用情在读，因为我要唤醒学生心中的情感储备，我要激发学生感同身受，我要搭起一座桥梁，让学生走近小英！在我声情并茂其实又是娓娓道来的范读中，我发现学生的眼神在说话了，当然是在说："小英，我们同情你！我们愿意把掌声送给你！你一定是最棒的！"范读不仅给了学生立体真实的画面感，也充分奠定了本课的情感基调，为学生建立与"这一课"的链接做了最充分的铺垫。

当师生再共同品读文中的重点句段时，学生的情感表达就是喷薄而出了。文中"她总是默默地坐在教室的一角"，学生说："我从'默默地'这个词读出小英好孤单，好可怜！"文中"小英立刻把头低了下去"，学生说："我从'立刻'读出了小英很自卑，没有自信，她很害怕！"文中"小英犹豫了一会儿，最后慢吞吞地站了起来"，学生说："我从'慢吞吞'读出了小英的无奈和不情愿，还有她心中的委屈！"作者的情感在哪里？不就在这一个个看似不经心实则很适宜的字词里吗？学生能在老师的巧妙点拨下，用心去揣摩和感悟，体味作者精准的言语表达，实在是一件让人幸福的事情。当然，只有感同身受的链接，倾心倾情的体味，而不是浮光掠影、浅尝辄止的略读，才会有这种幸福的收获。

学会抓关键词句、重点句段来品读、体味作者的情感和语言的魅力，也是我们语文老师"语文意识"的最佳体现。

二、情境艺术实现学生对人物的移情

怎样帮助学生将已有的生活经验、语文经验迁移到对课文的理解和感受上？如果学生理解不了、感受不到、欣赏不着，那么也就是没有建立起与"这一课"的链接。而学生理解不了、感受不到、欣赏不着的地方，往往就是课文要突破的重难点，就是建立学生与课文的链接点，也是语文老师最要下功夫的地方。

《掌声》一文最感人的描述就是小英怎样战胜了自己，最终能走上讲台讲述自己童年故事的片段。她从慢吞吞站起来，到终于一摇一晃走上讲台，再到感动得流下眼泪，最终能镇定情绪开始自己动人的讲述，都是那么真实，那么感人，仿佛就是我们的"邻家妹妹"。于是，这个片段的赏析成为我一定要学生理解得了、感受得到、欣赏得着的地方。这个地方不仅是链接点，也是移情点。

我一边用很平静的语气说："我现在就是小英，我终于一摇一晃地走上了讲台。你就是我的同学，当你们看着我从教室的一角开始一摇一晃地走上讲台时，你的眼光里会有什么？为什么？"我从教室的一角慢慢走上讲台，并扫视了全班一遍。很快，孩子们的小手高高举起！有的说："我的眼光里有期待，因为我期待小英的演讲。"有的说："我的眼光里有震惊，因为我没想到这个平时不爱讲话、不爱和我们玩耍的小英也能站起来演讲。"有的说："我的眼光里有担心，因为我担心小英会摔倒。"还有的说："我的眼光里有支持，因为我要支持她好好演讲。"还有的说："我的眼光里有激动和自豪，因为我为小英的勇敢而激动。"还有的说："我的眼光里有感动和愧疚，平时我们都不怎么理睬她，她今天能站起来演讲，我被她感动了。"当我一一把学生的表达板书在黑板上，我的心何尝不是期待、感动、激动、欣慰?! 此时，教室里流淌的就是一股暖流……

精彩还在继续。就因为这一次掌声，这一次演讲，小英从此改变了，她不再忧郁，开始和同学们一起交谈、游戏，甚至还走进了学校的舞蹈房。我和学生依然沉浸在小英的故事中，学生对小英不止是同情和鼓励了，他们深深为小英感到高兴，甚至是欢呼。我适时让学生把此时心中的"移情"写下来，我知道，有的时候写下来比什么都重要，都及时，都值得！看，孩子们回馈给我的精彩：

小英，你终于不再孤僻而是变得自信、开朗，还能跟同学们交谈、游戏。作为你的一名同学，我很欣慰，你居然这么勇敢！

小英，当你面对困境的时候，我会把我的力量给你，让你有更多的力量去面对困境！

小英，你能改变自己，我感到很欣慰。这是你人生的第一步，第一个改变，第一个转折点，我希望你继续坚持下去，让自己的人生变得更美好！

小英，想想你演讲前的表现，再看看现在的你，我都会忍不住欣慰地笑一笑。我现在只要遇到困难，就会想到你，感谢你教给我的道理。

小英，你现在能和同学们一起玩了，我很高兴。对了，你现在还能跳舞了，什么时候能给我们跳一个呢？我希望你以后可以去参加运动会，不要辜负我对你的希望喔！

当我用手机把孩子们的这一行行珠玑定格下来时，我对自己说：课堂真的是一个奇妙的地方！课堂，真的可以春暖花开；课堂，真的可以给孩子最美好的东西……

三、情境艺术形成班级集体共同的学习经验

王荣生教授说，班级的课堂教学其实就是一个由几十个学生组成的学习共同体。从教学内容的角度来看，从学生学习结果的角度来看，班级的课堂教学就是要形成学生共同的学习经验。

让每一个学生都知道自己在课堂里，让每一个学生都亲历"学的活动"、"学的过程"，是课堂教学的最佳状态。但小学生受到心理认知和年龄特点的限制，他们的注意力往往不容易持久，易分心、易游离于课堂之外。惟其如此，更需要教师合理选择教学内容，精心设计教学活动，巧妙运用教学艺术，来牢牢凝聚这个学习共同体，进而形成班级集体共同的学习经验。

我在创设上述情境时，并不急于让那些积极表现或是胸有成竹的孩子站起来回答问题，而是用目光扫视全班，用目光告诉全班学生：老师相信你们，相信你们每一个都有自己最独特的想法和表达！我感觉"时机成熟"了，才会精心挑选学生站起来表达自己的感悟。当同学回答的时候，我要求其他孩子必须认真倾听，想法一致就给个会心

的微笑，有补充或观点不一样就大胆举手来说！所以，孩子们的表达往往是建立在前一个同学的想法之上，不断修正、不断补充、不断完善，最后才能呈现出课堂"百家争鸣、百花齐放"的精彩状态！

我知道，每一个孩子都是重要的，孩子的每一种声音也都是重要的。在形成班级集体共同学习经验这个美好的"旅程"中，也是师生、生生的相携相伴、流连驻足、欢声笑语、心花怒放的过程！

杨四耕教授说，课堂是一种态度，幸福在里边。当我们在课堂上排除一切杂念，全身心地以一种饱满的、愉快的、积极的教学激情投入到课堂教学当中时，这样不仅可以为学生创造一种气氛热烈、趣味盎然的学习情境，而且还能使学生由于受到教师教学激情的感染而全身心投入到学习中去。在这样轻松愉快的教学气氛中，教师既能保持清晰流畅，又促使语言生动活泼，还能使学生的学习情绪饱满、思维活跃。教师的这种态度，课堂教学上的这种情境艺术，一定会让师生收获满满的幸福！

（供稿：海口市英才小学　符碧玲）

智慧 3-3————————————————————————————

念好课堂教学"四字经"

清华大学附属小学校长窦桂梅在一次报告中说的三句话给我留下了深刻的印象："我是教语文的；我是教人学语文的；我是用语文教人的。"这三句话分别是她在参加工作的早期、中期和现在所说的，从这三句话中可见她的教育观念的转变，从最初对知识的关注到现在对人的关注。作为一名小学语文教师，在践行语文课堂各项教学要求的过程中，我也逐渐认识到在语文课堂上，念好"让、靓、广、长""四字经"很重要。

一、"让"

在杭州的《千课万人》活动中，周一贯老师讲了一句话："让学生任性地'疑'起来。"他就提到了"让"。一个"任性"，更是"让"的极致。同时他也指出：中国语文进入了攻坚克难时期，因为我们的老问题没有得到解决，我们的课堂上更多的还是老师问学生，不是学生问老师。

要让语文课堂真正成为学生学习语言文字的地方，在语文课堂的教学方式和学习方式上，要建立师生学习共同体，充分发挥教师主导和学生主体作用。但多年的思维和工作惯性导致作为老师的我们仍然习惯紧握话语权，自觉不自觉地成为课堂上的"麦霸"，成为发散思维的终结者。几年前的一次语文课上（当时儿子在自己班上），我提出一个问题，儿子高高地举起手，但为了不让别的同学认为我偏心，我点了其他同学来回答，而答案却并不使我满意，为节省时间，于是我自己直接做了一个比较完整的分析和解答。我当时就发现儿子比较失落。当下课铃响起以后，儿子怒气冲冲地跑过来对我说："老妈，你抢劫！你抢了我的台词！"抢劫！我竟一时语塞。事后我做了深刻反思：如果被抢的是别人，他们敢来抗议吗？我们将如何正视自己的失误呢？

是啊，课堂上，我们究竟有多少次不知不觉地做了"抢劫者"，却并没有受到抗议。我们抢孩子们的时间，抢孩子们的思考，抢台词，抢风头……当孩子因为思考而静默时，我们等不了，又快马加鞭地赶着走了；当孩子正陶醉其中回味时，我们又赶进度，匆匆地拉着沉醉的他们跑了……

真正有效的语文课堂，我们必须要懂得"让"，因为孩子们才是课堂的主体，必须要让他们思考充分，表达足够，只有做足了"让"的慢工夫，才有日后的快速度。有了这样的教学思想，我在语文课堂上收获了更多惊喜。

在教学《乌鸦喝水》时，我们接触到了两组形近字，"鸟"和"乌"，"喝"和"渴"。这一直以来都是本课生字教学的重难点，为了激发孩子们主动识字的兴趣，我故意示弱，大胆地把这个"烫手的山芋"扔给了学生，我对孩子们说："同学们，这两组字太容易混淆了，我经常记错，你们有办法帮助我区别它们吗？"一听说老师有困难，天真的孩子们可热情啦，绞尽脑汁想着怎样区分这两组形近字。一个孩子的答案是这样的："乌"表示黑色；"乌"比"鸟"少一点，是因为乌鸦全身都是黑的，以致于我们看不到它的眼睛了，所以乌字没有点，鸟字有点。对于"喝、渴"的区别，另一个学生这样说："喝水"要用口喝，而且必须把嘴张大（形象说明"口"的字形），所以是口字旁；"渴"是因为口渴了特别想喝水，想喝水就要加水，所以要加三点水旁。这样的例子举不胜举，这样的欣喜使我一次又一次地感动，让他们说，他们会知道得更多！

事实证明，只要你懂得"让"，愿意等，课堂质量，教学有效性就会不断地提高。

二、"靓"

我这里的所谓"靓"，指的是教师语言。语文课堂的吸引力，首先应该体现在教师语言上，每一堂语文课应该是一场语言的盛宴。苏霍姆林斯基说："教师的语言生动与否,在很大程度上决定着学生在课堂上的脑力劳动的效率。"我们都有这样的体会:听一堂好课,就像观赏一幅名画,令人心旷神怡;又如欣赏一首名曲,虽已曲终却余音在耳,而学生则犹如被磁石吸引住一般,写在他们脸上的充实和满足的神情,充分显现了教师语言的魅力。让语文课堂的语言"靓"起来,应当成为语文老师的必备教学艺术。语文老师是祖国语言活的化身,应当以自己靓丽的教学语言去引导学生说话优雅得体,生动巧妙。

曾经听到一位老师这样提醒同学做笔记——她先夸张地看了一眼大家,然后不紧不慢地说:"聪明人最先知道要干什么,不笨的人看着别人在做,自己也会做,笨人呐,别人都在做,自己却不知道该干什么。"这话一出,愣神的同学左右一看,赶紧拿起笔行动起来。没有指令,没有要求,却荡涤着孩子的心灵,这就是语言的魅力之所在。

在学习《假如给我三天光明》一课时,开课前我展示了几张清新美丽的自然风光和建筑图片,在孩子们的声声赞叹中,我用动听的语言描述着眼中的一切,孩子们尽情享受这美好:"我们生活的世界多么美妙,碧绿的草地,清澈的小溪,鸟语花香……这美好的一切我们能够静静地欣赏,都是因为我们拥有一双明亮的——眼睛。"然后,我话锋一转:"然而,我们今天要认识的主人公海伦·凯勒却不能通过眼睛来感知这美妙的一切,那是为什么呢?"运用生动的语言开场,为整堂课奠定了优美的语言格调,也一下子牢牢抓住了孩子们的心,使他们学习的欲望倍增。

说好开场白,接顺过渡语,用好引导话,做准总结词,"靓"起来的教师语言是课堂的润滑剂,能使课堂散发出高贵和谐之美,从而起到良好的沟通和感染作用。

三、"广"

语文课堂要求我们要千方百计实施"学科拓展",追求大阅读。但在实际工作中,因为教师存在积淀不足、怕麻烦等消极因素,导致只注重教材学习的现象还比较普遍。新课标要求的必读课外书,大部分没有涉猎,有些学校或者学生甚至完全没有阅读。这就把语文学习的面越收越窄,而不是越拓越宽。语文学习离不开广阔的生活,也离不开广泛的阅读,没有"广"字,语文课堂的有效难以表现出来。于是,在我的语文课堂上,我运用课前激趣,课内拓展,课后放飞的方式让孩子们广泛阅读,拓展课本知识。

在教学《开天辟地》时,学完课文后,我拓展引入古文版的《开天辟地》:"天地混沌如鸡子,盘古生其中。万八千岁,天地开辟,阳清为天,阴浊为地。盘古在其中,一日九变,神于天,圣于地。天日高一丈,地日厚一丈,盘古日长一丈,如此万八千岁。天数极高,地数极深,盘古极长。"看到那么长的文章变得如此简短,孩子们很是兴奋,阅读兴趣高涨。因为有先前的课文学习垫底,此时四年级孩子也能将文言文念得句读自然,朗朗上口。对于我的提问:"你觉得盘古是一个怎样的神?"孩子们竞相发言,各抒己见。有一个孩子竟然学着古文用起了凝练简古的语言,他这样回答:"盘古是一个身极高,力极大,心极善的神",看来古文的内容也可以为学生乐学、乐用。语文课堂之"广"度轻松自然地展开。

学完《恐龙》,我采用课后放飞方式,布置同学们收集图文资料,在班级里举办"恐龙家族展",同学们热情高涨,参展和观展都很积极;学了《装满昆虫的衣袋》,知道了法布尔对昆虫的痴迷,我采用悬念激趣法激起孩子们的阅读兴趣,我的一句话激起了阅读千尺浪:"法布尔那么迷恋昆虫,在他笔下的昆虫会是怎样的呢,同学们想知道吗?"一部《昆虫记》就这样成为了孩子们追捧的对象,孩子们被法布尔笔下那些可爱的小精灵深深地吸引,一段时间内班里掀起了一股"昆虫风";学习选自《水浒传》的《林冲棒打洪教头》一课时,文章一开头就写道:"林冲遭受高太尉的陷害",我用课前设疑激趣法让孩子们提前阅读《水浒传》的相关章节,弄清前因后果,帮助理解课文。我因势利导开展全班共读一本书活动,人手一册《水浒传》,大家以高度的热情阅读了这本名著,从而实现了从一篇课文到一本书的自然过渡。

四、"长"

语文课堂还应该追求"形成师生积极参与、交流互动、共同学习的过程,共识、共享、共进,实现教学相长和共同发展"。教师与学生相互依存,相互促进,"学"因"教"而日进，"教"因"学"而益深，也就是说，教师的教与学生的学可以相互促进。

师生长时间地共同学习生活，已经形成了一个天然的成长共同体。五上习作五是记录自己心情事例的习作练习，在佳作展示课上，我选取了一位描写爷爷去世的伤心心情的文章，小作者写得情真意切，当读到自己想念爷爷，不舍得爷爷离去的真实感受时，她流泪了，并因为抽泣停了下来。我不由自主地走过去，充满感情地对她说："来，孩子，老师抱抱。"这一幕，感动了班里的很多同学，我们都忍不住眼睛湿润了，既为孩子的真情流露，也为我们师生的真情相拥。此时的我与她，心灵是相通的。情感共鸣是共同成长的很好的方式。课后，我跟同事感叹："孩子的真情打动了我，她教会了我珍惜亲人，善待身边的人，她是我的榜样！"

教育不是无感情的字句和计算，课堂上荡涤着的师生的真情，师生在情感上的互相激励，这是多么美丽的生命之花。

作为语文教师，如何把传授语文知识、提高学生语文能力和传承文化、提高学生精神境界二者有机地、自然地结合，这需要教师的真本领。语文教师的水平是实现这一理想境界的根本。

看过武凤霞执教作家杏林子的《生命生命》一文实录，课始她在交流中引发学生对生命的思索，接着带领学生在阅读中触摸生命的脉搏，第二自然段飞蛾挣扎的身影，极力鼓动的双翅让大家受到震撼，第三自然段香瓜子在危险中不随意放弃，不论条件多么恶劣，也要顽强地生长让大家感动。而后，老师带领学生走进作者杏林子的生命历程：12岁杏林子患上了"类风湿关节炎"，全身百分之九十以上关节损坏，她腿不能抬，肩不能举……她承受这种痛苦近50年，但著作达40余部。此时老师追问："生命是什么？"同学们脑洞大开，把自己五彩的生活放进文字，写下自己对生命的感悟。

我没有亲历武老师的授课现场，但是从课堂实录交流感悟的文字当中，我感受到了师生生命的拔节。

放弃应试的功利化，回归真正的学习，让学生感受文本本身的魅力，对语文本身产生浓厚的永不衰减的兴趣，让教师的专业发展和生命同学生一起成长，师生的天性得到充分的释放，唯此才能达到语文课堂的终极目标——生命的绽放。

周一贯先生在"千课万人"讲座中称："知识很重要，但知识够用就好，一个人的品质和能力，决定他一生的发展。"未来的课堂，不一定是翻转课堂，但一定是以学生发展为本的课堂；不一定是移动学习，但一定是一个资源丰富、可供选择的课堂；不一定是走班上课，但一定是不同的人有不同发展目标的课堂！

（供稿：海口市英才小学　谢全容）

智慧 3 - 4 ——————————————————————————————

情境教学激发儿童参与热情

教育是一门科学,更是一门艺术。在课堂中要让学生和教师都沉浸在艺术的境界中,就要求教师努力追求教学中各个环节的艺术。课堂组织教学是一种艺术,要组织好教学,教师必须关注每一位同学,运用一定的组织艺术,努力调动学生的有意注意,激发学生的情感,使学生在愉悦、喜悦的心境中全身心地投入学习。为此,教师积极创设课堂情境,激发学生的参与热情,提高学生学习语文的积极性就显得尤为重要。

一、创设导入情境,走进文本

当代教育家叶圣陶先生也曾说:"作者胸有境,入境始与亲。"意思是读者假如进入了作品所描绘的情境,对作品刻画的人物,表达的情感,阐述的道理,自然就产生一种亲切感。因此,教师在导入新课前,先要创设一种情境,激起学生的情感,让学生全身心投入到特定意境中。

比如在教学 20 课《厄运打不垮的信念》时我先让孩子回顾课文,思考文中的"厄运"和"信念"分别指什么？然后教给孩子一个概括主要内容的小窍门：用给题目扩句的方法概括主要内容。这样一下就把学生引入课文,激发他们的学习兴趣,紧紧抓住学生的注意力,使他们积极主动地参与到学习之中。

二、创设思考情境,训练思维

《义务教育语文课程标准(2011年版)》指出:"阅读是学生的个性化行为……不应以教师的分析来代替学生的阅读实践",应让学生"在主动积极的思维和情感活动中,加深理解和体验,有所感悟和思考,受到情感熏陶,获得思想启迪,享受审美情趣。要珍视学生独特的感受、体验和理解。"因此要给足时间让学生充分地读,尤其是对重点句段要反复地读,不断地揣摩,潜心地感悟,细细地品评,使学生与作者心心相印,情情相通,不断升华情感。在自读后请学生选出自己最喜欢、认为最精彩或最感人的句子或段落为大家朗读。这种朗读活动大大激发了学生的审美意识,而学生选出的句段大多是文章最精华的地方。

例如在《厄运打不垮的信念》一课的教学中,我设计了如下学习单:

> 用心读课文,根据以下要求写一写,说一说。
>
> 最让我感到佩服的是＿＿＿＿＿＿＿＿＿＿＿＿＿
>
> 最让我感到难过的是＿＿＿＿＿＿＿＿＿＿＿＿＿
>
> 最让我感到充满力量的是＿＿＿＿＿＿＿＿＿＿＿
>
> (学习提示:1.自读画出相关的词句,写下自己的感受。2.对子相互交流,相互补充,尝试着读出自己的感受。3.组内分享,做展示准备。)

语文课本中有很多地方描述的情境是无法得到再现的。为了让学生更好地进入课文描写的情境,在这一环节中,我引导孩子抓住文中的几个四字词语:终日奔波、一袭破衫、年老体弱、奋笔疾书等展开想象,看看能看到什么? 想到什么? 使学生在创设的情境中、在强烈的氛围中投入学习,让学生入情入境地进入主人公的内心世界,去感受其内心的伤和痛,从而使学生获得更真实、更深刻的体会。在学生自学后的展示中,我再让学生"有怎样的感受就怎样读",以读见悟,使学生的个性得到张扬。把课堂气氛推入高潮。

三、营造气氛，引发共鸣

音乐和文字是相通的，把音乐引入语文教学，让最容易打开人类心门的艺术帮助学生理解文字，这是情境教学的一种重要手段。音乐能帮助教师营造课堂气氛，调动情绪波动，引发情感共鸣，从而感染学生，使学生产生强烈而积极丰富的内心体验，唤醒学生的主体意识，让学生置身于音乐与文字完美融合的境界中，享受到学习的愉悦和幸福。

同样，在教学《厄运打不垮的信念》时，我在刘欢的一曲《从头再来》中总结了课文，让孩子透过多媒体简单了解了贝多芬、桑兰、张海迪等名人曲折的人生经历，诵读了他们的名言，感受了他们不屈不挠的意志，向学生传递了"信念能够让我们永远心怀希望，而打不垮的信念就能助我们成功"的人生观，使学生的情感得到了升华，为下一环节的小练笔作好了铺垫。

情境教学法也是教师根据课文所描绘的情境，创设出形象鲜明的投影图画片，辅之生动的文学语言，并借助音乐的艺术感染力，再现课文所描绘的情境表象，使学生如闻其声，如见其人，仿佛置身其间，如临其境；师生就在此情此景之中进行着的一种情景交融的教学活动。因此，"情境教学"对培养学生情感，启迪思维，发展想象，开发智力等方面确有独到之处。采用"情境教学"，一般说来，可以通过"感知——理解——深化"三个教学阶段来进行。

创设情境的途径初步归纳为以下几种，我将以拓展阅读课上的素材为例，将语文教学中所运用的情境教学加以设计。

1. 生活展现情境。即把学生带入社会，带入大自然，从生活中选取某一典型场景，作为学生观察的客体，并以教师语言的描绘，鲜明地展现在学生眼前。例如：习作5《___的自述》可以让学生在生活中去观察自然，将生活中的动物、植物、事物等通过生活情境运用到学习中。

2. 图画再现情境和音乐渲染情境。图画是展示形象的主要手段，用图画再现课文情境,实际上就是把课文内容形象化。课文插图、特意绘制的挂图、剪贴画、简笔画等都可以用来再现课文情境。比如：《九寨沟》、《泉城》、《田园诗情》、《江雪》等课文,利用插图的再现和图片的展示让学生在这样的情境中感受作者的情感,激发学生学习的兴趣。音乐的语言是微妙的,也是强烈的,给人以丰富的美感,往往使人心驰神往。它以特有的旋律、节奏,塑造出音乐形象,把听者带到特有的意境中。

3. 表演体会情境。情境教学中的表演有两种,一是进入角色,二是扮演角色。"进入角色"即"假如我是课文中的××";扮演角色,则是担当课文中的某一角色进行表演。由于学生自己进入、扮演角色,课文中的角色不再是在书本上,而就是自己或自己班集体中的同学,这样,学生对课文中的角色必然产生亲切感,很自然地加深了内心体验。例如,童话《九色鹿》的教学,我就设计了一个情境教学,让孩子表演课本剧,在这样的情境中感受人物的品质和特点。

总之,情境教学的甘甜在于它会给语文课堂带来生气,带来欢乐,改变了学生被动学习的劣势。促进了语文素养的提高。它针对学生思维特点和认知规律,以"读"为手段,以"悟"为核心,以"情境"为纽带,使学生在语文学习过程中,获得感悟的乐趣、表达的乐趣、探究的乐趣、审美的乐趣、创造的乐趣,从而使教学成为生动活泼、自我需求的活动。

（供稿：海口市山高小学　辛淑娟）

智慧 3-5

培养优秀的合作学习小组长

在小组合作学习的过程中,小组长的作用是非常重要的,也是不可忽视的。一位优秀的小组长可以带动整个小组的学习,可以提升小组组员的学习能力,可以在课堂上展开有效的学习,也可以增强组员之间的协作能力。所以说培养小组长是实施小组合作学习的首要条件。那么,如何培养一名合格甚至优秀的小组长在教学过程中起着至关重要的作用。我想从小组建立、组长选定、组长培养、组长评价等四个方面谈谈我对于"如何培养一名优秀的小组长"的些许见解。

一、小组建立

小组的建立最主要的是组员的搭配和小组长的选定。一个小组能力的强弱除了要有一位好的小组长外,不能不考虑到的因素就是组员的能力。但是老师在分配小组成员时又不能把能力强的都分配在一个小组,能力弱的都分配在一个小组,而应该从整体出发,强弱参半。一般来说,一个小组的建立,我会考虑学生的基础知识、学习能力、智力状况、性别、心理素质、兴趣爱好等各个方面。具体实施中,遵循了以下四个原则:

(一)小组成员人数 4 个最好

一个好的小组,小组成员之间的搭配是有讲究的,它应该有一名优等生,两名中等生和一名学困生。这样做既能保证小组内各个成员之间的差异性和互补性，也便于各个小组间开展公平竞争。如果在小组活动时发现小组成员不积极上台表演、讲闲话、做小动作等问题，还可根据学生的学习情况定期进行组员调整，以保证小组竞争的活力，增强小组内学生合作的凝聚力。

（二）小组成员的位置安排

在班级课桌椅摆放位置不移动的前提下，每个小组 4 个人的位置也是有讲究的。首先，要注意的是老师要把 4 个人安排在前后桌，方便小组操练。其次，组长最好能跟学困生坐在一起，两名中等生坐在一起，方便组长随时随地辅导学困生。最后，要把组长的位置安排在两名中等生的后排，方便组长在课堂上管理所有组员。这个后排可以是左边中等生的后排，也可以是右边中等生的后排，但需要注意的是所有小组长的位置和方向都要统一，方便老师自己记住组长坐在哪里，以便老师在课堂上快速用目光锁定组长。

（三）小组成员要男女同学搭配

如果都是男同学的小组，小组长管理起来比较费劲，男同学好动，又容易受互相影响，当一个组员不听组长管教时，其他几个成员也会跟着起哄，这样会严重的影响教学秩序，更影响了他们对知识的吸收；如果都是女同学的小组会出现表演过程中胆小，听讲时做小动作、讲小话，甚至带动组长一起不认真听讲的情况。而男女学生互补的小组，不仅可以解决这些问题，还能提高小组活动的质量和小组表演时的胆量。

（四）小组成员中要有表演欲突出的学生

乐于上台表演的学生可以激发整个小组成员的主观能动性，能够调动整个小组成员的求知欲望。这样，学生对于知识的掌握和吸收就会更快更好。要是整组成员除了组长，组员都不愿上台表演，组长也就成了光杆司令，任何好的想法和活动都实施和开展不了。

二、组长选定

要想把一个小组的作用发挥到极致，必须要有一个优秀的小组长，那么谁才会是优秀的小组长呢？这就要靠老师这个伯乐从众多学生当中挑选出合适的小马来。而小马(小组长)的能力好坏直接关系着能否成功地开展小组活动,因此在小组长的选定上要考虑到以下几个因素:

(一)英语学习能力

小组长的英语学习能力要在班级中达到中等或偏上水平。在一个老师刚接到新班时,对这个班级的学生不太了解是肯定的,这个时候老师可以参考三个方面的条件,一方面老师可以参考他们上学期的期末考试成绩;另一方面老师也可以询问全班同学平时有哪些学生在课堂上会积极发言;最后老师还可以拟定一个主题,通过个人举手上台表演歌曲、讲故事、做对话等方式选出合适的组长。按照这些要求挑选出来的小组长完全可以担负起老师所给的重任。如果老师随意地指定任何一位学生来担任小组长,可能会起到适得其反的后果。下面就有一个这样的例子,有一个二年级的小女孩,她其他方面的能力都不错,但是英语成绩比较差,在小组活动中的表现总是没有她的组员好,每次表演完,组员都会责怪这个组长拖了后腿,结果弄得这个小女孩对自己越来越没有信心,主动要求辞职。从这可以看出,选小组长首先得考虑英语水平怎么样,要不然专业能力不够在组员面前会没有威信。

(二)组织管理能力

组长就如同一个学校的中层领导,是班级工作正常运行的"桥梁"和"纽带",是推动课堂活动顺利开展的中间环节和中坚力量。因为在一堂完整的课当中,会出现一至两次的小组合作学习,在小组合作学习的过程当中,就必须要有一个能力较强的人来组织活动、安排角色。有一句话说得好:"要办好一所学校,光靠校长是不行的。"那么同理,要培养好一个班的学生,光靠老师是不行的;这就需要老师去培养一批优秀的小组长帮助老师管理班级和学生,而这些小组长的管理能力的强弱则直接关系着小组的优秀与否。

(三)团队合作意识

团队合作意识是选定一个小组长最重要的条件之一。绫山芳雄曾说过:"领导干部的重点工作就是交涉或协调。"从这句名言我们可以看出小组长不能只顾着自我表现,在小组活动过程中要能考虑到与组员之间的协调;要能做到帮助差生,带动中等生与学困生一起进步。有这样一个小组长，他个人能力很不错，英语说得很标准，但是他特别爱自我表现，每次表演时只顾表现自己，根本不管其他组员能不能跟上他的速度，最后导致同学们都不愿意与他一起表演。只有大家齐心协力，才能不惧任何困难，众人拾柴火焰高，讲得就是团队合作意识的重要性。

（四）乐于助人精神

不知道各位老师有没有同感，就是在你的课堂当中会遇到这样一种情况，经常会发现有的小组长能力特别强，而组员却很弱。当然出现这种情况除了可能是因为老师分组不当，导致小组中能力强弱的人数不平衡之外，还有一个重要原因就是，组长不愿意主动帮助组员，只求个人水平达到最高化。这样一来，其他组员的学习兴趣就会越来越淡，导致强者更强，弱者更弱的恶性循环。其实，一个人的成功不叫成功，带领一群人成功才叫成功。如果小组长具有这样的奉献精神，不难带领出一个优秀的小组。

三、组长培养

每个学生在担任小组长之前都会存在着一些不足之处，这就需要老师在后期的教学过程中给予足够的帮助。所以，每个小组长选定后，老师要有针对性地从各个方面来对其进行培养，使其能够更快地进入到小组长的角色中，成为老师最好的助手。老师们可以从以下五个方面来培养小组长：

（一）小组长挑选组员能力的培养

小组长选好了，首先应该给他安排组员，尽快组成一个小组。该如何安排组员呢？这也是一门学问。有两种方案，第一种是老师可以统筹安排，按照前面所说的一名优等生、两名中等生和一名学困生配备，但这么做的弊端是小组成员之间经常出现矛盾，如：组员不服从小组长的管理；小组长偏心他喜欢的组员等。第二种是由小组长来选定组员，这也是小组长人选后的第一个能力的培养。在采用第二种方式时，老师要注意先把所有学生大概分类，分出优等生、中等生和学困生来。然后请每个小组长轮流从这三类学生当中各选出一名自己喜欢的同学来当自己的组员。第二种分配方法充分发挥了小组长的主观能动性，让他根据自己的喜好来选择组员。这么做的好处是减少了组内矛盾,提高了小组的凝聚力。组员选好了,小组也初具规模,接下来一个小组的强弱还应该看看小组长其他方面的能力。

(二) 小组长课堂语言能力的培养

首先小组长在上岗之前要提前学会一些固定的课堂用语。这些课堂用语一般来说一个学期内变动不大,如:表演前,组长要用英语组织他的组员排好队型,提示组员 standing in a row 或者 standing face to face,然后再整队,用"Hands up!""Hands down!"这两句话来控制表演者之间的间距,他们之间的最佳距离为一臂长。在表演完后,小组长还要代替组员询问其他同学本小组的表现怎么样,如 How about us? Good, very good or wonderful? Why? Thank you! 等。对于这些课堂语言的培养有时还需要家长的帮忙,需要家长在家里扮演组员,孩子扮演组长,帮助孩子尽快熟悉课堂用语。其实组长熟练地掌握了课堂用语也能更快地"征服"他的组员。有一个三年级的学生,平时的动作可慢了,特别磨蹭,小朋友们都不是很看好他,在我选完他当小组长之后,很多同学都很不服气,认为他的能力不够,不能胜任组长的角色,他的组员也跟我提出过要换组长。开学几天以后的一节英语课上,我请这个小组长所带领的小组上台表演歌曲,结果这名小组长把他的组织语言说得比任何一个组长都洪亮、清晰和流利,因此而得了一个 wonderful 的评价,他的组员非常高兴,我也适时地表扬了他是一个非常棒的小组长,引来了全班同学的热烈掌声,从此以后,他的组员再也没有来找我要求换组长了。

(三) 小组长分配任务能力的培养

在课堂上,当老师把各个小组的任务安排完之后,需要小组长再把任务细化,具体到每个组员各承担什么样的具体任务。以对话为例,组长要给一段对话分配角色,如果是一段 2 个人的对话,那么组长分配起来就比较容易,可以说 We two play A, you two play B,也可以说 I play A, you three play B,这里的 A 和 B 代表的是各个对话里不同角色的人名,统一用 ABC 来代替。但如果是 3 个人或 4 个人的对话,就需要组长根据组员的能力强弱,合理分配了。每次遇到这种情况时,二(3)班一个叫周密的小组长就总是会跑过来问我应该怎么办? 一般来说,处理这个问题,组长要把最难扮演的角色留给自己,再安排一个中等生和一个学困生一起扮演一个角色,另一个中等生单独扮演一个角色。但是我不会直接这样告诉她，而是叫她先自己看着办，一会表演时再认真看别的小组长是怎么处理这个问题的。等到了课后再单独找周密同学，问她刚才在课堂上看明白别的小组长是怎么分配任务的吗，并让她自己再分配一遍给我听，讲出原因，为什么这样分配任务，每个角色的扮演者都能不能表演出来。而且还要利用晚上的时间和周密的家长沟通，让他们在家跟孩子做小组活动时有意创造类似的难题，并引导孩子单独完成。结果一段时间下来，周密小组长遇到问题再也不会一味地找我帮忙，而是自己想办法了。

（四）小组长管理组员能力的培养

每个班都会有十几个小组长，要想让他们每个人本身就具有管理别人的能力几乎不可能，但是管理不好组员，小组活动的开展也势必会受影响。因此培养小组长的管理能力成为了迫在眉睫的任务。在小组长上任之前，老师都应该事先跟小组长说明他有哪些权利和义务，如，老师可以把每节课小组成员是否可以得到一枚常规的小贴纸奖励权交给小组长，小组长可以根据该课上，组员是否认真听讲，有没有积极举手回答问题，有没有配合开展小组活动与小组表演，有没有讲小话、做小动作等实际情况进行奖惩，这是权利。有权利就有义务，小组长的义务就是要及时提醒组员认真上课，当发现组员讲小话，做小动作时，要马上轻触该同学，用眼神示意他认真听讲。同时，小组长也要接受组员的监督，如果出现组长徇私，给他的组员多发小贴纸或故意少发小贴纸，课堂上不管好组员，任由他们打闹等情况时，小组长也会受到严厉的批评和惩罚。

四、组长评价

新课标指出："在课程实施的过程中，评价应起到监控教学过程、反馈教学信息、激励学生学习、促进教师改进教学的重要作用。因此，评价要有利于学生不断体验英语学习过程中的进步与成功，有利于学生认识自我，建立和保持英语学习的兴趣和信心；评价要有利于教师获取英语教学的反馈信息，并对自己的教学行为进行反思和调整，从而促进教师不断提高业务水平。"从课标的指出内容，我们可以看出评价要起到可以激励学生学习、有利于学生认识自我、建立和保持英语学习兴趣和信心的作用。要达到这些作用,光靠表扬是不行的,适当的批评也是教育所需的手段。老师对小组长的评价也可以从这两方面着手,一种是奖励性的评价,一种是惩罚性的评价。

(一)奖励性评价

常规英语课堂的评价机制非常丰富,当小组长做得好时,我们可以用语言表扬他,如：You did a good job. 也可以用肢体动作评价,如：击掌,或竖大拇指;还可以是虚拟奖励评价,如：小贴纸、小印章;或实物奖励评价,如：文具、小零食之类。这些东西虽然不贵重,但是意义却不同,这些小东西后面所代表的是老师的认可。

(二)惩罚性评价

当小组长做错时,我们也可以加入适当的惩罚,让他认识到自己的错误,并加以改正。我教过这样一个学生,她特别聪明,管理组员的能力也很强,3 个组员都非常听她的话,但是这个组长特别好强,还有些小聪明,为了让她的小组在墙面评比栏上得到的小贴纸最多,每次在课堂结束时的发贴纸环节都会给她的组员多发一个贴纸。因此每次评比时,她们组的贴纸都会比别人多很多,我当时就觉得很疑惑,就拿来了小组 4 人的学习记录手册亲自检查,结果发现他们 4 人的贴纸都比自己正常所得贴纸个数的最大量还多,我就明白了肯定是组长故意多给贴纸了。在课堂上我没有指出来,一是因为怕把这个事实说出来,以后别的小组长也会效仿,二是怕在课堂上惩罚她之后导致组员以后不愿服从她的管理。但是在课后我把她找到办公室就这件事好好地沟通了一番,让她认识到了自己的错误,并给予扣除一周贴纸的严厉惩罚。

不管是奖励性的评价,还是惩罚性的评价都是为了让小组长更加优秀,只要老师们运用得当,都可用于课堂当中。

总之,培养优秀的小组长可以促进小组合作学习的有效开展,使学习回归本土,使课堂变成真正的学堂。基于这么多的好处,老师们在课堂当中要充分发挥小组长的主观能动性,让学生真的成为学习的主人。

(供稿：海口市滨海第九小学　邱晶晶)

 **智慧 3 - 6**

在激励中快乐成长

　　温儒敏教授论阅读教学目标曾说过："把培养读书兴趣作为小学语文头等大事。""培养读书的兴趣与习惯，这是为学生的一生打底子，是建树一种生活方式。"[①]那么如何激发学生学习语文的兴趣，使学生想学语文、爱语文、会学语文？这就要有一定的课堂教学艺术。实践告诉我：在教学过程中巧妙地运用"激励"这个法宝，会使学生更喜欢语文、爱学语文。第斯多惠说过："教学的艺术不在于传授本领，而在于激励、唤醒和鼓舞。"可见，激励在教学过程中起着举足轻重的作用。激励的形式，或是语言，或是榜样，或是物质等等，把它们有机地运用在教学过程中，会增强孩子的自信，激发孩子的兴趣，开发孩子的潜能，优化课堂教学效果。

一、激励，让识字教学更有趣

　　记得专家关心凤老师曾在关于阅读教学低年段的教学重点中提出：孩子在这个年段要"认好字、写好字、学好词、练好句、读好文、养习惯、习方法、练技能。""而汉字是我们的母语，是人类精神的精粹。""人生聪明识字始。"因此，打好坚实的识字基础对孩子们来说是一件终身受益的事。而低年级是识字的最佳时期，我们应该抓住

---

　　① 温儒敏.把培养读书兴趣作为小学语文头等大事[J].重庆与世界(学术版)，2017(7)：41-44.

这个有利时机,引导孩子们认识更多的汉字。识字方法有很多,如:寻找规律识字法、故事识字法、动作识字法、顺口溜识字法、比较法识字法、抓特点识字法、猜谜语识字法、"犯错"识字法等,所以关键是找到汉字的规律和特点。让学生在轻松、活泼的气氛里进行有趣、有效的识字,使学生掌握识字方法,不断提高识字能力。另外鼓励孩子用自己喜欢的方式识字,激发学生识字的兴趣。每个孩子都希望自己成为一个发现者、创新者,让他们喜欢用自己独有的方式去认识事物,老师及时激励,他们得到肯定后往往会获得心灵上的满足,并会用更高的情趣,更积极的方式去探索新知。教师再想方设法保护他们这种热情,鼓励他们用自己的方式识字,不要强求统一。

如:在教学拓展阅读课时,导入"包"字时,我用猜谜语的方法,先课件出示谜语:它是我的好朋友,每个同学全都有,笔墨书本帮我拿,可我还得背它走。打一物( )。这个环节中,我通过创设猜谜情境的形式来提高学生学习汉字的兴趣,通过字谜,学生对汉字加深了印象,调动了孩子们学习生字的兴趣。接着,教学与"包"相近的"饱、苞、炮、泡"字时。老师提出"包"和这些不同偏旁组成的意思各不相同的字,你会不会学它? 怎么学? 让学生充分地去发挥他们的识字方法。最后老师再点拨激发。"炮"字,因为古代的炮是装火药,用火点了引线发射的,所以炮是火字旁。"饱"字时,提出食字旁的字与什么有关系?(食物)我们吃了很多食物,小肚子就变得圆滚滚的,我们就觉得——吃饱了。"泡"字时,提出你见过泡泡吗? 你在哪里见到的泡泡? 这些泡泡都是与什么有关系?(水)所以,这个字用"三点水"做偏旁。"苞"字时,说说你怎么记住这个字? 为什么是草字头?(因为是植物)老师再小结今天学习由"包"字组成的生字都是形声字,偏旁表示意思,声旁表示读音。记住形声字,老师有一首儿歌赠送给大家:出示儿歌:学习形声字,辨别要仔细,声旁多表音,形旁多表意,记住这一点,快乐多识字。刚才我们认识了包弟弟交的四个朋友,想一想,包弟弟还有没有其他朋友了? 当学生说出新字时,追问学生你是在哪认识这个字的? 怎么记住它? 老师及时给予肯定和鼓励,并鼓励多用这种方法去识更多的字。这样有利于激发孩子识字的兴趣,并初步感知形声字的特点,帮助这些幼稚的童心打开识字的大门。

二、激励,让写字教学更有效

《义务教育语文课程标准(2011年版)》非常重视写字教学,它也是低年级语文教学中的重要任务,不仅是让学生练出一手好字,同时也是以写字常规训练为手段,培养其意志品质。写字也是一种枯燥的学习,笔画的写法、字的间架结构、书写规律等对于低年级孩子而言更是抽象枯燥的,书写过程就会出现众多问题。比如:孩子的写字姿势不端正,我自己会找一个坐姿较好的孩子做示范,让孩子们跟着学;握笔方法不正确的孩子,我会耐心地手把手地教他们改正,并鼓励说:"如果把笔拿好的话,写出的字会更漂亮的。"间架结构把握不准的孩子,我会拿着他的手耐心地带写,然后抚摸着他的头说:"相信自己,一定能写出一手漂亮的字来的。"再如,检查孩子们对生字的掌握情况时,我采用适当的物质激励,并每周评出写字之星数名,把他们的作品贴在教室的文化墙上,以此来激励学生。孩子们的心很容易满足,为了能让自己的作品展示出来,孩子更喜欢写字了。所以低年段写字教学要根据学生身心发展和写字教学的特点,关注学生个体差异,充分激发学生的主动意识和进取精神。在写字教学中,及时用赞赏的语气给予表扬与激励:"精彩极了!""看××孩子的写字姿势多漂亮啊!""我们班的小小书法家,继续努力吧!""今天你的进步真大呀!"孩子就会养成一个良好的写字习惯。

三、激励,让阅读教学更有味

小学低年级的阅读教学应以读为主,新《语文课程标准》指出:"要让学生充分地读,在读中整体感知,在读中有所感悟,在读中培养语感,在读中受到情感的熏陶。"古人云:"读书百遍,其义自见"。这足以说明多读的好处。但是一味地强调多读,不教给学生读书的方法,不注意读书的多样化形式,不培养良好的读书兴趣及习惯,也是不行的。

但在教学过程中会遇到很多困难:字音读不准,用词说话不通顺,句子断读,感情体会不出来等。面对种种困难,我总是耐心地指导,激励孩子勇敢地去克服。如:在一次公开课教学《梅兰芳学艺》时，我叫一个平时胆小，没有举手的女生站起来读时，她很害怕，于是我说："你现在勇敢地看一看台下听课的老师，看一看周围的同学，再看一看老师。"该生环顾四周，我接着说："好的，你看你还是比较勇敢的嘛！现在有老师和同学们为你撑腰，能不能把第一段读一读？"该生读完。老师再鼓励："看看，读得多好呀！没有错别字！"在"师傅说他的眼睛没有神儿"一句，要在"说"的后面停顿一下，然后老师领读这一句；领读后，再请该生读，有所进步。师又请了一生读第一段，读得较好；师再请"害怕"的学生仿读，效果渐好。我非常高兴地说："真棒！一遍比一遍好。谁也不可能练一两遍就把课文读好，必须多练习。"从那以后，该小女该上课喜欢举手读书了，而且读得一次比一次进步。

总之，在小学低年级语文教学课堂中，通过激励教学的巧妙运用，不仅让孩子们增强了自信、激发了兴趣、启发了思维、开发了潜能、培养了能力，更优化了课堂教学效果。

（供稿：海口市海秀中心小学　林小玲）

第四章　课堂范型：用流程稳定教学质量

在教育价值取向达成共识的前提下，教师在课堂这一特定教学场域中建立起较为稳定的教学活动框架和程序，从而形成一定的课堂教学范型。项目研究过程中，不少学校在课堂教学模式方面独树一帜，形成了特色鲜明的课堂范型，如以"循环链接教学模式"打造"生态课堂"、以"微环节教学"打造"高效课堂"以及以"类结构教学"打造"有效课堂"等。这些学校以流程稳定教育质量，其他学校可以从相关模式、方法中获得启发、帮助，并加以借鉴。

- 智慧4-1　用教学流程精致课堂教学
- 智慧4-2　"一单五环"课堂教学范式
- 智慧4-3　构建富有学科特色的课堂教学模式

在逻辑学大辞典中，对于"范型"的解释即"范式"，"范式"是美国科学哲学家库恩提出，它有两种意义不同的使用范围。一方面，它代表着一个特定共同体的成员所共有的信念、价值、技术等等构成的整体。另一方面，它指谓着那个整体的一种元素，即具体的谜题解答：把它们当作模型和范例，可以取代明确的规则以作为常规科学中其他谜题解答的基础。虽然范式的意义来源于《科学革命的结构》，但是人们对它的理解却超越了库恩的原有意图。总之，在西方社会科学研究中，范式通常是指人们建立在本体论、认识论和方法论基础之上的对事物基本的概括或基本看法的体系。

课程范型即课程范式，是范式理论在教育教学领域中的具体运用，是指教师群体在课堂这一特定教育教学场域中共同认知、公认价值和常用技术的总和。具体体现在教育价值取向、教学目标确立、教学内容选择、师生角色与关系、教学行为表征、教学结果评价、课堂文化等七个方面。而这七个方面，确确实实是课堂教学实践中的关键因素，值得我们关注与重视。

在"海南省小学低年级基础学科教育教学综合改革实验研究"项目中，九所学校形成了相互帮扶的教育共同体。在海南教育共同体中，九所学校是基于为了学生发展的教育信仰、为了提高教育质量的教育目标，在实验实践中形成的有责任感的联合。其中，山高小学、英才小学以及滨海九小在课堂教学模式方面独树一帜、特色鲜明，其用流程稳定教育质量的模式方法给其他六所学校以启发、帮助与借鉴，尤其在教育价值取向、教学内容选择、师生角色与关系及价值取向等方面颇有建树。下文主要分析三所学校的课堂范式，以期形成有效经验与模板，广泛合理推行。

一、循环链接教学——打造"生态课堂"

前苏联教育家维果茨基提出的"最近发展区"，说明了学生在其发展的阶段如果不具备独立解决问题的能力，要借助于成年人或具有相关知识的同龄人的指导与合作而学会解决。教师应该鼓励学生主动地去解决问题，在问题解决中学习，在问题解决中探索，激发他们的好奇心，引发他们对问题解决的深层理解，从而通过问题解决，使学生建构起对知识的理解。教学应关注学生的"前概念"，注重教学、生活、自然的融合与链接。

海南省海口市山高小学的"循环链接教学模式"的 5 个环节与学生的生活紧密相关，课堂教学与生活实践融为一体，很好地践行了建构主义与杜威"教育即生活"的思想。

（一）校园生态文化

山高小学的校园生态文化主题为"回归自然"、"平等空间"与"关注生活"。"回归自然"即自然有其发展的规律，四季交替、日出月落，教育同样如此，山高小学秉承"校园是学生的大自然"的理念，教师应遵循"自然规律"，给予学生时空、权利的保障，创设良好的教育环境。"平等空间"有两层含义，第一，山高小学的教室个性鲜明，四周都是黑板，意在为学生创设空间。同时，课堂上，师生关系平等，可以相互质疑、点评，课堂氛围平等宽松和谐。"关注生活"即注重在生活中培养学生良好的生活习惯、精神面貌与人生态度，同样在学习中，注重学生生活中的积累与实践，以"做中学"的理念培养学生解决实际问题的能力。学校希望教师与学生在潜移默化中接受文化的熏陶，在耳濡目染中得到文化的浸润，从而体会教育和学习的真谛，更好地实现高效课堂的各个环节。

（二）循环链接教学模式

"循环链接教学模式"的根本目的，在于唤醒学生的心灵，让他们在享受的过程中，达到有效、高效的学习。"循环链接教学模式"分为以下五个环节，这五个环节并非各自独立，而是相互链接、循环进行的。

1. 明确目标，教师引领。山高小学的课堂教学目标并不是教师"一锤定音"的，而是教师与学生一起，共同完成课堂目标的制订。教师只是起引导作用，通过情境创设、知识铺垫的方法，激发起学生的兴趣，解放学生的思想。在山高小学，课堂目标的制订形式是多样的，还可以通过师生交流、小组讨论等方法来完成。

2. 自主学习，多元选择。山高小学提倡学生自主学习，学生根据自身能力、个性、兴趣等实际因素选择学习内容，教师则从"讲授者"变为"指导者"与"合作者"。学生多元选择不同的学习内容、方式和进度，就成了课堂高效的保障，也成了学生自主学习的重要方法。

3. 合作帮扶，活动体验。山高小学的合作不局限于小组合作，还包括对子合作、跨组合作、全班合作、师生合作等。学生在合作的过程中，会激发出包括创作、组织、责任、胆量等多方面的能力。合作离不开体验。体验就是调动学生的视觉、听觉、触觉、嗅觉等多种感官，让学生进行演示、活动、游戏、实践、调查、采集等。在体验的过程中，学生能更充分地体会合作的重要。

4. 展示分享，穿插巩固。山高小学努力给学生提供展示能力、分享成果的机会。学生可以利用教室四面的黑板，充分发挥自己的想象力和创造力。课堂上，学生展示智慧的火花、张扬的个性、自信的心态，分享快乐、疑惑与收获。

同时，教师穿插于学生之间，观察学生的学习状态，询问学生的学习心得，组织学生再学习、再探究、再训练，然后通过点拨和引导，加深、巩固学生的印象，最终达成课堂目标。

5. 达标测评，反馈矫正。山高小学主张测评环节当堂完成，并且及时反馈，及时矫正，趁热打铁又减轻学生学业负担。测评方式有"测试题"与"问卷调查"。这两种方式有时由教师主导，更多的时候是由学生自己进行测试与调查。教师通过结果反馈，进行教学反思，修正教学思路，从而更好地教学。

"循环链接教学模式"的5个环节是相互依存的，没有绝对的先后之分，而是根据课型或课程进度，灵活变化，甚至每个环节都可以作为教学的第一个环节，从而形成一个完整的教学圆环。在这种模式下，可以实现将教育和教学有效链接，将知识和环境有效链接，将课堂和生活有效链接，将模式和体系有效链接，将文本和实践有效链接。[①]

---

① 何海燕."山高"的循环链接教学经验[N].中国教师报，2013 - 01 - 09(7).

二、微环节教学——打造"高效课堂"

课堂教学并不是不可分割，根据教学的连续性与顺序性，可以将其分为课堂教学导入、课堂教学实施、课堂教学巩固、课堂教学评价等环节。聚焦课堂微环节，可以使教与学过程管理精细化与规范化，教师根据实际情况灵活调整教学流程，提高教学效率，保证教学质量。

海口市英才小学建构"一单五环"的教学模式，即一张活动单与五个教学环节，聚焦教学微环节，以学生自主学习为根本，以学生对知识体系的构建为核心，以学生自我价值展示为动力，以教师的启发、引领、点拨为激活方式，以激励评价为手段，以整合教材形成知识导图为突破口，从呈现知识导图出发，到编制"学习活动单"结束，实现"自主乐学、习得方法"的学科课程理念，将自主、合作、探究的课改理念化为高效课堂的实际生产力。

"一单五环"教学模式

"一单"是指一课一张或多张"学习活动单"，包括：课前预习单、当堂研究单、复习巩固单、整理研究单等。

所谓"学习活动单"教学，是指以"学习活动单"为媒介引导学生在"活动"中自主、合作学习，实现教学学习目标的过程。

"五环"是指教师与学生的五大环节：

教师五大教学操作环节："提出目标→导航指导→管理促进→引导评价→巩固拓展"。

学生五大自主学习环节："明确目标→自主学习→合作探究→展示提升→自我完善"。

"五环"是教师引导学生从事学习活动，学生自主乐学，相铺相成。其中包含一切在课堂实践中，自觉地、积极主动地掌握社会、科学知识，并形成个体经验的过程。

下面所示是英才小学建构的"一单五环"模式中每一节教学课例的基本活动模型：

教师　提出目标→导航指导→管理促进→引导评价→巩固拓展

　　　　↑↓　　　↑↓　　　↑↓　　　　↑↓　　　　↑↓

学生　明确目标→自主学习→合作探究→展示提升→自我完善

首先，在活动之前教师要出示学习目标，充分调动学生大脑中的"前概念"，使学生对所学习的内容产生兴趣，形成探究的驱动力。

第二步，在教师的指导下，学生根据"学习活动单"提供的活动方案，根据自身条件和需要较自由地选择学习目标、学习内容、学习方法，并通过自我调控完成具体的学习目标。

第三步，自主学习完成后，在小组长的统一组织下，交流自主学习的结果，提出自主学习未能解决的问题，用"兵教兵"的方法，在相互展示、取长补短的过程中共同进步。在合作学习的过程中，老师要在各小组之间来回巡视，及时了解合作学习的情况，发现问题，及时解决；对合作学习效果优异的小组，予以表扬。

第四步，在经过小组合作学习并在对学习结果取得共识的基础上，各小组派代表结合"学习活动单"中的活动要求展示本组的学习成果（通常可到本组展示区展示）。教师进行适时评价。

第五步，各小组内部或小组间对展示的学习成果进行纠正、补充，指出问题所在并分析原因。教师对活动结果进行情感性点评、对学生"自我完善"后仍不能解决的问题进行解惑。引导学生从活动成果中找规律，帮助学生归纳上升为科学理论与思想方法层面。

"一单五环"模式以"学习活动单"为学生的学习载体和引擎，以"合作学习小组"为基本学习单位，以"自主、合作、探究"为主要学习方式，以"课堂反馈与评价机制"为保障，关注课堂教学微环节，充分体现了"教为主导、学为主体、个性发展与全面发展"相统一的教学理念。

"微环节先学后教"模式操作流程的统一，教学环节的细化，"学习活动单"的渗透，教学策略的支撑,不仅改变了教师陈旧的教学观念,更唤醒了学生心中对追求新知的欲望和潜力。

三、类结构教学——打造"有效课堂"

所谓教学"类结构",包括教学内容结构、方法结构和过程结构。即以"结构意识"为核心改进教学设计,带来教学改进,实现整体性和结构性突破。教师应从学生的成长需要出发,分析其发展可能性,对教学进行结构视角的反思,提出课堂教学实现结构性转型与突破的目标。

海南省滨海九小深知学生的发展是一个动态转化的过程,教师根据学生成长的身心现状,结合学科特点,以"结构意识"进行教学设计,使学生成为学习活动的主体,促进学生的发展。以低学段语文识字教学为例,简单介绍滨海九小的"类结构教学模式"。

识字教学课堂教学模式

集中识字和随文识字是现行教材中主要的两种识字形式,课题组语文学科的教师们经过反复的教学实践总结出了不同识字形式的高效课堂识字教学模式:

1. 集中识字高效课堂教学模式

字音课堂教学模式:找(在文中找出生字)——拼(借助拼音读准字音)——教(争当老师教读字音)——赛(争当播音员赛字音)。

字形课堂教学模式:示(学文,出示生字)——观(看字的结构是独体字还是合体字)——分解、溯源(根据字理将汉字抽象的笔画与相关的事物链接)——记(用最简便的方法记住字形)——写(范写书空强化)。

字义课堂教学模式:读——析(分析字的形成:象形字、会意字或是形声字等)——悟(领悟字词表达的事物)——用(用字组词并进行语言实践)。

2. 随文识字高效课堂教学模式

(1)激趣导入,整体感知。在教学的起始阶段,切合教材的实际,顺应低年级学生的心理特点精心设计导课，或用娓娓动听的语言，或用形象生动的多媒体课件，或用直观有趣的实物展示，或用色彩丰富的简笔画等，为学生的学习创设富有情境的意境。

（2）标注生字，定向记忆。在初读课文后，让学生找"两条绿线"中和"田"字格中的生字，用不同的符号标注出来，然后借助拼音自己反复拼读，读准字音，想办法运用各种识字方法定向记忆字形，培养学生主动识字的能力。

（3）识字游戏，音形结合。在教学过程中，用"闯关"、"摘苹果"、"采莲蓬"、"吃莲子"、"猜生字"等多种游戏形式让学生参与识字的全过程。先让学生读好带拼音的词；然后去掉拼音读词；去掉匹配的词读单个的字，最后再自主识字记汉字。在情趣盎然的识字活动中实现汉字音形的无痕匹配。

（4）借助课文情景，音形义融合。在认读完生字后，让学生把生字送回到课文中，借助课文创设的故事情景，理解字义，并通过识别读、评议读、范读、齐读等方式，在感悟课文内容的同时，回顾字形，复习字音，领会字义，实现音形义的融合。

（5）指导书写，强化记忆。读完课文后，腾出专门的10—15分钟时间进行生字的书写。先书空，后描摹，并出示重点字的书写要领，最后在田字格中抄写。写完后展示，看谁的字规范、整洁，让写得好的同学介绍经验，通过师生、生生的互相评价，不断提高写字质量。

（6）课外延伸，提高效率。课后，教师根据所学课文的内容或这一课生字的共性设计相关的识字实践活动。在生活中找一找、认一认、写一写，引导学生大量识字，让课堂识字教学焕发出鲜活的生命力。

智慧 4-1

用教学流程精致课堂教学

2013年9月，我们接到关于帮扶澄迈县永发中心小学及侍郎小学的任务。除了我们，还有英才和定安龙门及完小，滨海九小和海秀中心小学及完小，这九所学校在省课改办的组织领导下，形成了一个帮扶与被帮扶的海南教育共同体。省课改办希望通过这样的实验，从整体带动海南教育的一场变革。

一、经验介绍

（一）初进永发学校——调研诊断帮扶重点

接到课改办的任务后，我们在何校长的带领下，先开了一个针对永发帮扶的会议，然后来到永发中心小学进行实地调研。永发中心小学的硬件条件比我们想象中好很多，教学楼投入使用时间不长，总体来说干净整洁，但缺少多媒体等辅助教学设备。老师们态度也很认真，能够积极配合我们的帮扶工作，他们也有许多现实中无法选择的困难：班额大；学生们还未养成良好的学习、生活习惯；学生的家庭教育的缺失以及家长的素质有待提高等等。但学校领导层非常重视，从各方面尽可能地配合我们的帮扶工作。在我们深入课堂寻找帮扶的突破点时，才发现课堂中存在着很大的问题：课堂以老师的教授为主，学生听课状态非常不集中，你说你的，我做我的，学生的参与性和积极性没有发挥出来，换言之，学生的主体地位没有凸显出来。

（二）制订帮扶根本（主要做法）——精心打造课堂常规

永发一行，让我们找到了需要帮扶的症结和突破点，于是，回到山高后，我们马不停蹄立刻召集所有领导和骨干教师开了一个帮扶特别会议，大家一致认为，要想提高永发的课堂效率，提升成绩，首先要帮助永发小学规范课堂常规，培养学生们良好的学习习惯。通过与永发的领导团队进一步沟通，我们达成共识，共同决定以这次项目开展为契机，在初始年级借鉴山高的经验的基础上，进行小范围的实验，首先从课堂常规，进行改变。

确定了突破点，2013 年 9 月中旬，我们山高领导及骨干教师共 12 人再次来到永发，现场指导永发中心小学的老师们进行课堂常规训练。我们分三个学科同时进行现场指导，由山高的语文教师董菲菲、数学教研组长姜伟，英语教师郑倩进行具体操作实验，一节课下来，几乎没有几个同学走神，孩子们参与的积极性很高，永发的老师们直呼"神奇"。课后，我们一起研讨了良好的课堂常规对课堂的意义，如何有效地利用课堂口令进行课堂调控，山高的老师们传授了许多训练妙招，并针对永发的实际情况，为他们量身打造简单易学的课堂常规训练口令，如："小眼睛，看过来；小嘴巴，管好它；小耳朵，认真听"等等。

通过听课、研讨，永发的老师们受到了极大的鼓舞，跃跃欲试地准备使用"课堂常规训练口令"这根魔法棒，也让自己的课堂有神奇的改变。为了学校课堂教学的整体提升，校领导通过决议，特地用一上午的时间，专门让老师们学习山高的训练方法，训练自己的课堂常规。刚开始，大家训练不够顺利，经过与山高帮扶团队的及时沟通，老师们渐渐领会了诀窍，在大家的努力和坚持下，课堂常规的成效越来越显著。学校领导经常到各班级去随堂听课，检查各班级课堂常规的训练落实情况，在校领导的督促和引导下，永发的课堂常规有了不同程度的进步。现在，永发的课堂常规已是一大亮点。

（三）建立课堂模式——梳理"循环链接"课堂

我们一直在呼吁课堂的实效性，但却一直在忽略课堂的主体——学生。我们山高"循环链接生态"课堂验证了：如果告诉学生，他可能会忘记；如果让学生看到，他也许会记得；如果让他参与其中，他一定会理解。老师上课最重要的任务不是讲课，而是创设一个学生乐于自学的情境,让学生去参与,去实践。带着这样的理念我们决定帮助永发中心小学的老师们诊断课堂中的问题。首先,我校的语文教师董菲菲,数学教师李小波,英语教师郑倩等骨干教师特地到永发送课。我们用山高的理念和方式,采用让学生们分小组合作学习的方式,先培训小组长,再培训对子、小组合作,然后通过老师的引领,布置简单的任务,通过自己的学习(读、写、计算),然后对子、小组交流,最后回答展示学习的成果。当然,学生自学、合作时,教师要及时调控、指导,最后还要检验学生的收获。因为孩子们从未见过这样的上课方式,他们先是新奇,然后行动参与,后来融入其中。永发的老师们也想知道,为什么自己的学生到了山高老师的课堂中,会变成另外的样子。课后,我们坐在一起研讨了他们面临的困惑——怎样培训组长,怎样培训对子和小组合作。之后,我们就怎样备课、怎样具体操作实施等进行了深入的交流,永发的老师们更加坚定了课改的决心。

之后,我们各学科的老师坐在一起,共同备课,共同设计适合永发上课的课堂流程。两校帮扶和被帮扶老师结成对子,语文:山高小学李桂燕,永发中心小学王佳妹。数学:山高小学姜伟,永发中心小学颜丹。英语:山高小学康杰,永发中心小学陈惠。通过以点带面,带动永发中心小学初始年级教学进行整体的改变。两个学校的教师通过电话、QQ,经常进行教学方面的研讨,平均每周至少两次交流,并做交流记录,提取有价值的问题在学科组教研会上讨论,并及时作回复。如:如何训练学生的课堂常规;如何培养学生的自学能力;小对子、小组合作的训练方法等。还有学术上、教法上的探讨,如:英语思维教学法的运用;英语口语作业的过关检测;各学科堂堂清、日日清的做法等,还重点研讨关于如何进行集体备课,如何进行学科管理以及相关的激励和奖励制度。经过一段时间的努力,永发初始年级的课堂成效有了较大的提升。

每个学期,我们组织两校教师进行三个学科"同课异构"教学研讨活动,通过这样的活动,希望给大家带来更多关于课堂教学方面的借鉴和思考。而专门针对永发进行帮扶的送课活动,解决老师们在具体上课时的困惑,指导大家走出误区。此外,山高每个学期的大型活动,如海口市"课外阅读课堂观摩"活动;海南省"青年教师数学比武擂台大赛"等活动,我们都会通知永发中心小学派教师参加,通过听课、评课,让与会教师得到更多的收获,提升自己的教育教学能力。

为了让永发中心小学的老师们更快地提升课堂效率,我们不仅为他们设计各学科的教学案例,还特地为他们订制简单易懂、易操作的"循环链接"教学模式:明确目标,教师引领;合作探讨,活动体验;分享质疑,沉淀提升;达标测评,反馈矫正。以"模"定教,以"模"提效,是我们帮扶确立的基本目标。

二、范型的详细解读

（一）明确目标,教师引领

学习目标确定的要求:

"目标主题化",主题鲜明了,才能抓"文眼"、找"线索",才能做到"唯简约,乃从容"、"简简单单做教学,完完全全给学生,扎扎实实求发展。"

出示目标有两种方式:

1. 老师用巧妙的引领语言承载流露出目标。

比如英语课学习关于动物的单词,老师的引领语言:"同学们,今天老师带领大家进入动物王国,去认识很多小动物,而且能够进入它们的故事中去……"

2. 学生通过自己看书,自己找到自己应该学会什么,研究什么。

（也可以拓展到一个月、一学期的成长目标,甚至更远的奋斗目标。）

3. 可以转化成具体的学习任务,体现在学习单上。

教育就是一种用真诚、真情和智慧进行的引领,引领每个学生进入美好的意境,良好的状态,在正确的时间用正确的方法做正确的事,在过程中养成习惯,内化成品质,转化成能力。"教育"由拉丁语"educare"引申而来,意思就是采用一定手段,把某种本来就潜藏于人身上的东西引导出来,从一种潜质转变为现实。

引领方式:

1. 情境创设、知识铺垫、教师示范、教师讲解。比如:动情的朗诵;意味深长的一句话;一个小故事;一个情景;一个小实验;一首歌;一幅画等等。

2. 学生根据《自主学习单》的引领进行学习。《自主学习单》是教研组的教研成果,不同学科、不同课型的导航有不同的范式。

（二）合作探讨，活动体验

美国实用主义教育学代表人物杜威认为：1. 教育即生活。2. 教育即学生个体经验不断增长，从做中学，从各种各样的活动中，从实践中获得知识经验。老师创设一定条件，让学生完全参与其中，通过实践来认识周围的事物，用各种感官，通过操作、观察，经历事物变化的过程，寻找内在的规律（物理实验、化学实验、生物实验等），建构空间观念（比如数学的长度、面积、体积，科学、地理等），发现其中的奥秘（比如细胞），体验情景、过程，体会情感，感悟哲理（语文、品德情景展现、实践活动等）。

操作要领：

1. 经过个人独立学习，会遇到一些疑难问题，需要找对子或组员商量探究，探究的方式很多，找学具观察操作，在黑板画图分析，查工具书，到一定生活情景中去体验等等。独立可以指一个人独立完成，也可以指一个"独立团"完成，群策群力。

2. 需要对子讲解帮助。

3. 需要两人或几人合作完成一个创意。

4. 为了有效地展示，互相协助。

5. 有组织、有总结地探讨。针对一个任务，在小组长的组织下，有组织地探讨，每个人发表自己的观点，其他人倾听，小组长做记录，归纳小组内的探讨成果，看哪个组有深度、高度、广度（包括想法的多样化，解决问题的方法多样化）。

（三）分享质疑，沉淀提升

操作要领：

1. 一个问题或任务。以团队形式展示分享，即全班同学围绕一个问题或任务，分别在小组内探讨，每个小组内会出现不同的见解或方法，然后每个小组总结之后汇报，全班会出现很多见解或方法，如果需要深入探讨的，主讲组员可以着重讲解分析，其他同学点评质疑，全班同学互动，既有"主讲小组"，也有"助讲小组"。

2. 多个问题或任务。如果有多个问题或任务也可以采用总分总的学习方式进行。"总"：就是全班同学都在小组内或者预习的时候参与学习所有任务。然后"分"：为了节省时间，保障人人参与，分享内容不重复，分享之前，再采用精细分工的方法，就是分配任务，每组负责主持一项或几项专题任务，进行再梳理研究之后，进行展示，展示过程中，又达到"总"：组与组之间可以进行互动点评、质疑，从而达到全班共鸣。

3. 板块教学，流水学习。还可以进行板块教学，就如复习课，六个小组，六块黑板，六项内容，流动学习。比如，四块黑板各有不同的过关任务，每个组的组长带领组员，针对一块黑板的任务，组织组员轮流汇报，人人过关；然后再带领组员去另一块黑板，针对第二项任务人人过关；接着去人人过关第三项、第四项……

4. 人人参与、尝试成功、感受快乐，启动思维、释放潜能。根据学科特点不同，教材内容不同，可以讲解、分析、拓展、点评、质疑、争辩、美读、演示、演艺、唱、画、跳、游戏、活动、操作、展示创作、出题等。

5. 分享的过程中学生要冷静，有自己的立场和发自内心的深思，可以补充、质疑，加上老师点拨、引导、提携或完善，达到对问题的透彻解决、举一反三，或者升华到一定高度。

6. 要培养学生敢于质疑、批判的精神，学生应该有自己独特的思想见解，不能被教材或老师的思想桎梏、奴化。

7. 分享后有整理、吸收、采纳、沉淀、总结。

（四）达标测评，反馈矫正

操作要领：

1. 针对目标口头反馈。

2. 针对目标纸面反馈、测评。

3. 出题方式有教研组统一出题，也有学生自己编题，对子互相出题等。

4. 当堂对子互相批阅。

5. 小组长收起来交给老师，审阅、核查、评价。

6. 对于共性的错误，集体纠错。

（供稿：海口市山高小学　辛淑娟）

智慧 4－2

"一单五环"课堂教学范式

近两年,作为课题研究的实验基地和课堂教学改革的研究基地,我校借助省教培院专业力量的指导,自觉回到教师发展的原点:教学教研,从教学现场寻找最满意的答案,逐步形成了富有英才特色的"3366"式校本教研模式,为探索将英才"自主乐学、习得方法"的学科课程理念落实到教育教学行为中的途径和方法提供了有效的研究平台,从而提炼了更符合英才实际的"一单五环"的高效教学范式和具体的教学策略,促进了教师专业的再成长、教学质量的再提高、学校内涵的再发展。

一、"一单五环"模式产生的背景

新课程改革的一个显著特征是学习方式的转变,简单地说,就是提倡"自主、合作、探究"为基本特征的新型学习方式。这对我校传统课堂教学模式提出了新的挑战。为此,我们对我校教学的现状进行了摸底调查,并进行了深入的分析和探讨,梳理出我校课堂教学存在以下几个主要问题。

(一)关于师生地位。一方面,教师扮演"执行者"和"传声筒"的角色,缺少必要的自由度,缺乏生命活力,教得辛苦。另一方面,学生扮演着"接受者"的角色,囫囵吞枣、死记硬背,没有情感体验和学习活动,学得痛苦。

(二)关于学习方式。其一,学生的学习方式主要为被动接受型,缺乏主动性和独立性，不利于培养学生的探索精神、创造能力和实际操作能力。其二，学习方式单调而缺乏变化，过多的重复操练是学生感到学业负担过重的主要原因。

（三）关于教学方式。一是目前各班级人数普遍较多，班级授课制难以照顾学生的个体差异，不利于因材施教，这是班级教学模式的"胎里病"。二是不能正确处理"知识与技能"、"过程与方法"以及"情感态度价值观"之间的关系，要么过于强调"知识与技能"这一单一传统目标，要么过于强调所谓"过程与方法"、"情感态度价值观"，造成"知识与技能"的虚化。第三，教师的教学存在很大的随意性，问题的设计指向性不明，缺乏张力。

（四）关于教学内容。普遍存在细而全，面面俱到、没有重点，课堂效率低下的现象。以"课时"为单元的教学内容设计，往往将完整的教材内容人为地割裂，学生只见树木，不见森林。教学案例严重脱离生活、生产与科研实际，不能反映学科在解决人类社会发展过程中面临的有关问题、提高人类的生活质量、促使人与自然和谐相处等方面发挥着重要的作用。

我们在发现问题的同时，也看到了我校很多独有的优势。我校有着深厚的文化底蕴和尊师重教的传统；教师爱岗敬业，学生刻苦勤奋；学校教育教学的规范化管理已经逐步向纵深发展，精细化管理已经成为一种学校文化。我们对建构符合我校实际的课堂教学模式充满信心。

自 2010 年以来，我们依据新课程的思想和要求，先后制订了海口市英才小学各学科教学行为准则，建立了较为科学、规范的集体备课制度，完善了中小学教学管理规范，搭建多种平台，采取多种手段，通过多种途径，利用各种机会对全校教师进行了系统培训，大力推进课堂教学改革。我们组织教师多次去课改先进地区和学校外出学习，反复揣摩、研究他们的教学改革和精神实质，在学习、借鉴他们的经验的基础上，探寻有效课堂的思想和理论源头，摸索有效教学实现的策略、路径和手段，继承和发扬我校优良的教育教学传统。最初，我们的想法是：让"教室"重新变成"学堂"，让"听课"变成"看课"；学生在学校里"自主乐学、习有所长"，让学生没有教师也能学习，让所有的教师都能上好课。这两种想法中，前者的核心是：课堂的主体时空必须是学生的"活动"，"活动"是学生在课堂中存在和发展的基本形式，是学生主动、直接参与的全面的学习方式,是学生获得三维教学目标的主要途径;后者的核心是:学生活动必须有序、有据、有方,要有一张"学习单","学习单"是学生学习探究的指针和引擎,是学习材料呈现的平台,是活动历程与结果的真实记录。这就是"一单五环"模式的产生路径。

二、"一单五环"教学模式的建构

（一）核心

以学生自主学习为根本,以学生对知识体系的构建为核心,以学生自我价值展示为动力,以教师的启发、引领、点拨为激活方式,以激励评价为手段,以整合教材形成知识导图为突破口,从呈现知识导图出发,到编制"学习活动单"结束,实现"自主乐学、习得方法"的学科课程理念,建构"一单五环"课堂教学运行机制,其中"自学指导"、"合作探究"、"展示提升"三大课堂核心元素的设计,将自主、合作、探究的课改理念化为高效课堂的实际生产力。

（二）解构

"一单五环"教学模式

"一单"是指一课一张"学习活动单",包括:课前预习单、当堂研究单、复习巩固单等;

所谓"学习活动单"教学,是指以"学习活动单"为媒介引导学生在"活动"中自主、合作学习,实现教学学习目标的过程。"学习活动单"有两个核心概念,一是"活动",活动是指"学生主动作用于教学内容的方式及其过程",包括内在的思维活动、物质操作活动和社会实践活动。"活动"是"活动单"的主题,通过"活动"促进学生发展是"学习活动单"的根本目标。二是"学习","学习"就是教师通过创设情境、点拨启迪、评价提升等手段引导学生自主学习,主要包括导趣、导思和导行等。充分发挥学生在教学中的主体性,教师在教学过程中的主导性是"活动单"的基本策略。

"五环"是指教师与学生的五大环节:1. 教师五大教学操作环节:"提出目标→导航指导→管理促进→引导评价→巩固拓展";2. 学生五大自主学习环节:"明确目标→自主学习→合作探究→展示提升→自我完善"。"五环"是教师引导学生从事学习活动,学生自主乐学,相铺相成。其中包含一切在课堂实践中,自觉地、积极主动地掌握社会、科学知识，并形成个体经验的过程。

"学习活动单"的实施体现出教与学过程管理的精细化、规范化；"五环节"导学质量预控，彰显了学校强烈的质量追求意识。"一单五环"既保证课堂导学的紧张有序，又彰显出开放性课堂的生动活泼，定向导学、互动展示、当堂反馈课堂运行模式彻底转变了我校的传统的教学方式和学习方式。

三、"一单五环"模式的操作要领

"一单五环"教学模式是完全建立在以学生为主体的一种教学策略，与一般教学模式不同，该模式是一项系统工程，包括课堂教学活动单的研制、班级学习活动小组的建立、活动内容的设计与执行、课堂教学效果的反馈与评价等。这些方面彼此之间既相互独立，又存在着相互关系，每个部分都有一定的规定与目标，只有认真部署、统筹协调，才能最大限度地发挥"一单五环"模式的效益，提高课堂教学效率。

（一）课堂教学"学习活动单"的研制

"学习活动单"是"一单五环"模式的技术关键，决定了学生活动的方向、方式，因此，自然也就成了课堂教学质量高低的决定因素。我校三个学科教学课堂"活动单"的基本结构包括：课题名称、学习任务、活动方式、课堂反馈四个部分的内容。其中"学习任务"是"学习活动单"的主体，学习任务的设计应符合学生的认知特点、学情，活动次数合理（一般来说不要超过 3 次）。学习任务要操作可行，活动形式应多样化，如科学探究、查阅资料、合作分享、演讲、讨论、竞赛、表演等。

语文学科"学习活动单"

25《古诗两首》学习活动单 读这两首古诗，轻轻地读，静静地想，看看两首古诗有没有相同和不同的地方，找出关键的字词来支持自己的想法。		
	《冬夜读书示子聿》	《观书有感》
知作者		
解题目		

品诗句 （摘抄诗句）		
明道理	做学问一定要有＿＿＿＿、＿＿＿＿的精神，一个既有＿＿＿＿，又有＿＿＿＿的人才是真正有学问的人。	源源不断的活水流进使池水＿＿＿＿＿＿＿。不断地读书，不断汲取新的知识，使人＿＿＿＿＿＿＿＿。
相同点		
不同点		

数学学科"学习活动单"

活动单6　整理和复习单 请认真阅读教材　　页至　　页内容，并把自己掌握的内容填写在下表中。		
内　　　　容	我的例子	我的提醒或错例
比例的意义和性质		
正比例和反比例		
比例的应用		

"学习活动单"研制实行学科组长负责制，其基本步骤包括：制订初案、任务分解、讨论定稿、反馈完善。

（二）班级学习活动小组的建立

班级学习活动小组是"一单五环"模式教学中学生学习活动的基本单位，小组合作学习是学生在课堂中学习、讨论的基本形式，也是提高学习效益的有效途径。实践证明，要充分发挥学习活动小组的作用，使其不仅仅停留在形式上，应做好以下几项工作。

1. 科学分组。结合学校和班级具体情况和学生的知识基础、兴趣爱好、学习能力、心理素质等，对学生进行综合评定，以2～4人为一组，同一组内的成员要相对稳定。

2. 推选组长。组长是学习活动小组的灵魂，是老师的帮手。学习活动小组成立后，每组要选一名具有较强组织能力、较高的责任心、成绩较好的同学担任小组长，负责全组学习活动的管理工作。一段时间后，也可以实行组长轮值制。

3. 合理分工。学习活动小组的合作学习有很多是常规性的,根据本组成员的个人兴趣、特长、意愿,以及合作学习的常规要求,对本组成员进行合理分工、各司其职。

只有这样,小组学习活动过程中,才能最大限度地调动学生的学习积极性、创造性,让学生的学习由被动变为主动;才能充分发挥组内成员相互帮助、监督、竞争、合作的热情,真正发挥小组学习的优越性。

(三)"学习活动单"的执行。

在课堂教学中的时间分配上,我们作了如下基本规定:教师讲授时间原则上不超过 15 分钟;学生每一轮次活动时间一般不少于 5 分钟;每节课留给学生自己总结的时间不少于 5 分钟;课堂诊断、反馈与检测时间通常不少于 5 分钟。

下面所示是我们建构的"一单五环"模式中每一节教学课例的基本活动模型:

教师	提出目标→导航指导→管理促进→引导评价→巩固拓展
学生	明确目标→自主学习→合作探究→展示提升→自我完善

首先,在活动之前教师要出示学习目标,充分调动学生大脑中的"前概念",使其明确学习目标,并对所学习的内容产生兴趣,形成探究的驱动力。

第二步,在教师的指导下,学生根据"学习活动单"提供的活动方案,根据自身条件和需要较自由地选择学习目标、学习内容、学习方法,并通过自我调控完成具体的学习目标。

第三步,自主学习完成后,在小组长的统一组织下,交流自主学习的结果,提出自主学习未能解决的问题,用"兵教兵"的方法,在相互展示、取长补短的过程中共同进步。在合作学习的过程中,老师要在各小组之间来回巡视,及时了解合作学习的情况,发现问题,及时解决;对合作学习效果优异的小组,予以表扬。

第四步,在经过小组合作学习并在对学习结果取得共识的基础上,各小组派代表结合"学习活动单"中的活动要求展示本组的学习成果(通常可到本组展示区展示)。根据学科不同、目标不同、内容不同,展示的方式也不同,概括起来不外乎读、写、说、画、演、唱、秀、辩等,教师进行适时评价。成果展示既能锻炼学生的思维能力、表达能力,还能增强学生的自信、激发学生的学习热情、提高学习效率。

第五步,各小组内部或小组间对展示的学习成果进行纠正、补充,指出问题在哪里? 正确结果是什么? 为什么会出现问题? 教师对活动结果进行情感性点评、对学生"自我完善"后仍不能解决的问题进行解惑,指出将来要注意的地方是什么? 并注意引导学生从活动成果中找规律,帮助学生归纳上升为科学理论与思想方法层面。

为了便于课堂教学操作和推广,在该模式实施初期,我们对上述基本活动模型进行了如下简化:

明确目标→导航自学→合作探究→展示交流→点评提升

简化后的模型对课堂教学中教师的活动与学生的活动进行了有机整合,教师除了在"明确目标"和"点评提升"中发挥主导作用外,在其他环节中都是"旁观者"。

(四)课堂教学效果的反馈与评价。

课堂教学效果反馈与评价是"一单五环"模式不可或缺的组成部分,是提高学生课堂活动质量的根本保障。课堂教学效果的反馈与评价通常包括以下几个方面:

1. 目的:主要不是用于甄别和选拔,而是为了促进学生个性化培养与全面发展。

2. 内容:体现新课程倡导的三维教学目标。

知识与技能——通过本节课的学习,学生是否已经掌握了学习目标中的学科知识? 学科技能? 掌握的程度如何?

过程与方法——通过本节课的学习,学生的思维过程、知识建构过程,学生进行探究学习的方法是否符合该学科的一般认知规律? 学生的认知策略、学习策略是否正确?

情感、态度、价值观——通过本节课的学习,学生是否能保持对所学知识的好奇? 是否具有旺盛的求知欲? 是否增强了战胜困难的信心和决心? 是否养成了实事求是的态度?

3. 标准:学生会学与学生学会。每个学生都能最大限度地获得知识、方法与能力,具有可持续发展性。

4. 主体：既有学校领导、教师，也有学生、家长、学习组长等多方参与的交互评价与反馈。

5. 方法：其反馈与评价的方式是多样化的，如：课堂观察、口头提问、成果展示、自评互评、纸笔测验等。

四、"一单五环"模式的实践意义

"一单五环"模式以"学习活动单"为学生的学习载体和引擎，以"合作学习小组"为基本学习单位，以"自主、合作、探究"为主要学习方式，以"课堂反馈与评价机制"为保障，充分体现了"教为主导、学为主体、个性发展与全面发展"相统一的教学理念。近年来，随着我校"一单五环"模式的深入实施，我校的课堂模式与课堂教学管理发生了根本性的改变。

第一，备课教案"不查"了，但集体备课更扎实了。过去为了防止教师偷懒，学校每学期都要定期检查备课教案。有了"学习活动单"以后，不需要检查了，"学习活动单"的研制本身就是集体备课的物化材料，活动单设计的优劣自有学生评说，没有活动单的课堂是过不了学生这一关的，"学习活动单"成了学校教学管理无形的抓手之一。一年下来，各学科的"学习活动单"都被要求保存在教导处，以学科基地为龙头，各学科还将各自的活动单相互交流，形成优质资源的共享。

第二，学生作业"没有"了，但学习成绩更优秀了。"活动单导学"模式将原来的课外作业设计在"课堂反馈"环节中，因此，各学科都不需要布置大量的课外作业，这极大地减轻了学生的课业负担，学生"课上忙，课后闲"。各学科的教学实践告诉我们，学生的组织管理能力、合作能力、探究能力、实践能力、表达能力等各项能力，包括考试成绩都更加优异，为素质教育的实践打开了一条成功道路。

第三，课堂教学"乱套"了，但学生心态更阳光了。各级参观培训学习的老师们在观摩了我校不同学科的课堂教学后，对学生在活动过程中所表现出来的主动和热情感到震惊。他们在评课时深有感触地说："这种模式的课堂看上去很乱，实际很有序。"同学们在完成"学习活动单"时精心操作、详细记录；合作讨论时有理有据、各抒己见；发言时争先恐后,此起彼伏;展示表演时熙熙攘攘,涌向黑板……。让人真正体会到了什么叫做将课堂还给学生。

第四,教师研究"辛苦"了,但脸上笑容更灿烂了。由于"学习活动单"是前所未有的一种教学策略,没有现成的东西可以借鉴,这似乎给教师尤其是老教师增加了工作"负担"。但我们所到之处,看到的不是抱怨,而是对自己专业成长的欣喜,有的老师用该模式参加优秀课评比获得大奖,有的老师发表了自己的研究论文,更多的老师则是对自己进行课堂教学改革所取得的喜人成绩感到无比自豪。

（供稿：海口市英才小学）

智慧 4-3

构建富有学科特色的课堂教学模式

课题组引进了海口市滨海第九小学荣获"2014年度海南省优秀成果奖"的省级课题《构建高效课堂教学新模式》成果，从海秀中心小学的实际出发，根据语数外三个学科的教材类型构建起一个个与之对应的，有着较为稳定的教学活动结构和活动程序的有效教学模式，以便于教师掌握和操作，全面提高教学效率。

一、语文学科

（一）识字教学课堂教学模式

识字是阅读和写作的基础，是小学语文教学中重要的组成部分。然而，在实际教学中，识字教学的效率不高，主要表现为：学生识字兴趣不浓，生字回生的现象严重且错字、别字出现频率高。

集中识字和随文识字是现行教材中主要的两种识字形式，课题组语文学科的教师们经过反复的教学实践总结出了不同识字形式的高效课堂识字教学模式：

1. 集中识字高效课堂教学模式

字音课堂教学模式：找（在文中找出生字）——拼（借助拼音读准字音）——教（争当老师教读字音）——赛（争当播音员赛字音）。

字形课堂教学模式：示（学文，出示生字）——观（看字的结构是独体字还是合体字)——分解、溯源(根据字理将汉字抽象的笔画与相关的事物链接)——记(用最简便的方法记住字形)——写(范写书空强化)。

字义课堂教学模式：读——析(分析字的形成：象形字、会意字或是形声字等)——悟(领悟字词表达的事物)——用(用字组词并进行语言实践)。

2. 随文识字高效课堂教学模式

(1)激趣导入，整体感知。在教学的起始阶段，切合教材的实际，顺应低年级学生的心理特点精心设计导课，或用娓娓动听的语言，或用形象生动的多媒体课件，或用直观有趣的实物展示，或用色彩丰富的简笔画等，为学生的学习创设富有情境的意境。

(2)标注生字，定向记忆。在初读课文后，让学生找"两条绿线"中和"田"字格中的生字，用不同的符号标注出来，然后借助拼音自己反复拼读，读准字音，想办法运用各种识字方法定向记忆字形，培养学生主动识字的能力。

(3)识字游戏，音形结合。在教学过程中，用"闯关"、"摘苹果"、"采莲蓬"、"吃莲子"、"猜生字"等多种游戏形式让学生参与识字的全过程。先让学生读好带拼音的词；然后去掉拼音读词；去掉匹配的词读单个的字，最后再自主识字记汉字。在情趣盎然的识字活动中实现汉字音形的无痕匹配。

(4)借助课文情景，音形义融合。在认读完生字后，让学生把生字送回到课文中，借助课文创设的故事情景，理解字义，并通过识读读、评议读、范读、齐读等方式，在感悟课文内容的同时，回顾字形，复习字音，领会字义，实现音形义的融合。

(5)指导书写，强化记忆。读完课文后，腾出专门的10—15分钟时间进行生字的书写。先书空，后描摹，并出示重点字的书写要领，最后在田字格中抄写。写完后展示，看谁的字规范、整洁，让写得好的同学介绍经验，通过师生、生生的互相评价，不断提高写字质量。

(6)课外延伸，提高效率。课后，教师根据所学课文的内容或这一课生字的共性设计相关的识字实践活动。在生活中找一找、认一认、写一写，引导学生大量识字，让课堂识字教学焕发出鲜活的生命力。

(二)阅读教学课堂教学模式

阅读教学是小学语文教学的重要组成部分，阅读教学的好坏直接影响到语文教学质量的优劣。和中年段阅读教学不同的是,低年段的阅读教学是以识字、朗读教学为重点的阅读教学。因此,围绕着落实《课标》要求,秉循"阅读与识字同步;识字写字与朗读并重"的原则,我们课题组老师反复实践探索,研究总结出了低年段阅读教学的高效课堂教学模式:

第一课时:

1. 激发兴趣,导入新课。教学伊始,通过教师精心设计,采用设疑、故事、表演、创设情境等多种形式最大限度地激发学生的求知热情和兴趣,使得课课开头都精彩,以求得最好的教学效果。

2. 初读课文,读准确,初识生字。初读环节承担着读准课文、读通课文和初步感知课文的任务,为下一步的重点研读乃至全文的学习打下基础。在这一阶段,让学生借助拼音把所标注出来的生字读准,正确地朗读全文。通过拼读识记,对生字的字音字形进行识记。此环节中,教师可根据低年段学生的特点,通过开火车,同桌比赛,争当小老师等多种游戏方式把课文中的生字词、长句子、难读的段落等通过检查预习的方式呈现出来,强调和提醒易读错的字音。让学生练习把课文读顺读通。感知课文的大致内容。

3. 再读课文,读流利,熟悉生字。逐段(句)朗读:试读,可用自由读、指名读、引读等方式进行。出示段中难度的词句,巩固字音,相机指导识字,渗透识字方法。根据段落特点,比如生字的密集度、朗读的难易度、在文中的重要性等适当采用指名读、引读、齐读等多种形式读课文,直至读得通顺连贯。朗读全文,回顾整体:方式可根据教学情况灵活选用,比如在老师的引导下读、指名学生分段读、分大组比赛读、用自己喜欢的方式等读通全文。复习生字词:此时生字已经比较熟悉了,检查的面要宽,面向全体,尤其给后进生巩固展示的机会。

4. 指导书写,掌握生字。可根据本课识字量选择部分要求书写的生字指导书写。基本步骤:观察——提示——书写——展示——评价——书写。

第二课时:

1. 复习巩固生字词。可采用开火车或者其他简单易行高效的方式认生字,并口头组词、扩词。将本课要求会写的字与以前学过的字组词让学生朗读,听写上节课写过的字等。

2. 精读课文,读出情味,掌握生字。此环节教师可通过提问、看图谈话、学生朗读指定段等手法引出相关段落,并根据课文特点、课后习题,抓住重点词句段,采用多种形式有感情地朗读,积累语言,仿说、仿写重点句式。以钟艳老师执教的《欢乐的泼水节》为例:第一自然段的精读中,钟艳老师除了对这一段进行正音外,重点抓住了"一年一度"这个关键词作为教学的支撑点设问,引导学生理解文章内容,以学词带动学句学段。在重点段落第二自然段的教学中,通过第一轮的分句读、评价、落实字音教学并相机进行生字的字形、字义教学。如"桶"和"瓢"通过出示实物图,让学生图和字对照,观察发现字形的特点,达到识记效果;"互"通过联系上下文理解"互相"的意思,并结合"你怎么对我,我也怎么对你"的字义更加牢固地识记了"互"的字形。第二轮抓动词读,由重点词语入手,结合看图,理解词义,积累词语。

我们不难发现,精读阶段进一步巩固字音,借助字理和语言环境教学字义,引导学生学会运用词语等。低年段的阅读教学,从本质上说属于识字教学,文本主要是为识字提供一个环境,所以其教学过程中识字活动要反复出现。

3. 指导书写,掌握生字。这个环节,老师重点指导前面阅读教学中随文已经进行了音、形、义教学的生字,通过齐读生字、教写字方法、学生练写、展示作品等环节进行识字效果的进一步巩固。

4. 布置作业,适度拓展。结合低年级学生的特点教师可有目的地结合课文布置一些口语表达型的作业,让学生在家中进行口语练习。可以给一些枯燥的作业创设一定的情境,以调动学生的积极性。对于故事情节性较强的课文,可以让学生在熟读课文、理解课文的基础上亲自演一演。课内可以与课外相结合,让学生在课余、课外通过丰富多彩的作业形式,巩固、应用所学的语文知识,促进能力的发展。

"教育有模,但无定模;无模之模,乃为至模。"我们这里展示的也只是低段阅读教学的一个常用模式而已,根据教学内容及具体要求的不同,阅读教学结构也会是灵动的,所以特别需要我们的创造力,只有用心,课堂才会异彩纷呈。

二、数学学科

(一)计算教学的教学模式

提高小学低年级学生计算能力,主要从这三个方面入手:

1. 丰富形式,激发学生兴趣

单纯的计算练习相对比较枯燥,往往会使学生产生厌倦感,容易疲劳。因此对于低年级学生来说要丰富计算形式,激发学生计算的兴趣。具体措施有:

(1) 编口诀,帮助学生记忆。针对低段学生喜欢背儿歌的特点,我们可以把某些教学内容编成儿歌的形式让学生记忆。比如:罗丁转老师在进行一人多次更进课堂"10 的加减法"时就用"凑十歌"来帮助学生进行记忆:"一九一九好朋友,二八二八手拉手,三七三七真亲密,四六四六一起走,五五凑成一双手。"

(2) 学具操作,帮助学生弄清算理。低年级学生以具体形象思维为主,抽象思维能力较差。因此,在教学时要根据低年级学生特点采用操作学具的方式来进行教学。我们一年级要求每位同学都准备 10 枚磁铁,课堂上进行操作,每位教师也统一购买了配套学具,利用有效的操作活动来帮助学生弄清算理,提高口算教学质量。

(3) 口算游戏,调动学生积极性。采用多种训练形式代替以往单一练习的形式,结合学生的特点设计一些小游戏、小活动,让他们在愉快轻松的氛围中学习,可以增强趣味性,寓教于乐。常用的游戏如:"对口令"、"开火车"、"找朋友"、"口算自选商店"、视算训练、听算、抢答等形式。这些游戏都是低年级小朋友乐于参与的,各种训练形式交换进行,激发了学生学习口算的兴趣。

2. 坚持不懈,加强口算训练

口算能力的提高不是一蹴而就的,需要一定数量的口算练习。只有持之以恒地天天练,时时练,才能真正地提高学生的口算能力。

(1) 形式多样,激发兴趣。一是视算。教师出示口算题,让第一个学生口算第一道题,随后第二、三……个学生分别计算教师出示的每一道题。这种形式的口算时间短、练习面广,但每一个学生只轮到一道题,轮不到的学生思想就不容易集中。二是听算。教师口报习题,如:5+3、6+6、9-8 等等,学生听题写得数,教师口报习题的速度可根据学生计算的实际情况调节,可训练学生的反应能力并提高计算速度。三是抢答。教师出示口算题后,如:7+8,先让同桌两个同学口答得数,看谁算得又对又快。然后四人小组比赛,进而发展成擂台式的抢答,最后评选出数名"口算能手"。四是用手势表示得数。教师出示口算题后,要每个学生举手表示得数,一方面每个学生都有机会做题，另一方面，谁对谁错老师一目了然。五是接力赛。$6-4=($ $)+3=$ $(\quad)-1=(\quad)+7=(\quad)-4=(\quad)$，每组发一张同样的题纸，从每组的最后一个同学开始逐个向前传递填写，比一比哪一组正确率高速度快。这种形式的口算比赛，气氛浓，能充分调动学生的积极性。同时，帮助学生树立集体主义观念，教育学生只有大家齐心协力，共同努力，才能夺取第一（中间有一人出错，后面同学就会跟着错，比赛中允许后者纠正前面同学的错误）。

（2）探索规律，提高速度。口算教学与训练应当使学生在理解的基础上掌握计算方法，在应用中进一步理解、巩固算法，找出规律，逐步简化思维过程，形成口算技巧。如一年级学生用"凑十法"计算 $9+3$，初学时需要详细说出计算过程：因为 9 和 1 合成 10，把 3 分成 1 和 2，9 加 1 得 10，10 再加 2 得 12，这是具体数目 9 加 3 的计算。通过实际操作好找规律，简化思维过程，只要思考把 3 分去 1，1 与 9 凑成 10 后，剩几就是十几，这就是从具体到抽象。找出规律："看大数，分小数，凑成十，加剩数"，最后省略思维过程，直接得出 $9+3=12$，又从抽象到具体，即用规律去进行计算，学生在掌握了一些计算规律之后，还能自行找出更多的计算规律，并能大幅度提高计算速度，从而达到熟练程度。

3. 养成良好习惯，提高口算的正确率

（1）常抓不懈，训练有序。常言道："熟能生巧"。要想让学生做计算时达到脱口而出的程度，不是一朝一夕就能养成的，需要学生天天练，教师天天查，发现错误和漏洞，及时纠正，不能只是学生练而老师不查，这样做发现不了问题，效果不会很好。我们科组规定每周五是我们的口算测试时间，做到每周一测，了解学生的训练情况。

（2）重视学习习惯培养。教育他们养成"看清题目、计算仔细、书写整洁、自觉检查"的良好习惯。检查作业要争取做到算完一步及时"回头看"，及时纠正错误，保证计算的正确。

（二）解决问题的教学模式

根据新教材的特点和学生的实际，在"解决问题"的教学中，可以用："创设情境——收集信息——提出问题——探究解决——展示交流——检验评价——拓展练习"的教学模式进行教学。

第1步：创设情境。开始上课时，可以借助主题图或教学课件来创设生动有趣的教学情境，把抽象的数学知识与生活实际联系起来。如果没有这样的设施条件，我们可以用语言感染力去吸引学生，如以故事或谈话式的简单有效的导入也是可以的。情境图和教师语言都是在为学生思维提供线索的。

如：一年级下册第77页的解决问题，欣赏学生手工作品，介绍这是二年级的哥哥姐姐们在手工课上自己动手折的，你们想知道他们是怎样完成的吗？（想）这样就很好地引入新课了。

第2步：收集信息。课堂上，对一年级学生的看图能力要重点进行培养和训练，我们应在看图的顺序、看图的角度上加以引导，要注意把收集信息的机会留给学生，引导学生对所有信息进行筛选、提取有用的信息。同时培养学生认真观察、从数学角度思考问题的习惯，提高收集信息、处理信息的能力。如：《认识人民币的解决问题》的教学中，可以先问："你知道了什么？"再问："用13元钱正好可以买哪两种杂志？'正好'是什么意思？"教师引导学生养成认真推敲、咬文嚼字的习惯，才能真正理解题意。

第3步：提出问题。教材中经常会有"你能提出哪些数学问题？"这样开放式的提问。这样的问题，在教学中不但不应该被忽视，还应该被重视起来。我们要引导学生根据数学信息提出有价值的数学问题，不管学生会提出什么样的问题，或者有的甚至现在他还无法解答，我们都应该给予肯定。有的学生一开始自己提出问题不知所措，这时可以让好学生进行示范，教师进行点拨，引导提问的角度，相信孩子总会顿悟的。

第4步：探究解决。这是"解决问题"教学的一个中心环节，是让学生独立思考、动手实践与合作交流的过程。在这个过程中教师要鼓励学生从不同的角度，用不同的思路，联系不同的相关经验，探索问题的多种解法。比如：《同数连减的解决问题》教学中，要引导学生探索问题的多种解题方法。

第5步：展示交流。展示交流是一个共享的过程，它能让问题得以全面、彻底的解决，也是一个张扬个性，体验成功的过程。交流时要有展示、有陈述、有汇报、有倾听、有辩论（甚至是争论）、有评价、有欣赏、有鼓励等，最终选择出最优化的策略和方案让大家共享，让每个学生都得到发展。比如：《认识人民币的解决问题》教学中，可以让孩子交流不同的解题方法。

第 6 步：检验评价。在检验和评价的过程中，我们要指导学生评价方法的合理性、多样性和优化性；还要指导学生学会检验的方法，让学生从一年级开始养成检验的好习惯。

第 7 步：拓展练习。拓展练习是一个巩固提高、迁移发散、进一步提升的过程。我们在教学过程中可以设计模仿性练习、对比性练习、变式性练习、拓展性练习。拓展性练习是本课堂教学的深化环节，也可以延伸到课后让学生去实践、去探索，甚至是以后课堂上解决问题的开始。

（供稿：海口市滨海第九小学　孙丽华　周萍　王寒秋）

第五章 课堂监控：用"口令"来改变学习

"课堂口令"因其内容明确、语言精练的特点，尤其在大班额课堂中，发挥着十分重要的作用，可作为一种有效的课堂监控手段。"课堂口令"可以用于调控纪律、评价鼓励等具体教学活动中。项目研究过程中，一些学校针对学校"课堂教学管理欠规范、学生学习习惯不好、听课效率低下"等实际问题，探索并形成了成熟可复制的经验，即以课堂口令来构建有序课堂常规，达成高效的课堂管理。

- 智慧 5-1 小口令在课堂教学中的应用
- 智慧 5-2 用"口令"来改变学习
- 智慧 5-3 巧用课堂口令，提高教学效率
- 智慧 5-4 课堂调控：用口令来改变学习
- 智慧 5-5 设计课堂口令，营造精彩课堂

美国著名的行为主义心理学家斯金纳认为，动物和人的行为都是可以操纵的，且有应答性与操作性之分。其R-S型强化理论（Reinforcement theory）的核心在于操作条件下某种预期行为的习得与养成，其中，合理强化和及时反馈起着定向、定势和催化的作用。由于课堂管理主要是保持和培养学生合理有效的学习行为，课堂口令能创设操作条件反应型学习情境，让学生依照预设程序自发做出外部反应，并采用相应的强化程序对预期行为即时予以强化，使学习成为操作强化过程。其中，教师必须密切注意学生的操作行为，并遵循强化程序原理，合理而恰当地予以强化。

在此次的"原点教学"的帮扶实验项目中，山高小学、英才小学与滨海九小针对被帮扶学校"课堂教学管理欠规范、学生学习习惯不好、听课效率低下"等实际问题，不约而同地向其对口学校提供成熟可复制的经验——以课堂口令来构建有序课堂常规，达成高效的课堂管理。可以看出，课堂口令在课堂管理、课堂监控中确实发挥着重要作用。

一、课堂口令作用

（一）用于调控纪律

1. 课堂口令起到以情唤情的作用。以情感人，以情管人，以情唤情，对学生处理，更少不了一个"情"字领先，从语意到行为都要使学生感到教师是在关爱他，使其主动配合教师的课堂管理。2. 课堂口令起到轻敲响鼓的作用。教师在教学过程中把声音的音质、音量、声调、语音和节奏等加以组合变换，把声音的声、色、情融为一体，运用到语气上,用含蓄的方法对学生出现的违纪行为进行诱导和影响。学生听到教师"弦外之音",从而领会到教师的意图和良苦用心,及时改正自己的错误行为。这种办法既巧妙地解决了那个学生自己的问题,又不至于影响其他人的注意力。3. 课堂口令起到声东击西的作用。课堂上学生出现做小动作、接话茬、喧闹、过分放肆等违纪现象,教师理应当机立断处理。课堂管理能传达管理信息,是课堂上师生互相感知的意识信号。教师应慎重地考虑学生的情感和自尊心,采用声东击西的方式,使对方知道他的行为已被老师注视而应立即纠正。

(二)用于教学活动

课堂口令不仅调控课堂纪律,教师也可以使用口令进行教学内容的复习巩固。课堂口令在小学课堂特别是大班制课堂起着重要的作用。比如,小学生很容易忘记正确的书写姿势,而一条简单的口令——"拿起手中笔,做到三个一"则能够帮助学生意识到要摆正书写姿势。比如,英语课上将攀登英语中学过的歌曲童谣中的简单句(如:Happy, happy, happy birthday! Wish, wish, make a wish.)作为课堂口令,既可以让学生温故而知新,又能起到运用的作用。

(三)用于评价鼓励

老师对全班或小组下达的口令,能够使学生明白自己是团队里的一员,应该服从并按要求完成。各小组的口号也是一种口令,组员在呼喊口号时,能增强小组凝聚力,形成团队精神。口令是师生共同约好的"暗号",联结了师生之间的感情,增强默契度,学生在这气氛中,会感受到老师的信任、接纳和关爱。教师在课堂教学中,运用课堂口令对学生行为进行反馈,比如"夸夸他,顶呱呱"、"竖起大拇指,夸夸我自己"等评价提示,给学生良好的强化,促进学生自信心增强,在课堂更为积极向上,形成良性循环。

二、课堂口令种类

课堂口令并非机械生硬,而是一个发展完善的过程。每个学校的学校特色、学生个性、文化风格不同,其课堂口令也不尽相同。将几所学校课堂口令汇总整理后,总体上可以分为以下 9 类。

口令类别	教师	学生
1. 课前提示	1. 课桌椅	摆整齐
	2. 文具齐	不吵闹
	3. 安静坐	静心等
2. 安静提示	4. 请坐好	就坐好
	5. 小眼睛	看老师
	6. 小嘴巴	不说话
	7. 三二一	我安静
	8. 最高境界	静悄悄
	9. 时间到	停一停
	10. 欲穷千里目	更上一层楼
	11. 一寸光阴一寸金	寸金难买寸光阴
	12. 台上三分钟	台下十年功
	13. 鸟欲高飞先展翅	人求上进先读书
	14. Look at me.	Look at you.
	15. ABCD	EFG!
3. 倾听提示	16. 同学言	安静听
	17. 眼睛看	耳朵听
	18. Eyes on me.	Eyes on you.
	19. Listen to me.	Listen to you.
	20. One, two, three.	Eyes on me/Three two one.
4. 读书提示	21. 读书要注意	头正肩平足安
	22. 书本拿在手	稍稍向前倾
	23. 读书要三到	眼到, 口到, 心到
	24. Follow me.	Follow you.
	25. 张开嘴巴	一起读

续 表

口令类别	教 师	学 生
5. 坐姿提示	26. 身坐正	手放平
	27. 小小手	放桌面
	28. 一二三	坐端正
	29. 一二三	我坐好
	30. 要想身体好	坐姿要端正
	31. 手放平	腰挺直
	32. 放下笔	坐端正
	33. 五四三二一	小手小脚放整齐
	34. 头安正，身安直	小小眼睛看老师
	35. Come back chair.	Hands on desks.
	36. Sit up straight	One two
6. 写姿提示	37. 写字三个一	一寸一拳一尺
	38. 手离笔尖要一寸	胸离桌边要一拳
	39. Show your fingers.	Show my fingers.
7. 发言提示	40. 小火车	开起来
	41. 有疑义	举手表
	42. 要发言	先举手，一句一句讲清楚
	43. 同学发言	仔细听
	44. Who can try?	Let me try.
8. 评价提示	45. 表扬他	顶呱呱
	46. 竖起大拇指	夸夸我自己
	47. Give me five	Five, five, yeh(ten)！
	48. Let's play a game	Game, game, yeah!
9. 交流提示	49. 请你跟我拍拍手	一二三四五六七
	50. If you're happy and you know it, say haha	Haha

三、课堂口令设计及使用应注意事项

（一）课堂口令设计注意事项

1. 规范行为,培养习惯。良好的学习习惯是伴随孩子一生的财富。对学生的学习习惯应在不同的领域不同的方面进行规范与培养,课堂教学上也不例外。口令设计应涉及课前准备、课中学习、课后收拾、坐姿握笔、认真倾听、回答问题等方面。通过师生互动、口令的对接,逐渐规范学生的学习行为,养成良好的学习习惯。2. 突出重点,加强记忆。在教学中,如何把教学重点讲懂、讲透、讲活,是每位教师追求的境界。在口令设计中,融入教学重点,不仅能帮助学生记忆,给学生带来事半功倍的效果,还能让学生感觉新鲜有趣,调动学生的学习积极性。3. 分散难点,帮助理解。在教学中,对于一些难以理解、容易出错的教学难点,如果用课堂口令的形式加以归纳总结并灵活运用,能够从最佳的角度切入难点,使学生的思维更加清晰、记忆更加牢固。通过顺口溜一样的口令去突破难点,不仅可以减轻学生的学习负担,还可以提高学习效率。4. 凸显特色,形成风格。对于规范行为、养成习惯、调控纪律的课堂口令,我可以结合学科特色或者学生个人喜好,凸显特色,形成风格。如,有些语文老师喜欢将学生耳熟能详的唐诗宋词作为口令,有些音乐老师喜欢把一些欢快轻松的歌曲童谣作为口令,有些数学老师喜欢把加法、乘法作为课堂口令等。

（二）课堂口令使用注意事项

1. 注重适度性与针对性。口令的使用要适度,并非越多越好,并且要有针对性,否则有可能会影响教学进度。试想,一个充斥着大量口令的课堂会让教学活动变得不连贯,而口令应该是衔接教学环节的工具,因此教师要注意对课堂中的口令的数量和使用时间进行把握。2. 适应小学生身心发展规律。低年级段与高年级段学生应该有区别运用。一、二年级学生天真、活泼、好动,对课堂活动充满兴趣,选用的小口令宜简单,主要为了调控纪律及评价;三、四年级,学生由形象思维向抽象思维过渡,学生更倾向对学习内容产生兴趣,师生之间的交往、互动都指向学习活动,因此,小口令不宜太多,而且可以恰当地选用小口令来进行教学;而五、六年级的学生,已经形成了良好的

课堂学习习惯，小口令宜少而精，学习某些新的内容时，可以选用熟悉的小口令模式来操练，这样既可以活跃课堂气氛，又可以以旧带新，使新旧知识有序衔接。3. 注重调动学生积极性。在课堂上，老师要把口令运用好，避免教师唱"独角戏"，让孩子更好地运用口令参与到课堂学习中来，让孩子们在读书、写字、习文的培养上都能养成良好的生活、学习习惯。当然，也无需为了"小口令"而"小口令"，机械使用，造成学生对其产生"听觉疲劳"。

四、具体学科课堂口令运用

定安县龙门镇中心学校在此次的"原点教学"的帮扶实验项目中，积极接收示范学校的先进课堂管理经验，尝试开展农村小学英语课堂口令实践与运用，力求开辟提高农村小学英语教学效率和学生学习英语兴趣的新方式。以下是该校严仁丽老师的尝试：

1. 课堂上巧用口令，吸引学生注意力，提高教学效率

（1）课堂上，运用口令，激发学生热情。相对来说，小学生们的玩心较重，一到上课时间，大都奔跑进教室，教室里叽叽喳喳的。这时英语课上老师运用口令起立：

Teacher：Ling, ling, ling.	Students：Class begins.
Teacher：Stand up.	Students：One two.
Teacher：Sit down, please.	Students：Thank you.

接着老师要求学生做好课前准备：

Teacher：Are you ready?	Students：Yes, we are ready.
Teacher：Take out your books.	Students：Take out my books.
Teacher：Time for class.	Students：Ready for class.

这样就吸引学生们一下子集中到课堂中来，也激发了他们的上课热情。

（2）课堂上，运用口令，维持课堂纪律。我们都知道小学生活泼好动，特别是

低年级的学生,自制力差,容易兴奋,活动起来,课堂秩序很混乱。如学生在课堂上吵闹,那教学就无法进行。这时相应地使用口令,可以让学生们集中注意力,有效地管理好课堂纪律。例如在要求学生认真倾听时,可以说:

Teacher：Quiet, quiet.   Students：Be quiet.

Teacher：Look at me.   Students：Look at you.

Teacher：Listen to me.   Students：Listen to you.

（3）课堂上,运用口令,提高教学效率。在农村小学学习条件和环境相对落后的状况下,英语课上如何调动学生学习积极性和提高教学效率是每位农村小学英语教师面临的一道难题。而将口令对话引入英语课堂教学中来,是一种行之有效的形式。它有利于调动学生的学习积极性,提高学习效率,有利于良好群体的形成。例如在课堂上,学生写字姿势不端正时,可以说:

Teacher：One, two, three.   Students：Sit up straight.

在强调课堂学习行为时,可以说:

Teacher：Are you ready?   Students：Yes, I am ready.

Teacher：Open your book.   Students：Open my book.

Teacher：Close your book.   Students：Close my book.

Teacher：Let's play a game.   Students：Hurry.

这样的口令对话模式既能活跃课堂氛围,又能激起学生们的注意力,进一步提高教学的效率。

2. 教学中巧用口令,激发学生兴趣,提高教学效率

（1）教学中,运用口令,提高学生学习兴趣。小学英语教材是根据话题编写的,每个话题都与小学生的现实生活紧密相关,所以我们在授课时一定要使教材内容与小学生的现实生活结合起来,同时运用相应的口令,这样学生才会对所学内容感兴趣。例如在讲"问候"话题时,教材内容是这样的:"What is your favorite food?"课文中出现了很多西方式的问候语,这些都与我国日常问候语有很大的差异。我们可结合实际情况,把当地的农村日常问候语运用口令的方式渗透进去（如：Hello! /Hi/Good morning...）,这样课堂教学的趣味性会更加浓厚,学生的

学习兴趣也极大提高。

同时我们也可以把口令运用到学生真实的生活情境中,这样不但能增加知识的趣味性,而且能迅速提升学生的综合语言实践能力。如学习"食物"话题时,教师把教室装扮成饭店,让学生分别扮演顾客和服务员进行口令的对话,如:

Customer：Can I help you?　　　　　Waitress：Yes, please!

Customer：What would you like to eat?　　Waitress：I'd like some …

在这样的情境中,学生学习英语的兴趣自然会很高。

(2) 教学中,运用口令,提高学生对答能力。在教学的过程中,我们还应该相应地使用口令对学生进行提问。例如在课堂上老师向学生提问,可以说:

Teacher：Is everyone here?　　　　　Students：Yes.

Teacher：Who is on duty today?　　　Students：We are.

Teacher：Who can answer this question?　Students：Me.

Teacher：Who wants to try?　　　　Students：Let me try.

Teacher：Do you understand?　　　　Students：Yes.

这样的提问对答模式,强化了学生的口语练习,也极大地提高了学生的对答能力。

3. 交流中巧用口令,激励学生学习,提高教学效率

(1) 交流互动中,运用口令,调动学生主动求知的积极性。在与学生交流互动中,我们应该注意相应地使用口令对学生进行学习激励。例如考试的激励(Come on/Take it easy/Don't be nervous);挑战的激励(Be brave/Don't be shy/Who wants to try);祝贺的激励(Congratulations!);赞扬的激励(Good job! /Excellent/Wonderful/Give me five)等等。这样的激励话语充分调动了学生主动求知的积极性,既激励了学生学习英语的激情,也提高了教师英语的教学效率。

(2) 交流互动中,运用口令,提高学生记忆能力。在与学生的交流互动中,教师适当地运用口令,对于启发学生的积极思维,强化对英语单词、句型的感知印象具有积极的促进作用。例如,我们讲授"story"、"picture"、"song"、"game"、"music"几个单词时,可以灵活地运用口令：Let's read the story./I'll tell you a

story；Now，we'll look at some pictures./Let's draw a picture；Let's sing a song；Let's play a game.在这些简而易懂的口令刺激下，学生们的思维被启发，很好地掌握了单词的意思，并快速记忆。因此，适当运用口令，在英语教学上会收到良好的效果。

智慧 5-1

小口令在课堂教学中的应用

　　作为一所省内为数不多的国家级外语教学示范校,我校很早之前就摸索建立起了一套行之有效的活动课课堂常规。其中的亮点就是在课堂中运用各种小口令来组织教学。因此,在这次的"原点教学"的帮扶实验项目中,我们首先就想到如何将我校这一比较成熟的经验复制推广到海秀中心小学,使那里的老师也能运用小口令来构建有序的课堂常规,达成高效的课堂管理。

一、小口令为何有助于课堂管理

　　课堂小口令源于军事口令,继承了军事口令内容明确,语言精练的特点。小口令朗朗上口,轻快活泼,节奏感强,符合儿童的心理特点,容易被孩子们所接受,用于课堂管理既有效又有趣。

　　理论基础:美国著名的行为主义心理学家斯金纳认为,动物和人的行为都是可以操纵的,而且有应答性与操作性之分。他提出了 R-S 型强化理论(Reinforcement theory),强化理论的核心在于操作条件下某种预期行为的习得与养成,其中,合理强化和及时反馈起着定向、定势和催化的作用。

　　由于课堂管理主要是保持和培养学生合理有效的学习行为,强化理论对于课堂管理口令的意义在于:课堂管理口令能创设操作条件反应型学习情境,让学生依照预设程序自发做出外部反应,并采用相应的强化程序对预期行为即时予以强化,使学习成为操作强化过程。其中,教师必须密切注意学生的操作行为,并遵循强化程序原理,合理而恰当地予以强化。

二、应该如何使用小口令走进课堂呢

（一）小口令的作用

开始帮扶工作之后,我们教研组多次组织海秀中心小学的英语老师们到校开展听评课等教学观摩活动。海秀中心小学的老师们发现我们的课堂基本上能做到收放自如,活而不乱,而其中主要的原因就在于授课老师能在课堂中充分地利用小口令来及时调控学生。

我们归纳总结了小口令的作用主要有以下三点:用于调控纪律;用于教学活动;用于评价鼓励。

（二）小口令的使用应有年级之分及使用注意事项

由于小学阶段的学生年级跨度有六岁之多,我们在小口令的选用上应当考虑到不同年龄段学生的心理特点。一、二年级学生天真、活泼、好动,对课堂活动充满兴趣,选用的小口令宜简单,主要为了调控纪律及评价;三、四年级,学生由形象思维向抽象思维过渡,学生更倾向对学习内容产生兴趣,师生之间的交往、互动都指向学习活动,因此,小口令不宜太多,而且可以恰当地选用小口令来进行教学;而五、六年级的学生,已经形成了良好的课堂学习习惯,小口令宜少而精,学习某些新的内容时,可以选用熟悉的小口令模式来操练,这样既可以活跃课堂气氛,又可以以旧带新,使新旧知识有序衔接。

（三）小口令的设计

根据以上分析的情况,我们将小口令分为三大类,整理出来供不同年级的老师自由选择使用。

1. 纪律调控类:训练到位的话,能快速将学生带到有序的学习状态。

课前准备：　师：Are you ready?　　　　　生：I'm ready.

	师：Time for class.	生：Ready for class.
	师：Books, books.	生：On the desk.
	师：Hands, hands.	生：On the desk.
提醒关注：	师：Eyes, eyes, Look at me.	生：Eyes, Eyes, Look at you.
	师：Ears, Ears, Listen to me.	生：Ears, Ears, Listen to you.
	师：One, two, three.	师：Attention.
	生：Three, two, one	生：One, two.
	师：One, two, three.	师：Quiet, quiet.
	生：Sit up straight.	生：Be quiet.

2. 教学类：优点在于节奏感强，学生容易上口。

字母拼读：B B B /b/b/b/   C C C /k/k/k/

单词跟读：cat—cat/cat/cat/   dog—dog/dog/dog/

　　　　　do—do/do/do/   did—did/did/did/

句型强化：Birds, birds, birds.

　　　　　Fly, fly, fly.

　　　　　Birds can fly.

　　　　　Red light stop.

　　　　　Green light go.

　　　　　Yellow light wait.

教学环节衔接： 师：Look and listen.   生：Look and listen.

　　　　　　　 师：One finger, One finger. 生：Point, point.

3. 评价鼓励类：可以活跃气氛，营造和谐气氛。

师：Good, Good.   生：It's good.

师：Wonderful, Wonderful.   生：You're Wonderful.

师：Come on.   生：Come on.

师：Good luck.   生：Good luck.

三、小口令的推广应用

1. 海秀中心小学的老师们非常认同小口令的作用，并在自己的课堂中使用。我们在王敏老师及吴佼虹老师上的公开课上，都看到了小口令调控课堂的神奇"魔力"，看到了巧用小口令，课堂形成的轻松和谐的氛围。

需要提醒学生时，老师下达的口令"Eyes, Eyes, Look at me."孩子们应声而答"Eyes, Eyes, Look at you"，能马上将开小差的孩子带回到学习状态中来。而"Attention, one, two."又能将正在热烈进行小组活动的孩子们带到安静的分享环节中。不需要老师声嘶力竭，不需要责备训斥，教学环节衔接得自然安静有序，不浪费课堂时间。

现在的海秀中心小学，小口令已经进入了每一堂英语课，深受师生们的喜爱。

四、对小口令的再认识

1. 根据课堂中使用小口令的一些现象，我们也认识到小口令并不是万能的，更不是低效课堂的救命草。小口令的使用应该适时、适度，不能乱用、滥用。我们观察发现，使用小口令能够更快地使全体学生进入到理想的学习状态中，但是学习状态的维持仍然要靠精彩紧凑的课堂设计。如果课的结构松散，不严谨，不吸引学生，光靠喊口令来维持课堂纪律，只会降低学生对口令的敏感度，最后听而不闻，麻木应对。

2. 小口令对学生的个人成长有着积极的作用，主要体现在以下几方面：（1）养成团队意识。老师对全班或小组下达的口令，能够使学生明白自己是团队里的一员，应该服从并按要求完成。另外，各小组的口号也是一种小口令，组员在呼喊口号时，能增强小组凝聚力，形成团队精神。（2）获得自主学习的乐趣。小口令是师生共同约好的"暗号"，联结了师生之间的感情，增强默契度，学生在这气氛中，会感受到老师的信任、接纳和关爱。当师生共喊小口令时，学生明白老师的要求，清楚自己该如何去做时，他会主动愉快地参与到每一个教学活动中，成为课堂的小主人。（3）形成敏捷的思维能力。在应用过程中,有些小口令的模式已经被学生熟悉了。在此基础上,老师常会根据教学内容做些调整。如熟悉的 Three, two, one./One, two, three.可以用本节课相关的内容,如：Apple, pear, orange./Orarge, pear, apple. Tiger, bear, lion./Lion, bear, tiger.等来代替。听到小口令时,学生的注意力要集中,要马上回应,并且身体要迅速做出反应,这些都有助于学生形成敏捷的思维能力。(4)培养学生自信心。"赠人玫瑰,手有余香",通过这次帮扶活动,我们也借鉴、吸收了海秀中心小学优秀的学校文化。两校英语教研组之间相互交流,共同成长。

小口令只是一种教学手段,我们无需为了"小口令"而"小口令",而是应该努力使用小口令服务于学生,服务于自己的课堂。

（供稿：海口市滨海第九小学 王寒秋）

智慧 5-2————————————————————

用"口令"来改变学习

一、我们课堂面临的实质问题

（一）班额过大，课堂教学管理没有规范化，学生还未养成良好的学习习惯、卫生习惯、礼仪习惯及生活习惯等。

（二）课堂教学方式仍以教师的教授为主，学生听课状态非常不集中，学生的参与性和积极性没有发挥出来，换言之，学生的主体地位没有凸显出来，教师的新课改精髓理念没有在课堂教学中得以体现。

二、考察学习，对比反思

（一）"原点教学"实验项目开始之初，我校的王德炳校长亲自领队，带上我校和侍郎小学一、二年级语文、数学，三年级英语的全体科任教师两次来到山高小学进行考察学习，县研训中心的邱梅金教研员参加并指导我们的考察学习活动。通过考察学习，让我们的老师了解到山高小学课堂教学的成效好，学生听课率高，得知他们能取得这么好的成绩主要是由于课堂常规抓得好，抓到位。对比反思一下我们的课堂，学生听课率多少？表现如何？反思后我们下定决心向山高小学学习，抓好课堂常规，规范学生课堂纪律，提高学生学习积极性，从而逐步提高我们的教学质量。

（二）从山高小学考察学习回来后，我们及时召开了全体科任教师会议，根据我们学校的实际情况，讨论制订下了我们的课堂常规制度和课堂常规口令，并印发到每一位科任教师手中，利用一周的时间进行课堂常规训练。在此期间我校的王德炳校长和曾祥富常务副校长经常到各班级去随堂听课，检查各班级课堂常规的训练落实情况，并加以督促和引导。

（三）为了验收课堂常规的落实情况，了解掌握学生的课堂表现，12月中旬我校组织开展了一年级语文、数学，三年级英语学科的同课异构活动，县研训中心的蔡兴飞副主任等领导也到校指导了活动的开展，在活动中老师们相互交流，相互学习，共同进步，经过几个月的课堂常规训练和学习，我们学生在课堂上的表现比以前转变了好多，坐姿端正、精神饱满，听课率也提高了许多，这让我们感到很欣慰。

三、课堂常规日渐规范

没有良好的学习习惯，就无法有效提高课堂教学质量。"课堂小口令"在山高指导团队的帮助下，第一次走进了永发，走进了孩子们的心里。无论是课前的准备，还是在课堂上的合作、探究、展示，各种不同的口令对孩子们的常规要求起到了极大的促进作用。

（一）口令内容

1. 组织口令

老师：请安静	全班同学：就安静
老师：请坐好	全班同学：就坐好
老师：一二三三四	全班同学：五六七七八
老师：一二	全班同学：一二三
老师：坐姿	全班同学：端正
老师：精神	全班同学：抖擞
老师：小嘴巴	全班同学：不说话

老师：小眼睛	全班同学：看老师
老师：请你跟我坐坐好	全班同学：我就跟你坐坐好
老师：one two three	全班同学：three two one

2. 上课口令

老师：坐姿	全班同学：端正
老师：精神	全班同学：抖擞
老师：小嘴巴	全班同学：不说话
老师：小眼睛	全班同学：看老师
老师：课本书	全班同学：放左边
老师：铅笔盒	全班同学：放中间
老师：脚放平	全班同学：背挺直

3. 发言口令

老师：要发言	全班同学：先举手

4. 倾听口令

老师：小耳朵	全班同学：认真听
老师：老师讲	全班同学：专心听

5. 读书口令

老师：读书姿势要做到	全班同学：眼离书本一尺远
老师：书本	全班同学：竖起来
老师：读书时，要牢记	全班同学：姿势正，三个一
老师：读书有三到	全班同学：心到 眼到 口到

6. 语言表达

能说完整的话，表达自然大方，声音响亮，口齿清楚，语言亲切，态度诚恳。质疑时，学会用"为什么……"、"我有一个问题：……"、"请问××老师（或××同学）"等句式。回答问题时，学习用"我读了这段话知道了（明白了）……"、"我是这样想的……"、"我体会到……"、"我还认为……"、"我有不同意见……"、"我补充……"、"我们小组的意见是……"等句式。

7. 写字姿势：身坐正、脚放平、头前倾

老师：写字注意三个一	全班同学：一尺一寸一拳头
老师：头正	全班同学：肩平足要安
老师：写字姿势要端正	全班同学：身体坐正书放平
老师：请你跟我来写字	全班同学：我就跟你来写字

8. 合作交流口令

组长：听清口令	组员：小声交流
组长：他人发言	组员：精心倾听
老师：小对子	全班同学：面对面

9. 下课口令

班长：一二三　快又静

（二）口令优点

有了山高小学指导团队带来的"课堂小口令"，我们的课堂就好像有了神奇的"魔法棒"。课堂上用小口令来组织教学，学生们像一个个训练有素的士兵，教学效果显著提升。无论是在纪律维持上，还是在教学效果上，都表现出它的优越性：1. 从小学生身心发展特点上来讲，低年级小朋友擅长动作记忆，口令使用过程中适当配上一些简单动作，有利于集中小学生的注意力，调动他们的积极性。2. 这迎合了低年级小学生的需要。因为他们在幼儿园阶段已经接触并适应像"一二三，坐坐好"等口令。一年级口令的使用，正好起到一个衔接的作用。3. 使用口令，可以使学生形成一种条件反射，教师一说到某句口令时，学生便会立马做出相应动作，这使得师生之间达成一种共识，便于教师更好地管理课堂纪律。

（三）注意事项

1. 口令的使用也要适度，要有针对性。试想，一个充斥着大量口令的课堂会让教学活动变得不连贯，从而影响教学进程，因此教师要注意对课堂中的口令的数量和使用时间进行把握。

2. 口令要适应小学生身心发展规律。低年级段与高年级段学生应该有区别运用。这样才能让孩子们在轻松愉快的生活中，在富有童趣的活动中，自觉地接受纪律的教育,养成良好的日常行为规范。

3. 在课堂上,老师要把口令运用好,让孩子更好地运用口令参与到课堂学习中来,让孩子们在读书、写字、习文的培养上都能养成良好的生活、学习习惯。

（供稿：海南省澄迈县永发中心小学　戴启潋　何家胜）

智慧 5 - 3

巧用课堂口令，提高教学效率

随着我国基础教育水平的提高，小学英语教育也逐步普及，绝大多数的农村小学都开设了英语课。如何提高农村小学英语教学效率和学生学习英语的兴趣？这是当前农村小学英语教师急需解决的实质性问题。因此，笔者就这一问题，尝试在当前农村小学英语教学中开展农村小学英语课堂口令实践与运用，力求开辟提高农村小学英语教学效率和学生学习英语兴趣的新方式。

一、课堂上巧用口令，吸引学生注意力

与城市小学英语教育资源相比，农村小学英语教育资源相对较为薄弱；课堂上能有效的使用的英语教学工具和辅助设备也相对较差。因此，为了能够在课堂上提高英语教学效率，我们在课堂上根据课程的时段相应地使用口令，吸引学生们集中到课堂上来。

（一）课堂上，运用口令，激发学生热情。相对于来说，小学生们的玩心较重，一到上课时间，大都奔跑进教室，教室里叽叽喳喳的。这时英语课上老师运用口令起立：

Teacher：Ling, ling, ling.　　　　Students：Class begins.

Teacher：Stand up.　　　　　　　Students：One two.

Teacher：Sit down, please.　　　　Students：Thank you.

接着老师要求学生做好课前准备：

Teacher：Are you ready? Students：Yes, we are ready.

Teacher：Take out your books. Students：Take out my books.

Teacher：Time for class. Students：Ready for class.

这样就吸引学生们一下子集中到课堂中来，也激发了他们的上课热情。

（二）课堂上，运用口令，管好课堂纪律。我们都知道小学生活泼好动，特别是低年级的学生，自制力差，容易兴奋，活动起来，课堂秩序很混乱，特别是当老师所设计的课堂不吸引学生的兴趣的话，那更是增加了英语教师对课堂组织、调控的难度。如果学生在课堂上吵闹，那教学就无法进行。这时我们相应地使用口令，可以让学生们集中注意力，有效地管理好课堂纪律。例如在要求学生认真倾听时，可以说：

Teacher：Quiet, quiet. Students：Be quiet.

Teacher：Look at me. Students：Look at you.

Teacher：Listen to me. Students：Listen to you.

（三）课堂上，运用口令，提高教学效率。在农村小学学习条件和环境相对落后的状况下，如何教好每节英语课，调动学生学习积极性和提高教学效率？这是每位农村小学英语教师面临的一道难题。而将口令对话引入英语课堂教学中来，是一种行之有效的形式。它有利于调动学生的学习积极性，提高学习效率，有利于良好群体的形成。例如在课堂上，学生写字姿势不端正时，可以说：

Teacher：One, two, three. Students：Sit up straight.

在强调课堂学习行为时，可以说：

Teacher：Are you ready? Students：Yes, I am ready.

Teacher：Open your book. Students：Open my book.

Teacher：Close your book. Students：Close my book.

Teacher：Let's play a game. Students：Hurry.

这样的口令对话模式既能活跃课堂氛围，又能激起学生们的注意力，进一步提高教学的效率。

二、教学中巧用口令，激发学生兴趣

要使学生对英语学习产生兴趣，除了从道理上宣传英语学习的重要性之外，还要积极创造条件和环境使学生尽可能多地使用英语，让他们在实践和运用中尝到乐趣。而目前农村小学的实际条件和环境与城市的小学相比有着较大的差距。为此，我们根据实际相应地在课堂上运用口令的方式来激发学生的学习兴趣。

（一）教学中，运用口令，提高学生学习兴趣。小学英语教材是根据话题编写的，每个话题都与小学生的现实生活紧密相关，所以我们在授课时一定要使教材内容与小学生的现实生活结合起来，同时运用相应的口令，这样学生才会对所学内容感兴趣。例如在讲"问候"话题时，教材内容是这样的："What is your favorite food?"课文中出现了很多西方式的问候语，这些都与我国日常问候语有很大的差异。我们可结合实际情况，把当地的农村日常问候语运用口令的方式渗透进去（如：Hello! /Hi/Good morning...），这样课堂教学的趣味性会更加浓厚，学生的学习兴趣也极大提高。

同时我们也可以把口令运用到学生真实的生活情境中，这样不但能增加知识的趣味性，而且能迅速提升学生的综合语言实践能力。如学习"食物"话题时，教师把教室装扮成饭店，让学生分别扮演顾客和服务员进行口令的对话，如：

Customer：Can I help you?　　　　　　Waitress：Yes, please!

Customer：What would you like to eat?　Waitress：I'd like some ...

在这样的情境中，学生学习英语的兴趣自然会很高。

（二）教学中，运用口令，提高学生对答能力。在教学的过程中，我们还应该相应地使用口令对学生进行提问。例如在课堂上老师向学生提问，可以说：

Teacher：Is everyone here?　　　　　　Students：Yes.

Teacher：Who is on duty today?　　　　Students：We are.

Teacher：Who can answer this question?　Students：Me.

Teacher：Who wants to try?　　　　　Students：Let me try.

Teacher：Do you understand?　　　　　Students：Yes.

这样的提问对答模式,强化了学生的口语练习,也极大地提高了学生的对答能力。

三、交流中巧用口令,激励学生学习

目前农村小学英语教学模式大都是教师在课堂上教教单词、练练句型,学生缺少互动,几乎没有交流的机会,一节课跟读下来,不知道自己读的是什么,教师平常的英语课堂教学也只要求学生能跟、能读。为此,我们倡导老师与学生交流互动,促进师生关系的和谐融洽,让学生感到学英语是一件快乐的事。

(一)交流互动中,运用口令,调动学生主动求知的积极性。在与学生交流互动中,我们应该注意相应地使用口令对学生进行学习激励。例如考试的激励(Come on/Take it easy/Don't be nervous);挑战的激励(Be brave/Don't be shy/Who wants to try);祝贺的激励(Congratulations!);赞扬的激励(Good job! /Excellent/Wonderful/Give me five)等等。这样的激励话语充分调动了学生主动求知的积极性,既激励了学生学习英语的激情,也提高了教师英语的教学效率。

(二)交流互动中,运用口令,提高学生记忆能力。在与学生的交流互动中,教师适当地运用口令,对于启发学生的积极思维,强化对英语单词、句型的感知印象具有积极的促进作用。例如,我们讲授"story"、"picture"、"song"、"game"、"music"几个单词时,可以灵活地运用口令:Let's read the story./I'll tell you a story;Now, we'll look at some pictures./Let's draw a picture;Let's sing a song;Let's play a game.在这些简而易懂的口令刺激下,学生们的思维被启发,很好地掌握了单词的意思,并快速记忆。因此,适当运用口令,在英语教学上会收到良好的效果。

总之,农村小学英语课堂口令实践与运用的探索和研究是一个漫长的过程。教师可以尝试着在课堂中运用各种各样的口令作为教学活动的辅助手段,以提高教学质量。教学中,教师应根据场景、教学内容等,巧设口令,规范学生的课堂行为,培养良好的学习习惯;衔接教学内容,增强连贯性。并尽可能多地激发学生的学习英语兴趣,让学生主动、积极地参与到课堂活动中,以提高课堂教学的效率。

(供稿:定安县龙门镇中心小学　严仁丽)

智慧 5 - 4

课堂调控：用口令来改变学习

　　课堂口令对课堂纪律的维持和课堂气氛的活跃具有十分显著的效果。通过收集资料，网上查询，向有经验的教师请教等，教师们总结提炼了数十种课堂小口令，按内容分为礼仪口令、组织教学口令、书写姿势口令、集会口令等。如学生写字时，可以边准备文具边读儿歌："两指握住笔，中指托下底，笔杆小淘气，连忙往后移……"当学生答对问题时，学生齐答："×××你真棒，我们为你鼓鼓掌。"当学生坐得不整齐时，教师说："一、二、三!"学生齐答："请坐端!"另外，各班还根据一年级集中注意力时间短的特点编排了课中操。如："我学老鹰飞飞，我学马儿跑跑，我学鱼儿游游，我学青蛙跳跳。我在可爱的学校，快乐得像只小鸟。"这样不仅集中了孩子们的注意力，也提高了下半节课的教学质量。

　　目前，各班都有了特色的课堂口令，学生们经过近一个月的训练，已经和老师配合默契。课堂上用小口令来组织教学，学生们像一个个训练有素的士兵，教学效果显著提升。课堂小口令在组织教学过程中起了大作用。口令对于小学一年级的课堂来说，无论是在纪律维持上还是在教学效果上，都具有重要作用。这是有它的必要性和优越性的，具体体现在以下两个方面：

一、纪律方面

1. 从小学生身心发展特点上来讲，低年级小朋友擅长动作记忆，口令使用过程中适当配上一些简单动作,有利于集中小学生的注意力,调动他们的积极性。2. 这迎合了低年级小学生的需要。因为他们在幼儿园阶段已经接触并适应像"一二三,坐坐好"等口令。一年级口令的使用,正好起到一个衔接的作用。3. 使用口令,可以使学生形成一种条件反射,教师一说到某句口令时,学生便会立马做出相应动作,这使得师生之间达成一种共识,便于教师更好地管理课堂纪律。

二、教学方面

1. 首先,这是一种心理的暗示。课堂教学从一个环节过渡到另一个环节,学生需要有一个适应的过程。在读书与写字之前使用"口令"无疑是让学生在心里更快地适应下面的教学环节,更好地进入学习状态。2. 其次,这是一种教学环节的衔接。教学是由许多个教学环节构成的,从一个环节过渡到下个环节,需要设置衔接的环节,这样才不至于突兀,学生也才能跟上教学的节奏。3. 再次,这还体现了《新课标》中的体验性学习理念。《新课标》对教学反复提出了"体验"的要求。这些要求的宗旨是呼唤转变全体学生的学习方式,呼唤在教育教学中实行体验性学习。

但是在使用中需要注意的方面:

(1)口令对于维护一年级课堂的纪律有很好的作用,因此在一年级课堂中适当运用口令能够提高课堂的整体质量,达到事半功倍的效果。教师可以尝试着在课堂中运用各种各样的口令为自己的教学活动做辅助,以提高自己的教学质量。

(2)但是,口令的使用也要适度,并非越多越好,并且要有针对性,否则有可能会影响教学进度。试想,一个充斥着大量口令的课堂会让教学活动变得不连贯,而口令应该是衔接教学环节的工具,因此教师要注意对课堂中的口令的数量和使用时间进行把握。

(3)口令的适用对象也仅限于小学低段学生,而且以一年级为主,这是由小学生身心发展规律所决定的。

在课堂上,有了丰富的口令,适当的口令,可以将孩子从不注意的情绪中调动到课堂当中,让孩子及时地参与到课堂当中,让孩子回归到课堂当中。当你发现有的孩子走神了，老师可以及时说出"小眼睛"，孩子们回应"看老师"，孩子们的注意力马上就回到老师这边，当孩子坐姿不端正的时候，老师的一句"小胸脯"，孩子们回应"挺起来"，孩子们的坐姿马上就有了改观。当有的孩子说话的时候，老师的一句"小嘴巴"，孩子们马上回应"不讲话"，孩子们立刻就恢复了认真听讲的样子。所以说，课堂口令在课堂上是必不可少的，而且在低段课堂上的作用是非常大的，对整个课堂有着调控作用。我们学校有位新来的老师，刚上课的时候，老师总是觉得不知道从哪里下手，不知道怎么上课，从一进入教室的时候，孩子们就没有安静下来，更不要说上课了，而且一节课上管了这个孩子，就管不了那个孩子，这样一节课就是很疲劳地下课了，后来这位老师向其他的老教师请教，老教师把所有的课堂口令都写下来给了这个老师，新老师在运用口令一周的训练后，课堂发生了很大的变化，孩子们不论从坐姿、精神状态、发言、合作都有了变化，老师的课堂不再是很乱、很吵，而是变得更安静、更有序，孩子们也变得更自主，这位老师在后来的分享中说到，不要小看一句简单的课堂口令，它可以使课堂发生一个大扭转，也可以让孩子更加地喜欢这个课堂。还有这样一位老师，他的课堂是很有序，孩子们都很守纪律，各项常规工作做得非常好，当这个老师在分享的时候就说到，找到一个适合班上孩子的口令时，你就会发现，原来一句小小的口令，竟然可以抵挡住这么一大群的孩子，他有一次在上语文课的时候，孩子们朗读的时候没有力气，没有感情，这个老师说了一句口令："精神"，孩子们回应："抖擞。"还有老师说："感情"，孩子们回应："真挚。"后来在孩子们展示读书的时候，孩子们的声音、感情全部都很到位，老师也表扬了孩子们，这都可以体现课堂口令对课堂的调控，以及有了好的口令真是一门艺术。

　　在孩子们喜欢的英语课堂上，英语口令更是有了无穷的魅力和作用，在英语课堂中，最常用的口令莫过于："One, two, three, sit up straight." "One, two, three, ABC."对于这个口令，在一节课中如果老师总是念 one two three 太多次的话，学生也无所谓了。这些口令可以是一句歌词，学生接下一句歌词。在我教授的低年级班级，我制作了"good"的贴纸代替小贴纸，这些"good"对他们来说非常重要，因此，在这个贴纸上，我和孩子们一起想了一个和它密切相关的口令，当他们开始没坐直的时候，我会说："Look, look, you give me good?"学生看到我做"look"的动作时，已经马上坐好了，同时回答我："No, no, no good." 当时如果有学生坐得不好，或者反应太慢，就要被没收自己的一张 good 了。课堂的口令还有很多，但是如果是老师自己和学生创造的，那么他们会更加注意，而且会觉得很有趣。在教学过程中，老师一定要了解自己的学生，和他们一起创造出属于自己的语言，达成共识是最好的办法。我们都知道小学生活泼好动，特别是低年级的学生，自制力差，容易兴奋，活动起来，课堂秩序很混乱，特别是当老师所设计的课堂不吸引学生的兴趣的话，那更是增加了英语教师对课堂组织、调控的难度。很多老师利用加分的方式来给小组比赛，特别是低段或者是中段的学生，评价方式要具备有效性、有趣性，不然学生根本就不理睬你在黑板上加分。在曾老师的课堂中，我看到这样的评价方式。每一组得一分，就画一个笑脸。学生对于笑脸似乎不感兴趣。我们一起讨论了这个问题，得出的结论是，老师画笑脸比较费时间，而且比较枯燥无味，也许他们想就算得到很多笑脸又怎样，还不就是一个贴纸。我们在画笑脸的基础上，其实可以做一些改变，把评价方式变得有趣一些。画笑脸的时候，可以把笑脸的鼻子眼睛嘴巴，甚至嘴巴里面的牙齿分开来画。我记得，大嘴巴里面的牙齿是学生最喜欢的。他们从一个没牙的宝宝，变成了满口牙齿的小孩。他们体会到那份成就感，在整个过程中都害怕自己的牙齿比别人少，所以很努力去做好这一切。

除了创新，还可以与时俱进。有段时间流行的喜羊羊和灰太狼，我们就可以马上利用起来了。我总是当灰太狼，然后每次都会故意输给他们，表扬他们实在太厉害，并说了灰太狼的名言："我一定会回来的"，到了下节课，他们又要跟我比赛。觉得特别开心，特别好玩，也特别有用。在课堂中，做一个传授者、组织者和控制者，还不如做一个"合作者"。老师不用自己滔滔不绝地讲，而学生只是当"听众"。为了课堂纪律，学生很少有发言的机会，这是非常不好的。长此以往，必然不利于全方位地提高学生听、说、读、写的能力，而且学生产生厌烦抵触情绪，就很难调动起学习英语的积极性，使课堂教学无法达到预定的效果。我们可以一起"works in pairs"或"act out the dialogue"、"act out the story"。老师可以做示范，动作可以夸张点，学生发挥自己的想象等等。这时候给学生及时表扬，给小组及时加分，使纪律与自由相结合。

有了课堂口令的调控和创新，孩子们在课堂上的表现就像是有了方向，孩子们知道什么时候做什么,老师的一个口令让孩子们在迷茫的时候回到了学习。在低年级的学生要加强课堂常规的养成教育,低年级,特别是一、二年级的学生毕竟还小,对于培养集体荣誉感,学生头脑中没有相应的概念,相反,学生对于个人荣誉感却已有了明确的概念,老师的一句表扬或鼓励的话,他们都会喜形于色,回到家里还会向爸爸、妈妈炫耀被老师表扬,让其他学生见了也非常地羡慕,个人荣誉感得到了极大的满足。这些优势都是需要口令来完成的,一些鼓励、赞美的口令,"棒棒,你真棒,棒棒,向你学。"为学生树立榜样,是行为规范训练的有效形式。依据这个特点我们老师在课堂上应该多表扬和鼓励,树立榜样。例如上课铃声已经响了,老师走进教室发现学生还没有坐好,有的在地上乱走,有的在喝水,有的在说话唱歌,这时老师如果大声批评呵斥只会吓坏学生,让接下来的课堂教学陷入困境。此时可以看看教室内是否有坐好的学生,以此为契机对学生进行常规教育,"看,××同学听到铃声,看到老师走进教室已经坐端正了,他可真是一个遵守课堂纪律的好孩子! 让我们大家都向他学习!"短短的一句话既满足了学生的个人荣誉感又为其他学生树立了一个鲜活的榜样,明白以后上课时要向那位同学一样坐好才会得到老师的表扬。用榜样的力量激励学生学习对方的优点,鼓起超过对方的勇气,促进良好行为习惯的形成对一年级的学生来说效果非常显著。小学低年级的课堂教学常规,一直是低段老师们探讨的话题。因为学生年龄较小,课堂上注意力容易分散,所以课堂教学常规就尤其重要。其实我觉得可以编些孩子易于接受的儿歌来渗透。别人的经验,供参考。例如上学可唱:"按时上学不迟到,校服领巾穿戴好。排好路队进校门,问早问好有礼貌。"课前可以唱:"上课铃声嘀铃响,我们赶快进课堂,学习用品放整齐,等着老师把课上。"课中可唱:"开心说,认真听,老师你来评一评。"下课可以唱:"文明休息不喊叫,教学楼内不奔跑。上下楼梯靠右走,互助友爱不争吵。"这样把对学生行为习惯养成的要求编成儿歌,符合小学生心理生理特点,贴近学生的生活。而适时地让学生诵读,使其明白了什么时候该做什么,不该做什么,学生在读中学,在学中读,不知不觉中行为得到规范和强化。要使低年级的学生在轻松愉快的生活中,在富有童趣的活动中,自觉地接受纪律的教育,养成良好的日常行为规范。

在课堂上,老师要不惜把口令运用好,让孩子更好地运用口令参与到课堂学习中来，让孩子在常规、读书、书写，以及习惯的培养上都能养成好的习惯，老师们要积极地创造新的口令，根据本班的情况和孩子们的特点来进行改造，让自己的课堂更加的丰满，让孩子们的学习更加的有效。

（供稿：海口市英才小学）

智慧 5 - 5

设计课堂口令，营造精彩课堂

　　课堂口令源于军事口令，继承了军事口令内容明确、语言精练的特点。课堂时间有限，要求教师的教学语言必须简短精练，于是，形式简单而内涵丰富的课堂口令应运而生。课堂口令朗朗上口，富有轻快的节奏感，在形式上与儿歌相似，符合儿童的接受心理，能安定学生的情绪，吸引学生的注意力，使学生愉快地投入学习，更有利于达到轻松地管理课堂、组织教学的目的。

一、课堂口令能促进课堂监控

　　课堂教学是学校最基本的教学单位，它是一种有组织、有领导的师生共同进行的教与学的双边活动。为了建立有利于教与学的积极的课堂气氛，教师可以通过课堂口令进行课堂教学监控。

　　1. 课堂口令起到以情唤情的作用。以情感人，以情管人，以情唤情，对学生处理，更少不了一个"情"字，从语意到行为都要使学生感到教师是在关爱他，使其主动配合教师的课堂管理。

　　2. 课堂口令起到轻敲响鼓的作用。教师在教学过程中把声音的音质、音量、声调、语音和节奏等加以组合变换，把声音的声、色、情融为一体，运用到语气上，用含蓄的方法对学生出现的违纪行为进行诱导和影响。响鼓不用重锤，学生听到教师的"弦外之音"，从而领会到教师的意图和良苦用心，于是做出知心、知情、知理的反映，及时改正自己的错误行为。这种办法既巧妙地解决了那个学生自己的问题，又不至于影响其他人的注意力。

3. 课堂口令起到声东击西的作用。课堂上学生出现做小动作、接话茬、喧闹、过分放肆等违纪现象，教师理应当机立断处理。教师在课堂上的一颦一笑，举手投足，都能传达管理信息，这是课堂上师生互相感知的意识信号。不过，对绝大多数学生来说，干扰只是瞬间的一种失控表现，并不是有预谋的行为。教师应慎重地考虑学生的情感和自尊心，采用声东击西的方式，使对方知道他的行为已被老师注意而应立即纠正。

对于这种思想"跑马"、情绪比较高涨的情况，我们通过口令伴随拍手方式来明示学生，让学生通过多种器官的配合快速转移注意力、回归当前主题。

二、课堂口令与课堂监控

教师除了用饱满的情感和精心设计有趣的学习活动或游戏等策略吸引学生主动参与课堂学习活动外，还可以通过课堂口令调控课堂纪律，也可以使用口令进行教学内容的复习巩固。课堂口令在小学课堂特别是大班制课堂起着重要的作业。

比如上课前，学生没有进入预备上课的状态，一个简单的口令——"铃声响，进教室，脚放平，背挺直，安安静静等老师"能让学生意识到上课铃声响起后该如何做。

比如，小学生很容易忘记正确的书写姿势，而一条简单的口令 ——"拿起手中笔，做到三个一"则能够帮助学生意识到要摆正书写姿势。

比如英语课上将攀登英语中学过的歌曲童谣中的简单句（如：Happy, happy, happy birthday! Wish, wish, make a wish.）作为课堂口令，既可以让学生温故而知新，又能起到运用的作用。

三、进行问卷调查，了解口令使用现状

为了了解教师使用课堂口令的现状以及课堂口令在各学科、各教师课堂教学中的作用，我校做了课堂口令的调查问卷。经调查和数据分析，得出以下结论：1.92％教

师喜欢并经常使用课堂口令；2. 中低段教师使用频率高于高段教师；3. 女性教师使用频率高于男性教师；4. 各学科各教师使用口令的目的不同；5. 不同活动不同内容使用的口令不同；6. 语文、英语教师部分口令是复习旧知；7. 部分口令是根据歌曲童谣或教学内容改编；8. 部分口令是结合学科特点而编的。

根据调查问卷以及与老师的交流，我们还得出以下结论：1. 当学生在课堂学习中感到疲倦时，建议采用歌曲童谣式口令或边做动作边说口令的方法唤醒学生的注意力，让学生在唱一唱、跳一跳、做一做中得到放松，以更好地投入到学习中来。2. 学生受到外界影响时，老师可以与个别学生对口令，以引起学生的关注。3. 灵活多变的口令比一成不变的口令更容易刺激学生的思维。4. 不同年段的口令设计要充分考虑学生的年龄特点和心理特征。5. 口令的使用也要适度，并非越多越好，并且要有针对性，否则有可能会影响教学进度。

四、多角度设计口令，提高课堂监控效果

1. 设计口令，规范行为，培养习惯。良好的学习习惯是伴随孩子一生的财富。我校也一直强调好习惯成就你我他，并在不同的领域、不同的方面进行规范与培养，课堂教学上也不例外。如，课前准备、课中学习、课后收拾、坐姿握笔、认真倾听、回答问题等方面都设计了不同的口令。通过师生互动、口令的对接，逐渐规范学生的学习行为，养成良好的学习习惯。

2. 设计口令，突出重点，加强记忆。在教学中，如何把教学重点讲懂、讲透、讲活，是每位教师追求的境界。将教学重点编成课堂口令，不仅能帮助学生记忆，给学生带来事半功倍的效果，还能让学生感觉新鲜有趣，调动学生的学习积极性。

3. 设计口令，分散难点，帮助理解。在教学中，对于一些难以理解、容易出错的教学难点，如果用课堂口令的形式加以归纳总结并灵活运用，能够从最佳的角度切入难点，使学生的思维更加清晰、记忆更加牢固。通过顺口溜一样的口令去突破难点，不仅可以减轻学生的学习负担，还可以提高学习效率。

4. 设计口令，凸显特色，形成风格。对于规范行为、养成习惯、调控纪律的课堂口

令,我们还可以结合学科特色或者个人喜好,凸显特色,形成风格。如,有些语文老师喜欢将学生耳熟能详的唐诗宋词作为口令,有些音乐老师喜欢把一些欢快轻松的歌曲童谣作为口令,有些数学老师喜欢把加法、乘法作为课堂口令等。

五、课堂口令的分类

课堂口令可以应用于不同的课堂、不同的活动,从不同的角度它可以分成很多类别。我校注重学生好习惯的养成,结合习惯的养成及作用将其分成了以下八种类别,并提取了主要的50则:1. 课前提示;2. 安静提示;3. 倾听提示;4. 读书提示;5. 坐姿提示;6. 写姿提示;7. 发言提示;8. 评价提示。

海口市英才小学课堂口令50则		
口令类别	教　师	学　生
课前提示	课桌椅	摆整齐
	文具齐	不吵闹
	安静坐	静心等
安静提示	请坐好	就坐好
	小眼睛	看老师
	小嘴巴	不说话
	三二一	我安静
	最高境界	静悄悄
	时间到	停一停
	欲穷千里目	更上一层楼
	一寸光阴一寸金	寸金难买寸光阴
	台上三分钟	台下十年功
	鸟欲高飞先展翅	人求上进先读书
	Look at me.	Look at you.
	ABCD	EFG!

口令类别	教　师	学　生
倾听提示	同学言	安静听
	眼睛看	耳朵听
	Eyes on me.	Eyes on you.
	Listen to me.	Listen to you.
	One, two, three.	Eyes on mc/Three two one.

海口市英才小学课堂口令 50 则		
读书提示	读书要注意	头正肩平足安
	书本拿在手	稍稍向前倾
	读书要三到	眼到,口到,心到
	Follow me.	Follow you.
	张开嘴巴	一起读
坐姿提示	身坐正	手放平
	小小手	放桌面
	一二三	坐端正
	一二三	我坐好
	要想身体好	坐姿要端正
	手放平	腰挺直
	放下笔	坐端正
	五四三二一	小手小脚放整齐
	头安正,身安直	小小眼睛看老师
	Come back chair.	Hands on desks.
	Sit up straight	One two
写姿提示	写字三个一	一寸一拳一尺
	手离笔尖要一寸	胸离桌边要一拳
	Show your fingers.	Show my fingers.

海口市英才小学课堂口令 50 则		
发言提示	小火车	开起来
	有疑义	举手表
	要发言	先举手，一句一句讲清楚
	同学发言	仔细听
	Who can try?	Let me try.
评价提示	表扬他	顶呱呱
	竖起大拇指	夸夸我自己
	Give me five.	Five, five, yeh(ten)!
	Let's play a game.	Game, game, yeah!
其　他	请你跟我拍拍手	一二三四五六七
	If you're happy and you know it, say haha.	Haha

总之，声情并茂的精彩口令，常常使全场喝彩。师生的互动，重新跨进教室门的简单动作，使"像野马归槽似的"学生一个个全神贯注，这就是课堂口令给课堂教学带来的精彩，更是教育艺术的魅力！

（供稿：海口市英才小学　邝华珍）

第六章　质量监测：
提升教学质量的关键工具

　　教学质量监测需要科学的测量方法和技术工具，从不同的维度对学校、教师和学生的行为表现等相关信息进行收集、归类、整理与分析，从而整体评价学校教学质量及其发展现状。在"原点教学"帮扶实验项目中，一些学校特别注重教学质量监测体系的构建。他们结合学校自身发展的实际情况，从学校教学水平、学生发展水平、教师专业发展等方面构建了具有特色的、科学可操作的教学质量监测体系。

● 智慧6-1　打造多彩课堂　助力孩子成长
● 智慧6-2　建构学校教育质量保障体系

《国家中长期教育改革和发展规划纲要（2010—2020年）》提出"把提高质量作为教育改革发展的核心任务"的命题。可以看出，教育教学质量是倍受关注的热点，是教育永恒的主题，是教育的生命线。教学质量关注教师的"教"与学生的"学"，是指通过教师的教，学生学的效果，是教学对学生达到预期教育结果的促进程度。其涉及许多教学因素，尤其要关注教师对学生学习内容的处理、对学习任务和活动的组织。我们可以从三个方面理解教学质量，第一是学生对学科教学规定内容的掌握程度；第二是学生对于所掌握的学科知识的应用能力；第三是学生对于所掌握与运用的知识的热爱程度，或者说是感兴趣的程度。[1]

既然教学质量如此重要，那么对教学质量的监测更是极其必要的。

教学质量监测是指通过采用科学的测量方法、适当的措施，运用科学技术工具手段，从不同的维度对学校、教师和学生的行为表现及其相关信息进行收集、归类、整理与分析，从而整体评价学校教学质量及其发展现状。当然，监测结果要为学校所用，学校提供教学质量监测总结经验，扬长避短，从而促进学校、教师与学生的更好发展。

一般认为，教学质量包括两个方面，即教师的"教"与学生的"学"，其中，我们更加关注教师的"教"的质量，而考察学生"学"的质量。对教学质量的监测应该涉及学校教育的每个环节，基于新课程的目标与理念，义务教育阶段的教学质量监测内容包括：课程建设与管理、教学实施与评价、课堂教学质量、学生发展水平、教师发展水平、学校

---

① 翁琴雅.试论教学质量及其监测[J].教育测量与评价(理论版),2012(1)：18-20.

文化与贡献等六个方面。[①]

在"原点教学"帮扶实验项目中，山高小学、英才小学与滨海九小作为海口市三所教育质量卓越的示范性学校，非常注重学习教学质量监测体系的构建，一致认为关注教学质量监测与评价、构建教学质量保障体系对于提高学校教育教学质量，促进学生发展是至关重要的。三所学校结合自身发展的实际情况，从学校教学水平、学生发展水平、教师专业发展等方面构建了具有特色的、科学可操作的教学质量监测体系。

一、学校教学水平

从学校层面来讲，学校教学水平是教学质量监测的项目之一。主要内容包括课程建设与管理、教学常规与实施、课堂教学质量和校本教研。

（一）课程建设与管理

课程是实现学校教学的媒介与保障，构建合理丰富的课程体系，形成有效科学的课程管理体制是每个学校发展的应有之义。

　　海口市滨海九小以和谐环境文化营造为立足点，以立体研训文化发展为依托点，认真落实、执行国家、地方、学校三级课程的设置与开发，构建了具有地方特色的"滨海"课程体系，保证课程的基础性和统一性，开发满足学校发展需要的校本课程，形成学校的办学特色。在国家课程方面，滨海九小严格控制周活动总量与学科教学课时，安排好学校课程计划；在地方课程方面，开展生存教育专题课程与心理健康教育课程，充分满足小学阶段学生生存教育的需求与心理健康发展的需求；在校本课程方面，学校努力挖掘校本教师资源，有

---

① 吴金财，赖书海.深圳市龙岗区中小学教学质量监测与评价的实践与探索[J].教育测量与评价（理论版），2011(3)：17－20.

效借助社区和家长资源，不断完善和丰富校本课程门类，学校开设"话说海南、海岛特色手工制作、小学生安全礼仪教育、学生人格培育、小主持人、课本剧（中、英文）、媒体素养"等40多个门类的校本课程，为学生的多元发展提供舞台；在德育课程方面，学校以"快乐德育"为主题，以"文明中队"评选为突破口，开展"快乐德育"系列主题课程，培养学生良好行为习惯，为铸造学生的魅力人格打下坚实的基础；在特色课程活动方面，滨海九小把传统的学校活动用课程的要求加以整体设计，将它改造成具有活动主题、组织结构、丰富内容、达成目标、教育评价等要素的课程形式，开展如五月文化节（英语周、科技周、艺术周、校本课程展示交流周）、体育节、百科知识竞赛等特色学科活动。

滨海九小的课程管理方面也卓有成效，对于课程实施的所有要素无论是师资、时间、课程所需资源等，学校要求有所保证。学校开发和实施学校课程，建立课程研究中心整体规划学校课程结构与课程设置，专职进行课程研发，服务学校决策，保障学校课程管理的顺利进行，教导处主管三类课程的日常管理，包括选定课程及选课名单、课程表制订、日常课程教学检查与组织学校课程教学研究、课程资料收集、归档等。

（二）教学常规与实施

如果一所学校师生的常规都达到要求，何愁教学质量起不来？海口市山高小学从学生和教师两个方面建设教学常规管理体系。学生方面要注意规范行为，培养习惯，学校从课前准备、铃声响后、课堂表现、学会倾听、读书、语言表达、书写要求、下课等方面对学生的行为表现做了规范；同样，教师要规范行为，言传身教。山高小学对教师仪态、语言、上课时间、板书等方面也做了规范。

课堂教学常规评价方面，山高小学采用教学常规月度考核办法，五项课堂常规考核，教研组长对本组授课教师进行每日常规检查。

检查五项内容包括：A 教师板书 B 教师教态 C 教师关注 D 学生表现。以上四项进行每日检查打分，分数为 0、0.5、1 分三个档次。E 为学习单检查，每周打分一次，分数为 3、4、5 分。教学中心学科主任对教研组长进行周工作考核。考核五项内容包括：A 查课记录 B 上交材料 C 计划与实施 D 工作纪律。以上四项进行每周考核打分，分数为 3、4、5 分三个档次。E 为教研成果汇报，每月考核一次，分数为 18、19、20 分。

考核分数与教师当月奖金是挂钩的。

（三）课堂教学质量

课堂教学涉及的环节有教学内容的选择、教学方法的选用、教学的组织形式、教学态度、课堂气氛、教学技能、教学特色、师生的沟通方式、学生的学习方式与方法等。海口市英才小学加强学科教学的研究，以学生自主学习为根本，以学生对知识体系的构建为核心，以学生自我价值展示为动力，以教师的启发、引领、点拨为激活方式，以激励评价为手段，以整合教材形成知识导图为突破口，从呈现知识导图出发，到编制"学习活动单"结束，实现"自主乐学、习得方法"的学科课程理念，建构"一单五环"课堂教学运行机制，其中"自学指导"、"合作探究"、"展示提升"三人课堂核心元素的设计，将自主、合作、探究的课改理念化为高效课堂的实际生产力。同时，英才小学集体备课制度与"四课"听课制度为课堂教学质量提供了保障。集体备课强调集思广益，相互切磋，发挥集体的群策群力和协作精神；"四课"听课制度：新教师过关课——二级教师汇报课——一级教师示范课——高级教师专题研究课，通过听课，进行临床诊断，收集教学信息，从而对教学质量作出判断，取长补短，采取措施，从而提高课堂教学质量。

（四）校本教研

校本研修以学校为研修基地、教师为研修主体，以学校日常教育教学实践中所遇到的实际问题为研修内容，以促进学生发展、教师专业化水平提高和学校发展为研修目的。学校管理者应注重提高教师的育人育德水平，为教师专业发展创设条件，提高教师教育教学和研究能力。

海口市英才小学致力于建设校本教研文化，自觉回到教师发展的原点：教学教研，从教学现场寻找最满意的答案，逐步形成了富有英才特色的"3366"式校本教研模式，为探索将英才"自主乐学、习得方法"的学科课程理念落实到教育教学行为中的途径和方法提供了有效的研究平台，提炼了更符合英才实际的包括"微环节先学后教"模式在内的高效教学范式和具体的教学策略，促进了教师专业的再成长、教学质量的再提高、学校内涵的再发展。

学校规定每学期每个教研组完成六大教研主题活动，即：读书沙龙、"三个一"主题教研、学业质量分析、说教材展示，另外两个主题由各科组根据学科特点来确定，每学期保证六大教研主题活动。主题确定后，由各备课组随机抽取确定本组的教研活动主题，并按教导处安排的时间组织全校观摩。其他参与观摩学习的备课组，教导处要求他们在活动结束后五分钟内，立即进行全组的交流讨论，并指定一名年轻教师作小结发言，其他老师作补充发言。这六大教研主题活动，不仅见证了当日作为观摩主角的备课组总体的教学教研能力，也促进了年轻教师的快速成长。

二、学生发展水平

学生是一切教学活动的主体，"以生为本"是教育的核心理念，课堂教学的出发点与落脚点是"一切为了学生的发展"。教学质量监测的主体指向应该是学生，因为监测的根本目的在于提高教学质量，促进学生发展。学生发展水平不仅仅指学生学业水平与学习素养，还有其身体和心理健康水平、艺术素养、思想品德与公民素养、实践能力与创新精神等。因此，在监测过程中，不要单纯指向学科，而是通过科学的方法全面、综合地考察学生的知识、能力、学法以及身心发展等方面的发展。

综观三所学校对于学生发展水平的监测，体现了以下原则：

（一）发展性与导向性原则

三所学校都依托自身文化，形成了独具特色的教学质量监测体系，为学校与师生发展提供制度保障。对于学生水平发展的监测,注重促进学生的发展及对学生的有效引导。

（二）科学性与全面性原则

英才小学从"学科学业成效"、"技能特长发展"和"行为习惯养成"三个方面进行综合评价。从内容的选择、标准的制订、工具的研发,到数据的收集、整理与分析、报告的撰写与发布等整个过程,尊重教育教学规律,符合本地学校和师生的实际且监测与评价的主体多元、形式多样、内容全面。

（三）形成性与终结性相结合的原则

山高小学既重视应用监测结果对学校进行评价和反馈,更重视在教学实施过程中,对学校管理和师生发展状况及其影响因素进行有效监测,以便及时发现问题、及时整改,并在整改和完善中促进学校发展和师生进步。对于学生学业水平的监测,不仅关注最后的学业水平考试,教师也注重在教学过程中,及时监测、及时反馈、及时调整、及时总结。

（四）定性与定量相结合的原则

学生学业质量监测与反馈既要关注定量,也要关注定性。滨海九小校本课程中对于学生的评价既关注学生学习课程学时总量,不同学时不同分数,同时,也关注学生学习过程中的表现,诸如态度、积极性、参与状况等。

（五）多元性与自主性相结合的原则

学生学业质量监测应关注学生的自主性,且评价主体应该多元。滨海九小在校本课程评价时,运用自评、互评、他评等方式进行学生评价。邀请家长、专家、学校领导等一起参与评价。英才小学建立学生学习质量档案制度,对学生的学习质量进行跟踪记录、辅导,从而建立起学生的学习质量档案。

三、教师专业发展水平

教学质量监测可以从教师课堂教学质量、课程实施与开发能力、教科研能力和水平以及教学业绩成果四个方面来评定教师专业发展水平。

（一）课堂教学质量

评定教师专业发展水平，主要看其课堂教学效果与质量。海口市英才小学开展"推门听课"和"跟踪听课"活动，通过"猝不及防"的听课提高教师的质量意识与效率意识。学校根据各年级、各课节的具体教学内容制订具体抽测内容，学校领导不定时随堂听课，课后对学生课堂情况进行合理分析，并及时反馈给教师，从而提高教师课堂教学质量。同样，学校阶段性教学质量监测也是评定课堂教学质量的手段之一，在期中、期末通过对全校全科进行监测，学校领导对于教师教学质量与学生学业水平情况等展开相应评价。

（二）课程实施与开发能力

在课程实施与开发方面，滨海九小鼓励教师开发与实施课程，建立课程研究中心整体规划学校课程结构与课程设置，专职进行课程研发，服务学校决策，保障学校课程管理的顺利进行。主要通过组织学校课程教学研究课、任课教师讨论会、进行教学交流和探讨等方式。同样，教师课程实施与开发的能力也是考核的重要指标之一。

（三）教科研能力与水平

教科研能力与水平方面，海口山高小学通过建立学校听课、评课制度以及学校教研制度的方式来提高与保障教育教学质量。山高小学对教师"听评课"的数量、形式等都做了具体的要求。通过上课、听课、评课活动，一方面能使学校领导直接了解教师的课堂教学情况，便于领导发现教学优点，并进行总结推广，对教师教学存在的问题直接给予指导。另一方面，通过领导与老师、教师与教师之间的听课、评课，使大家相互学习，取长补短，共同提高。为了推进学校教研工作的有效进行，更好地落实"循环链接生态课堂"的教育教学理念，提高教师教研能力从而全面提高教师的教学水平和教学能力，提高课堂教学质量，山高小学建立学校教研制度，分为学科组"大教研"与教师"小教研"活动，对教研组长、小组成员职责都做出了具体的要求。

（四）教学业绩与成果

教师教学业绩与成果是最能说明教师教学水平与教学质量的。教学业绩与成果是学校教学质量监测的指标之一。英才小学为了调动全体教师的积极性与主动性，培育了激励机制，根据教师教学业绩与成果实行奖励。海口市山高小学基于同样的目的，为激发教师工作积极性，发挥教师特长，培养教师创造力，制订了相应的奖励制度，以期提高教师自我发展的意识，提供教研培训，提高教师专业发展水平。

智慧 6-1

打造多彩课堂　助力孩子成长

海南省海口市滨海第九小学，是海口市教育局直属窗口学校。按照省规范学校的标准要求，实施科学规范管理，坚持"和谐荣校、文化铸校、特色亮校"的办学理念，大力弘扬"民主和谐、求真务实、开放创新"的人文精神。以优美的教学环境、先进的教学设备、雄厚的师资力量和优异的教学成绩，赢得政府和社会的普遍赞誉，被誉为海南省小学教育的一面旗帜。

一、学校课程情景分析

学校大力开发校本课程，开展课改实验，走校本发展特色之路。得到了上级有关部门和领导的高度评价。学校倡导的自主、合作、探究的学习方式，培养学生的科技、人文、艺术、环保素养，寓教于乐，使课堂焕发新的活力，实现了基础教育的跨越式的发展，使学校在新的历史时期呈现出更加蓬勃的生机。

学校的教科研成果得到社会各界的广泛赞誉。先后完成国家级"八五"、"九五"、"十五"、"十一五"专项科研课题的实验研究 20 多项，其成果在全国、省、市获奖并推广。目前，学校又承担国家教育部重点科研项目《信息技术与校本课程有效整合的研究》的课题实验。以及海南省重点课题《构建高效课堂教学新模式》、《海口市滨海第九小学当前学生家庭教育现状、问题及对策研究》、《小学低年级基础学科教育教学综合改革实验研究》及国家级重点课题"攀登英语实验"等多个国家级、省级重点课题也都在顺利的实施中。

学校先后获得全国学校艺术教育先进集体、教育部综合实践活动课程资源开发与实验工作先进实验学校、教育部首批确定的全国100所现代教育技术实验学校等58项国家级奖励；海南省中小学规范化学校、海南省有效教学实验先进单位、海南省社会公认满意学校、海南省教育系统先进集体、海南省关心下一代工作先进集体等106项省级奖励；海口市中小学德育工作先进集体、海口市家长学校示范校、海口市创建规范化学校先进单位等156项市级奖励。

如今，学校已经成为学生学习、生活的花园、家园和乐园，是学生幸福开心，家长托付安心，社会满意放心，政府首肯称心的学校。

二、课程理念

学校以"立德、博学、尚礼、树人"为校训，以"为孩子一生的幸福奠基"，"让每一个孩子成为最好的自己"为理念，传承中华优秀文化，整合社会多元文化，充实学生生命内涵。在全面践行新课程的办学进程中，以和谐环境文化营造为立足点，以立体研训文化发展为依托点，以特色课程文化建设为生长点，着力为每一位滨海九小人构筑可持续发展空间，在追寻"让每个九小人成为最好的自己"的教育理想征途上，做了一些有益的探索和宝贵的尝试，学生综合素质得到社会的广泛认可和高度赞扬，学校形成鲜明的办学特色。

立德：做人先立德，人以德为先。"德"乃人之"魂"。把树立正确的世界观、人生观和价值观，推崇道德、弘扬中华民族美德，提高思想道德素养，作为滨海九小人做人之首尚。

博学：博览群书，博取众长。"博"为安心之道。以专心治学，潜心求知，做到知书达理，博学广识，掌握先进的科教文化知识，汲取人类文化之精华，作为滨海九小人成就本事之基。

尚礼：吾日三省，克己尚礼。"礼"为行之"本"。"不学礼，无以立。"礼乃待人、接物、处事之基本准则。尚礼者善行天下，这乃滨海九小人之行为准则。

树人："十年树木，百年树人。""树人"乃造福之"举"。树人为教育千秋之伟业，树好人能创造人间奇迹，著书立说。这乃滨海九小人之育人文化。

三、课程结构

在课程开设方面，我校认真落实、执行国家、地方、学校三级课程的设置与开发。根据《国家课程标准》和《海南省义务教育课程设置实验方案》，结合我校的实际情况，围绕学校办学理念和发展规划，以课程实验为契机，更新教育观念，优化教育资源，提升学校文化品位，全面提高教育教学质量，制订具有学校文化特色的课程规划。

2015—2016 学年度海口市滨海九小课程设置

课 程 门 类	年 级						每周课时总数
	一	二	三	四	五	六	
语 文	7	7	6	6	6	6	38
数 学	4	4	4	4	5	5	26
音 乐	2	2	1	1	1	1	8
美 术	2	2	1	1	1	1	8
英 语	2	2	2	2	2	2	12
劳动技术/生态			1	1			2
科 学			2	2	2	2	8
专 题	1	1	1	1	1	1	6
体 育	2	2	2	2	2	2	12
艺术欣赏			1	1	1	1	4
信息技术			1	1	1	1	4
品德与社会			1	1	1	1	4
品德与生活	1	1					2

课程门类	年级						每周课时总数
	一	二	三	四	五	六	
心理健康						1	1
书　法	1	1	1				3
班队活动	1	1	1	1	1	1	6
校本课程			2	2	2	2	8
体育活动	2	2	1	2	2	1	10
综合实践活动			1	1	1	1	4
阅　读	1	1					2
阳光活动	5	5	5	5	5	5	30
写字时间	每天下午(2：05—2：15)10分钟						
大体育活动	兔子舞(1—3年级)长跑(4—6年级)20分钟						
周课时总数	31	31	34	34	34	34	198

教育部制订的《基础教育课程改革纲要》要求学校在执行国家课程和地方课程的同时,应视当地社会、经济发展的具体情况,结合本校的传统和优势、学生的兴趣和需要,开发和选用适合本校的课程。课程在学校教育中处于核心地位,教育目标和价值的实现主要是通过课程来体现的。我校的课程特点是全员参与,这对教师的专业发展提出了更高的要求。教师如何面对学生的个性差异,教育教学过程如何成为学生快乐成长的过程,如何实现"教师即研究者"、"课堂即实验室"、"课程即实践"等,这些成为我们建设和发展学校课程面临的极大挑战,同时,也给我们带来了学校快速发展的极好机遇。

我校努力让每一个学生都能找到适合自己的发展空间,以"满足学生个性发展需求,促进学生健康成长"为宗旨,以"我的课程我喜欢"为主题,以"让多彩的课堂伴随孩子的童年,让美丽的校园成为孩子的舞台"为目标,扎扎实实开展校本课程的实践与探索。

校本课程总体框架

课 程 类 型	课 程 名 称	参 加 对 象	课时安排
学科拓展类	大阅读	一至六年级全体学生	1
	趣味数学	三至六年级部分学生	2
	英语剧	三至五年级部分学生	2
	科技制作	三至六年级部分学生	2
	海洋视窗	五、六年级学生	2
体育类	国际象棋	一至二年级学生	2
	乒乓球	三至五年级部分学生	2
	足 球	三至五年级部分学生	2
	篮 球	三至五年级部分学生	2
	体育舞蹈	三至五年级部分学生	2
	田径	三至五年级部分学生	2
	花样跳绳	三至五年级学生	2
	羽毛球	三至五年级学生	2
	跆拳道	三至四年级学生	2
艺术类	舞蹈(民族舞、现代舞)	三至五年级部分学生	2
	童声合唱	三至五年级部分学生	2
	歌韵海南	三至五年级部分学生	2
	管乐队	三至五年级部分学生	2
	绘画创作	三至五年级部分学生	2
	素描写生	三至五年级部分学生	2
	儿童剪纸	三至五年级部分学生	2
	国 画	三至五年级部分学生	2
	服装设计	四年级部分学生	2
	工艺美术	三至五年级学生	2
	书 法	三至五年级部分学生	2
	黑板报设计制作	三至五年级部分学生	2

课 程 类 型	课 程 名 称	参 加 对 象	课时安排
艺术类	小提琴	三至四年级部分学生	2
	电子琴	三至四年级部分学生	2
	小组表演唱	三年级部分学生	2
	形体舞	三四年级部分学生	2
技能类	电脑绘画	三至五年级部分学生	2
	电子报刊	三至五年级部分学生	2
	小记者	三至五年级部分学生	2
	手工编织	三至五年级部分学生	2
	摄影海南	三至五年级部分学生	2
人文类	海岛文化	五年级学生	2
	生存教育	全校学生	1

四、课程内容与实施

（一）国家课程

学校每学期结合上级教育主管部门关于课程设置文件精神、学生学习和生活规律安排好学校课程计划，严格控制周活动总量和学科教学课时。按照各年级课程计划，编制班级课表。根据师资情况合理安排教师任职任课，使教学工作有序进行。教师个人课程表与学校总课程表、班级课程表完全一致，严格遵守统一的作息时间，做到：坚持按标准课时开课，不随意增减课时；坚持按课程设置开课，不随意减科目；坚持按课程标准要求教学，不随意提高或降低教学难度；坚持按教学计划把握进度，不随意提前结束课程和搞突击教学；坚持按规定的要求考试，不准随意增加考试次数。没有随意增减课程和课时、随意调课代课、赶超教学进度和提前结束课程的现象。严禁占用体育、音乐、美术等课时补习其他文化课，确保学生德、智、体等方面全面发展。一～六年级开设语文、数学、英语、科学、音乐、体育、美术、品德与生活（社会）、综合实践、劳动与技术教育、生态文明教育、专题及校本课程。

各门课程均结合本学科特点，有效开展思想道德教育，弘扬和培育民族精神；环境和可持续发展教育、卫生与健康教育、国防和民防教育、安全和自救互救教育等内容也应渗透在相应课程中进行。

（二）地方课程

1. 专题教育。根据地方课程专题教育的要求，学校考虑"三级"课程的衔接性，按照师生提出的安全教育的课程内容，组织教师分类、组合、编制，形成了生存教育专题课程，并审定其内容，同时按照组织原则和方式，在实施一个阶段后再对其进行修订、完善和创新。主要针对当前小学生面临突发事件和危险性处境如何自护、自救和互救的问题，分三个学段（低、中、高）、9个主题、四大板块（情境、演练、巩固、拓展）进行编写，这套教材实用性、操作性和趣味性较强，能充分满足小学阶段学生生存教育的需求。我校《生存教育》专题课程已安排进课堂，每周一课时，要求每生必学，毕业必学完。一是制订目标的达成；二是确保管理的有效性，即安排师资、时间，保证正常实施；三是视导评价教学。了解教学情况，掌握教学状况，帮助教师解决诸多方面的困难；四是促进教师专业成长，鼓励学习、进修、培训，提升专业内涵，促进新老教师共同成长；五是促进学生学习进步，营造氛围，扶弱激强，充满期待。六是学以致用，师生共同发展，在教与学的过程中懂得生存，学会生存，寻求幸福。

2. 心理健康教育。学校引进专业的心理健康教师，努力提高学生的心理素质，培养学生健全人格，帮助学生解决成长过程中遇到的各种心理问题，开发个体潜能，培养学生乐观、向上的心理品质，促进学生全面、健康发展，适应未来社会对人才素质的要求。

在无教材、教师少的情况下，学校尝试了一种新的资源分配方式。整个学年里，心理课的设置如下：五六年级作为试点，单周上五年级的课，双周上六年级的课。分别针对记忆力、创造力、自我认识接纳、男女交往、情绪控制五大方向，从不同学生身心发展特点出发，循序渐进。

（三）校本课程

我校以"满足学生个性发展需求，促进学生健康成长"为宗旨，以"我的课程我喜欢"为主题，以"让多彩的课堂伴随孩子的童年，让美丽的校园成为孩子的舞台"为目标，扎扎实实开展校本课程的实践与探索。每学年一次的大型校本课程汇报展示会,既是学生充分展示才艺的平台,又是检阅教师教学效果的窗口;滨海九小校园网论坛社区的"校本课程大看台"和教学资源库中的"校本课程"专区是校本课程开发和实践强有力的支撑;四十岁以下教师必须申报一门校本课程,开发了校本课程的教师聘任高一级教师职务同等条件下优先是我校校本课程教师资源的制度保证;每周五下午是全校三至五年级学生校本课程时间。为了让学校自主开设的课程更加贴近学生,适应学生多样发展的需要,学校努力挖掘校本教师资源,有效借助社区和家长资源,不断完善和丰富校本课程门类,学校开设"话说海南、海岛特色手工制作、小学生安全礼仪教育、学生人格培育、小主持人、古诗词吟诵、形体表演、英语说唱、课本剧(中、英文)、媒体素养、体育舞蹈、少儿舞蹈、健美操、书法、礼仪、科学探究、数学学报、京剧欣赏、趣味绘画、故事演讲、朗诵、佳片有约、音乐欣赏、阅读欣赏、模特表演、电子绘画、乒乓球、足球、篮球"等40多个门类的校本课程。

1. 搭建展示平台。每学年,学校都要举办大型校本课程汇报展示会,让学生以独特的方式呈现本门课程的特色和魅力,这样既可以总结提升校本课程探索的经验,推动校本课程的建设进程,又可以促进各门课程之间的沟通与交流,取长补短,更重要的是,还可以使学生对学校开设的校本课程有更直接更全面的了解,为今后选择适合自己的校本课程奠定基础。

2. 搭建网上交流平台。为了促进校本课程的建设,丰富课程文化,我们学校校园网论坛社区开辟了"校本课程大看台",为学生开辟一块自由发言和交流的空间,深受学生的喜爱。另在校园网上的教学资源库中还特设了"校本课程"专区,收集学校校本课程建设的文件资料、教师们开发的校本课程教材。每年我们以"多彩课程 和谐校园"为活动主题,在校园网上举行"滨海九小校本课程学生网上个人才艺大赛",比赛项目涉及诗歌、绘画、摄影、舞蹈、故事演讲、小主持人、跆拳道、电子报刊、电脑绘画、flash动画等十几个项目,给学生提供了一个展示才艺、网上交流的平台,让校本课程从教室、操场走进网络,走进每一个热爱和关注校本课程的学生视野。

3. 将已经成型的校本课程,提升为学生社团文化。让学生成立社团,自行组织开展各种相关活动,更好地促进校本课程向深度、高度和广度发展。本学期,合唱、足球、舞蹈、器乐等校本课程提升成学生社团文化,让其在校本课程的基础上,在教师的指导下,以学生社团形式开展丰富多彩的有意义的活动。

（四）德育课程

学校以"快乐德育"为主题,以"文明中队"评选为突破口,开展"快乐德育"系列主题课程:"星星火炬 代代相传"少先队建队节活动、"并肩进取"团体竞技活动、主题春秋游体验活动、迎新春趣味体育竞赛、"年级德育主题"课程(一年级：迈开学习第一步的"养成教育"、二年级：迈开成长第一步的"守纪教育"、三年级：迈开文明第一步的"礼仪教育"、四年级：迈开理想第一步的"爱国主义教育"、五年级：迈好人生第一步的"感恩教育"、六年级：迈好成才第一步的"成才教育"),培养学生良好行为习惯,为铸造学生的魅力人格打下坚实的基础。

（五）特色课程活动

每个年级成立以教导处、德育处、体卫艺处、级长、班主任为核心的课程开发小组,把传统的学校活动用课程的要求加以整体设计,将它改造成具有活动主题、组织结构、丰富内容、达成目标、教育评价等要素的课程形式。

学校每年都开展五月文化节(英语周、科技周、艺术周、校本课程展示交流周)、体育节、百科知识竞赛等特色学科活动,全校各部门各学科教师认真策划、精心准备、周密组织,多姿多彩的特色学科活动,不仅极大地丰富了学生的校园生活,锻炼了学生的各项才能,张扬了学生的个性,学生的探究精神和创新意识也在各特色学科活动中得到培养。更重要的是,为全体学生打造了发掘潜能的多个平台,为每个学生能成为最好的自己提供了更多的途径和窗口。

年　级	校园文化主题	节日形式	主　要　课　程	展　示　形　式
三年级	中国风	科技节	科学幻想画、"低碳科技小制作"、"科技梦想演讲"	科技创新大赛
四年级	世界潮	英语节	单词卡片、单词书写、英语手抄报、个性英语秀、英语课本剧	英语手抄报 班级英语秀
五年级	海南情	海岛文化	竹竿舞、海南民歌联唱	比赛与展示
六年级	校园美	感恩节	留言册、毕业册制作	回顾六年成长历程

　　其中海岛文化课程组的老师将海南特有的旅游文化资源编入课程教学；巧妙空间—手工制作、少儿模特表演等课程将海南独特的贝壳、黎族文化等编入教材学习。将海南特有的旅游文化资源以"话说海南"为主题，以海南的自然风光、民俗文化、饮食文化、人文景观、特产为板块编入课程内容。采取说一说、做一做、唱一唱、跳一跳、画一画等多种综合实践活动，让学生在活动过程中产生丰富多彩的学习体验和个性化的创造性表现。有精心制作的美丽的贝类工艺品、有海南歌曲联唱、海南热带水果拼盘制作、家乡特色小吃海南粉、椰奶清补凉制作、三句半表演——夸夸我们的海南岛、学生亲手制作的黎苗服饰展示、诗朗诵《我的名字叫——海南国际旅游岛》、秀琼剧——《张文秀偷包袱》和《竹竿舞》表演。

　　以课程为载体践行校园文化理念，在现有的全校类的校本课程和选修类的校本课程之外，增加年级特色课程，以学校校园文化的四个维度开展，校园美、海南情、中国风、世界潮，将"主题教育活动"变成了固定的校园节日，海岛文化艺术节、科技节、英语节，整体统筹策划，全员参与，丰富学生的学习生活，在活动中成长，在活动中历练！

　　特色课程铸就学校特色，特色是学校价值取向的集中体现，特色是学校生态环境的集中体现，特色是学校创新发展的集中体现，特色是学校教育传统的集中体现，特色是学校核心竞争力，特色就是品牌，特色建设是学校发展的战略问题。由于市场需要的多元，百姓与家庭对孩子受教育需求的多元，办人民满意的教育，必须走多样化、创品牌的道路。同时结合校史、校情、师情、生情，通过自上而下的反复研讨、论证，我们一直都在坚持走"立足自我，因校制宜，与众不同，众人都好"的学校特色文化发展之路。

　　选择适合学校发展的特色课程，"让每一个孩子成为最好的自己"是学校一直以来的追求，也是实现学校跨越式的发展的根本保障！

　　　　　　　　　　　　　　　　　　（供稿：海口市滨海第九小学　吴清锴）

智慧 6 - 2

建构学校教育质量保障体系

　　我校是美兰区的一所普通公办小学，多年来积极传承"书能让我们一生快乐"的校训，紧紧围绕"以书养性、以文化行、以梦励志"的办学思路，始终秉持"书养品性、实践创新"的办学思想，并以"1＋x课程"为依托，将国家、地方课程校本化实施，同时开发具有英才特色的校本课程，构建三级立体课程体系，用50个平台培养一个孩子，以高标准完成立德树人的根本任务。为进一步提高我校教育质量，深化我校教学管理改革，促进教育教学管理的科学化和规范化，切实提高管理水平和教育质量，结合我校教育工作的实际，特制订本校教育质量保障体系。

一、学校教育质量保障体系的组织机构

　　学校是教育质量保障的重要实施者，为保障学校教育质量体系，学校完成了学校文化、组织机构、课程建设、教学管理、学生发展和教师队伍等体系的建设，制度明确，责任到人。

二、学校课程质量的保障

　　学校坚持"终身学习，幸福每一位英才人"的办学理念，通过国家课程、地方课程、校本课程三类课程的有效实施,使课程适应每个学生的发展。在此过程中,注重对学生自主能力和创新精神的培养,逐步形成"用50个平台培养一个孩子"的课程理念。学校初步制订适合学校实际的课程计划,开展了部分力所能及的学生兴趣活动、学校社会实践活动等探索和实践,为进一步完善学校课程体系打下了基础。

（一）学校课程目标

心怀梦想、蒙以养正；自主乐学、习有所长。

（二）学校课程结构

学校认真贯彻国家课程、积极参与地方课程并主动探索开发学校课程。以"用50个平台培养一个孩子"为课程建设核心理念,以提升教师专业发展为课程建设基石,逐步建立一个以提高国家课程教学质量、加强地方课程和校本课程建设的合理课程结构。

学校在较好完成国家课程和地方课程有关教学要求的基础上,为进一步实施人本德育,提出"1＋x"课程,"1"指的是国家课程,"x"指的是地方课程和校本课程,对国家课程和课程标准进行全面拓展,关注学生综合素质和个性特长。在全面拓展与深化的基础上,为每一个学生创造开发潜力的天地,达到充分发挥学生潜能的目的,切实有效实施素质教育。

（三）学校课程设置

海口市英才小学义务教育课程设置表
(2014年修订)

课程门类	课程名称	年级						周课时累计
		一	二	三	四	五	六	
国家课程	品德与生活 （梦想课程）	2	2					13
	品德与社会 （梦想课程）			2	2	2	3	
	科　学			2	2	2	2	8
	语　文	8	8	6	6	6	6	40
	数　学	4	4	4	4	5	5	26

续　表

课程门类	课程名称		年　　级						周课时累计
			一	二	三	四	五	六	
国家课程	英　语				2	2	2	2	8
	体育（竹竿舞、武术、足球、阳光体育操）		4	4	4	4	4	4	24
	音　乐		2	2	2	2	2	2	24
	美　术		2	2	2	2	2	2	
	综合实践活动	劳动技术			1	1	1	1	11
		信息技术			1	1	1		
		综合实践			1	1	1	1	
国家课程周课时			22	22	27	27	28	28	154
地方课程与校本课程	写字/书法		1	1	1	1	1	1	6
	生态文明		3（1专题2攀登）	3（1专题2攀登）	2（1专题1校本）	2（1专题1校本）	1（专题）	1（专题）	12
	中华优秀传统文化								
	其他专题教育								
	校本课程								
地方与校本课程周课时			4	4	3	3	2	2	18
周课时总数			26	26	30	30	30	30	172
学年课时总计			910	910	1 050	1 050	1 050	1 050	6 020

（四）课程实施

1. 教学时间安排：（1）每学年用于教学时间不低于 34 周。（2）学校实行五天工作制。在校周学时和周活动总量为：小学一、二年级在校学习时间每周 26 课时，每天（周五除外）课外活动时间 1 课时，在校周活动总量 30 课时；小学三至六年级学生在校学习时间每周 30 课时，每天（周五除外）课外活动时间 1 课时，在校周活动总量 34 课时。（3）一、二年级周一上午安排 4 节课，周二至周五上午安排 3 节课和 1 节课外活动；三至六年级上午安排 4 节课，下午安排 2 节课和 1 节课外活动。

2. 课程具体安排说明：（1）综合实践活动课程，包括"信息技术教育、研究性学习、社区服务与社会实践、劳动与技术教育"四方面内容。三至五年级每周 3 课时，分别开设：信息技术、劳动技术和综合实践课各 1 节；六年级每周 2 课时，开设劳动技术和综合实践课各 1 节。（2）按照教育部最新要求，小学一至六年级的体育课一律安排每周 4 节。本学年度学校严格按照规定，一至六年级开足体育课，保证学生体育锻炼的时间，同时结合海南特色和学校的办学特点及学校办学条件限制，一至六年级分别利用一节体育课开展团体体育操锻炼活动（阳光体育），以培养学生体育竞技和团队精神；三年级开始 1 节竹竿舞、1 节足球课，四年级开始 1 节武术课。（3）《生态文明》课程三至六年级开设，并与《科学》课程整合，由科学老师负责实施课程教学。

（五）课程管理

1. 建章立制、规范常规。规范备课、上课、作业、质量监控等教学管理流程，制订各个教学基本环节的相应质量要求，明确相应的定量定性指标。

2. 聚焦课堂，优化策略：（1）加强理论学习，不断促进专业的自我更新。以各教研组为主要阵地，组织教师学习学科课程标准，使教师准确理解和把握各类课程标准的内容和要求，组织教师按照各类课程标准的要求实施教学。（2）开展"推门听课"和"跟踪听课"活动。隔周一次抽查年级备课组的教学常规（学生作业、教师教学设计、个性备课、反思、听课等），发现经验及时帮助提升、推广，发现问题及时调控，提出整改措施。（3）改善教师教学策略和学生学习方法。提高教师对教学内容的把握、设计和组织能力，开展"学习单"的设计研究与应用，培养学生自主学习的能力。

3. 完善制度，加强研修。教研组建设要求从规范化到特色化方向发展。规范教研组建设，完善校本教研制度。（1）每学期的各类教师展示课、研讨课、汇报课以及这些课后的议课活动是教师们成长的实践平台。（2）每周一次教研组活动，做到定时间、定人员、定内容、定地点。（3）定期进行理论学习和课例分析（校内校外）。

（六）课程评价

学校课程评价必须贯彻"用 50 个平台培养一个孩子"的基本理念，有利于促进每一位学生健康、全面、个性的发展，有利于激发学生的学习兴趣，有利于学生在原有基础上的进步和可持续性发展。学校课程评价的重点是应突出对学生的评价。

1. 对学生多元激励评价。学校从"学科学业成效"、"技能特长发展"和"行为习惯养成"三个方面进行综合评价。评价方式采取知识评价与能力评价结合、阶段评价与辅导跟进、过程性评价与终结性评价结合。基础型课程的"学科学业成效"评价实施等第制和争星制。德育课程的"行为习惯养成"评价由大队部、班主任结合十好习惯教材引导自评和他评。每月开展"校园之星"评选颁奖活动，综合评价肯定学生的学力，帮助挖掘其潜力，增强学生自信心。

2. 对教师个性化评价。围绕基于课标、基于学习活动单的"微环节先学后教，提高教学有效性"专题活动，由分管领导组织组内教师在听完实践课后，对教师进行评价。结合学生调查问卷和家长调查问卷，全方位客观、公正地量化评价，评价结果与教师荣誉推荐、奖金发放和职称评聘挂钩。

3. 对教研组捆绑评价。学校注重团队互助，合作共赢，建立《教研组考核评价表》，对教研组工作评价采取：捆绑式考评，常态考查和期末集中评定相结合、教研组自评与各教研组互评相结合，并由学校分管领导和考核小组进行综合评定。每学期进行优秀、优质、合格教研组的评比。

4. 对实施课程有效性评价。基础型课程以教师个性化课堂教学评价表和全科质量监控奖惩条例为评价标准。拓展型课程评价以五个方面进行检测：汇编校本教材、教学实施、资料收集包、成果、学生对课程满意度的评价。

三、学校教学质量的监控与保障

高效优质的教学质量是学校的立校之本、发展之源。为构建出一个符合本校特色的，科学、合理、长效的教学质量监控与保障体系，以确保教学质量的稳步提升，我们建立了以教学质量为中心的一系列制度，并规范了制度的操作流程。

（一）理清职责

明确各教学管理部门职责，制订"四级"管理模式。

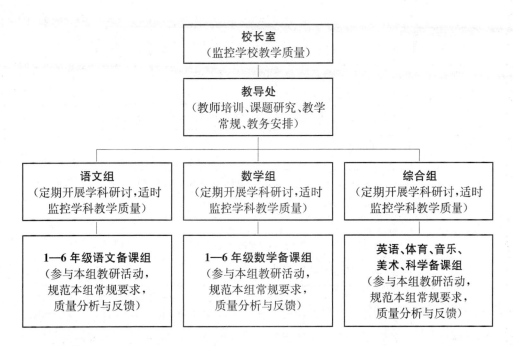

（二）规范流程

学校有很多日常的教学管理工作，如：考试、作业检查、备课检查、学科组的教学研讨等等，但这些工作往往会流于形式，不能起到对教学质量的监控与保障的作用。为了能发挥出这些工作的日常管理效能，我们规范了它们的流程，现以集体备课的流程作一简介（如图）：

海口市英才小学多层备课流程图

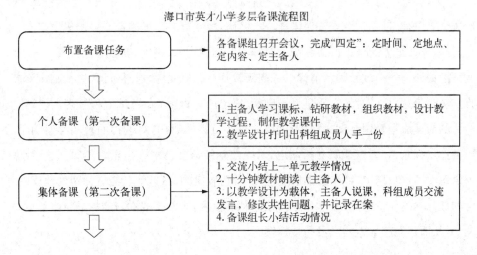

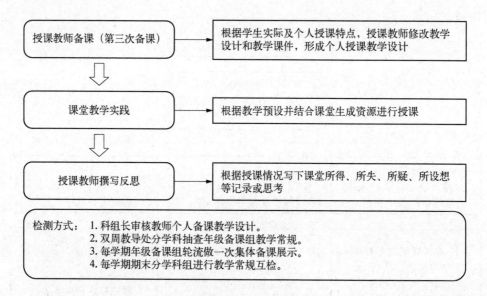

从图中我们可以看出，每次备课都需要经历 6 个步骤，从布置任务、个人备课、集体备课再到个人备课，而且每个步骤都确定了具体的要求，这样就能使得备课这一常规工作落到实处，使其能真正发挥出教学质量的监控与保障的作用。

（三）制度保障

教学质量管理需要科学的制度去引领、规范教师的教学行为，规范学校的管理行为。结合学校的日常管理工作，我们制订了教学质量管理的五项制度：1. 集体备课制度，以学校倡导的"学习单"课堂范式进行备课，必须经历"个人备课——集体备课——形成个案"这一过程。个人备课需要个人钻研，独立思考。集体备课强调集思广益，相互切磋，发挥集体的群策群力和协作精神；2. "四课"听课制度，新教师过关课——二级教师汇报课——一级教师示范课——高级教师专题研究课，通过听课，进行临床诊断，收集教学信息，从而对教学质量作出判断，提出改进处方；3. 考试流程管理制度，建立严格的考试流程管理制度，通过考试获取真实可靠的数据，对教师的教和学生的学的质量作出判断；4. 教学质量分析制度，对一二年级语文、数学，三至六年级语文、数学、英语每学期进行期中、期末教学质量监测，分析收集的信息，使其能更为精确地反映师生的教与学的质量情况；5. 学生学习质量档案制度，对学生的学习质量进行跟踪记录、辅导，从而建立起学生的学习质量档案。

（四）细化学科教学的研究

加强学科教学的研究,以学生自主学习为根本,以学生对知识体系的构建为核心,以学生自我价值展示为动力,以教师的启发、引领、点拨为激活方式,以激励评价为手段,以整合教材形成知识导图为突破口,从呈现知识导图出发,到编制"学习活动单"结束,实现"自主乐学、习得方法"的学科课程理念,建构"一单五环"课堂教学运行机制,其中"自学指导"、"合作探究"、"展示提升"三大课堂核心元素的设计,将自主、合作、探究的课改理念化为高效课堂的实际生产力。

向管理要质量已经成为学校管理者的一个共识,目前我们学校的管理逐渐迈入精细化管理的模式,但在教学中、管理中还需投入很多的时间与精力,使其产出的效能更高。

四、教师教育质量的保障

教师的教育质量是学校教学质量的重要保证,加强教师职业理想和职业道德教育,增强教师教书育人的责任感和使命感,注重提高教师的育人育德水平,为教师专业发展创设条件,提高教师教育教学和研究能力,是学校管理者首要考虑的问题。

近两年,我校借助省教培院专业力量的指导,确定了学校文化建设"三个以"的核心理念,即"以书养性、以文化行、以梦励志"(魂),规划了学校文化建设的五大板块,即管理制度文化建设(法)、校容校貌文化建设(形)、课程文化建设(形)、校本教研文化建设(形)和支教助学文化建设(形)。校本教研文化建设就是在这样的背景下,迅速明确了自我板块的建设目标:"志存高远、厚德载物、终身乐学、善施教化",自觉回到教师发展的原点:教学教研,从教学现场寻找最满意的答案,逐步形成了富有英才特色的"3366"式校本教研模式,为探索将英才"自主乐学、习得方法"的学科课程理念落实到教育教学行为中的途径和方法提供了有效的研究平台,提炼了更符合英才实际的包括"微环节先学后教"模式在内的高效教学范式和具体的教学策略,促进了教师专业的再成长、教学质量的再提高、学校内涵的再发展。

学校规定每学期每个教研组必须完成六个规定动作——六大教研主题活动,即:

读书沙龙、"三个一"主题教研、学业质量分析、说教材展示，另外两个主题由各科组根据学科特点来确定，每学期保证六大教研主题活动。主题确定后，由各备课组随机抽取确定本组的教研活动主题，并按教导处安排的时间组织全校观摩。其他参与观摩学习的备课组，教导处要求他们在活动结束后五分钟内，立即进行全组的交流讨论，并指定一名年轻教师作小结发言，其他老师作补充发言。这六大教研主题活动，不仅见证了当日作为观摩主角的备课组总体的教学教研能力，也促进了年轻教师的快速成长。

通过上述政策和管理措施的实施，学校逐步建立健全了教学质量管理的组织系统，形成了以学校管理系统为依托、以一线教师为主体、以评价为主要手段的教学质量保障体系。该体系建立以来，运转平稳，预期效应逐步发挥，取得了以下成效。

首先，学校有了明确的质量追求，形成了人人关注教学质量的文化氛围。现在学校教育质量不仅是教育行政部门和学校领导所关注的事情，同时也是每一位教职员工所关注的事情，视学校教学质量为学校的生命线，视发掘与发展学生的潜能为一切工作的出发点和归宿。

通过建章立制，建立健全了学校教育教学质量管理制度，完善了学校管理系统，学校的教学质量活动能够得到组织连续稳定的支持，基本形成了以教学为根本，以持续提高教学质量为目标的学校工作格局，优化了学校教学工作环境。

其次，调动了全体师生员工的积极性，培育了激励机制。学校教学质量保障体制的构建，明确了所有组织成员对教学质量所承担的责任，不断提升教学质量，是每个英才人对社会作出的承诺，是学校的自觉行动。

当然，学校教学质量保障体系的建设，是一个不断完善的过程。学校应该以现有基础为起点考虑教学质量保障体系的建设问题，从学校教育的目的着眼，从学校成员最关心的问题入手，开始教学质量保障体系的建设，通过长期不懈的努力，逐步构建自己的教学质量保障体系，并根据学校内外环境的变化不断优化促进教学质量进步的机制。

（供稿：海口市英才小学　杨明丽）

第七章　制度重建：
学校管理与教学改革良性互动

　　学校管理改革不可能一蹴而就,同时也不能孤立进行。教学改革的全面、深入开展,需要一个与之相适应的管理制度的支撑和保障,即学校管理与教学改革应形成一种良性互动。一方面教学管理要促进课堂教学改革,另一方面课堂教学也可能倒逼学校进行管理改革,两者相互促进,形成良性循环。在"海南省小学低年级基础学科教育教学综合改革实验研究"项目中,不少学校针对原有学校管理制度存在的弊端,重新构建新的管理制度,提升了教学质量,获得良好效果。

- 智慧7-1　抓实常规管理,提升教育质量
- 智慧7-2　聚焦教研制度,推进教学改革
- 智慧7-3　重建教研制度,提高教学质量
- 智慧7-4　在反思中完善,在管理中提高
- 智慧7-5　制度重建与课程改革的互动
- 智慧7-6　学校教研制度重建的探索与实践

随着教育理论的不断迭新，教育理念的不断改变，教育实践的不断推进，学校管理改革成为每所学校新时期的主题之一。学校要想不断地进步与发展，就要革新原有的、老旧的学校管理制度，构建与时俱进的、科学的、可操作的新制度。学校管理改革并不是一蹴而就的，也并非孤立无援，它与教学改革相互影响，相互促进，形成良性互动的循环关系。学校管理包括：教学计划管理、教学目标管理、教学过程管理、教学质量管理、教师管理、学生管理、教学档案管理。教学计划又细分为：学校教学工作计划、教研组工作计划、备课组工作计划、个人教学计划等。

在海南省"原点教学"项目实验过程中，各学校针对原有学校管理制度存在的弊端，重新构建新的管理制度，以期提升教学质量，并达成良好效果。通过此次实验项目中制度的重建，学校管理与教学改革形成了良性的互动，教学管理促进学科教学，学科教学反之也倒逼学校进行教学管理改革，总之两者相互促进，促进良性循环，形成有效机制，值得推广与称赞。以下从教研制度重建、教学常规监督机制构建、作业制度改革以及教师专业发展评价机制构建四个方面，结合具体学校具体案例，分析说明学校管理改革与教学改革之间的互动关系。

一、重建教研制度

教师教研在整个教学管理中举足轻重，因此，对于教师教研制度的改革与重建，对加强学校教学质量，促进教学改革，促进学科发展有着十分重要的意义。

海口市英才小学积极响应市教育局"教学规范管理年"活动的号召。针对学校教师教研存在的学科教研组与备课组活动单调松散、教研活动缺乏新意、教师对校本教研缺乏热情、制度执行欠监督以及教研与相关奖励机制"脱钩"等问题,英才小学充分利用"教学规范管理年"活动的契机,通过实践,力图改变旧的教研管理模式,重建以教师为主体,以学校为基地,以研究和解决教育教学中的实际问题、总结和提升教育教学经验为重点内容的管理体系。在教研制度建设、教研氛围的营造、对教师的评价、奖罚等方面的管理相应地进行管理理念与管理制度的重建。

（一）建立三级管理机制

英才小学将校级领导、教导处、备课组作为校本研训三级管理的部门。校长是校本研训第一责任人,将具体成绩与绩效挂钩、与评先评优挂钩,以学校之手强力推进。教导处是学校管理教育、教学工作的职能部门,应充分发挥职能部门的作用,贯彻领会、专业引导、跟踪反馈。备课组是教导处领导下的落实学校教学工作的教师基层组织,它是教师教学教研工作的舞台,也是提升教师专业素养的平台。备课组整体的教学教研水平,是校本教研"三级管理"的最好践行和见证。

（二）建立以校为本的校本教研制度

"校本教研制度"是以校为本的教学研究制度的简称,是英才小学以新课程理念为导向,以制度的方式规范教师的校本教研行为,建立一种自下而上与自上而下相结合的教学研究运行机制,以促进教师的专业化成长的一种教研管理模式。英才小学具体校本教研制度[①]：

1. 坚持研训一体制度。教导处切实发挥"把脉、诊断"作用,找准学校教育教学工作中的实际问题,制订目标明确、程序清晰、层次分明的研训一体工作计划。

2. 健全理论学习制度。确定每月一次理论学习活动,理论学习以展示读书成果、交流学习体会为主。学校要求全体教师制订班级读书计划和个人读书计划。

---

① 海口市英才小学.学校教研制度重建的探索与实践.

3. 健全听课评课制度。教导处、中层以上领导随时推门听课，并对教师听课、评课情况进行定期检查或抽查，有检查记录。

4. 健全专题研修制度。各科组围绕教学中的实际问题形成小专题，保证每周一次的集体备课活动；学校保证每学年度一次的"家长教学开放周"活动，并有明确的主题。

5. 健全课题研究制度。要引导教师关注自己的"问题"，开展"课题研究"。学校要从工作安排、经费保障、评优选好、职称评聘各方面对课题研究人员予以倾斜并形成制度。

6. 健全激励保障制度。学校按规定设立校本研训专项经费。建立教师研训档案，将考核结果与教师奖励、晋职、晋级和评优挂钩。学校将通过"教学奖、毕业班教学奖、绩效工资中的教学奖"三部分来激励教师积极参与校本研训，努力提升教育质量。

（三）教研制度重建成效

1. 学校开展集体备课展示、读书沙龙、"三个一"主题教研、学业质量分析、说教材展示，期末总结六大教研主题活动。将教研任务还给教师，还一线教师教研主动权，让教师们成为教研主角，提高积极性，提升备课组总体教研能力，促进年轻教师快速成长。

2. 学校采取"四课活动"（即过关课、研讨课、示范课、主题研究课）和"三级听课活动"（随堂听、教研组观摩听、公开课听）的方式聚焦课堂。由此，形成了一条在"3366"式校本教研模式下的"备课、上课、听课"螺旋式链条，不仅改变了教师陈旧的教学观念，更唤醒了学生心中对追求新知的欲望和潜力。[1]

3. 学校要求教师集体备课，并以学校倡导的"微环节先学后教"课堂范式进行备课，必须经历"个人备课——集体备课——形成个案"的过程。集体备课有效落实学校

---

[1] 海口市英才小学.学校教研制度重建的探索与实践.

倡导的教学理念,提高教师的研修水平,显著提高学生的学习兴趣与课堂教学效果。

二、构建教学常规监督机制

教学常规管理与教学质量息息相关,对于教学常规的有效监督,一定程度上能促进学科发展,保障教学质量。澄迈县永发小学针对学校长期以来常规教学工作中"懒、散、慢"的弊端,在教研室的组织下,特成立常规监督小组,校长亲力亲为任组长,抽调学科骨干为成员,改变监督检查方式:

(一)学校将常规监督检查由"静态"改为"动态"

学校把语文、数学、英语、综合四大科组以备课组为单位。单周周一早会时间,由检查小组随机抽取常规检查的备课组。检查的内容包括授课计划(教师的教学进度是否合理)、教案(备课能否根据教材和学生的实际因材施教)、教学反思(课堂教学完成后是否有反思、小结)、听课笔记(教师教研活动的参与情况)、作业批改(作业批改的方式方法、作业布置的数量)等,并对检查的内容做详细记录,同时上交存档。双周利用早会进行检查,及时反馈。便于老师们共同学习、改进和发扬。

(二)常规监督小组听课由"通知听课"改为"推门听课"

在学校组织的各项测评中,总有光环闪耀的"新星"冒出,也总有"陨石"坠落。学校监督检查小组要适时地深入课堂,进行"推门听课",提高教师的质量意识与效率意识。总结优点,查找缺点,扬长避短,把脉课堂,扶助教师共同提高。

(三)开展晒教案、晒作业、晒课堂的"三晒"活动

1. 每学期举行一次课堂开放周,面向全社会晒课堂,用教师与社会的评价来促进课堂质量的提高。

2. 每学期的期中、期末时间段,学校定点开展"晒教案、晒作业"活动,让全校老师相互查阅,取长补短,完善自己的教学常规工作。

澄迈县永发小学实行此次教学监督机制改革,从根本上改变了以往常规教学工作中"懒、散、慢"的问题。永发小学形成的长效监督机制,使得教师自主性与自发性提高,课堂教学的"质量"与"效率"意识提高,整体教学质量提高,促进了永发小学整体学

科的发展。同样,教学的发展、学科的发展也要求学校教学监督制度的革新与改变。

三、改革作业制度

海口市山高小学全面贯彻国家减负工程,创建素质教育环境,建立素质教育观念,基于学校自主链接生态课堂理论精神,打造海南唯一的学校理念。杜绝以任何方式抢占学生的课余时间,给学生造成不必要的身心伤害。杜绝不公平、不合理的抢课行为,更好地提高课堂学习效率,保障教学质量,落实堂堂清、日日清活动。

学校要求每位老师一定要有建优质学校的思想。优质的学校是人才的摇篮,优质的学校是孩子们的天堂,他们在这里常欢乐,常好奇,主动地探索,健康地成长。过于紧张的学习生活,只能是极大地剥夺了学生的自由空间,学生没有了自由的张力,也就没有创造性生长的时空。因此,学校对于作业制度进行了改革,建立"零作业制度"。

(一)各年级一律不准布置任何形式的书面作业,不准下发成套试题,校内完不成的作业不准留在校外做,更不准布置隐性作业。

(二)精批精改课堂作业,充分发挥作业的功能。复习旧知、萌发新知,激发思维。加快知识的消化、理解和运用。

(三)老师所选习题必须注重能力的培养与训练。课堂作业份量的深度和广度要适当,而且要为学生提供适当的选做题,以关注不同层次的学生,力求做到因材施教、分类推进。

(四)推行课堂作业当堂完成制度。教师要做到"定目标、快节奏、大容量、讲练结合、当堂训练",突出体现"学一点、记一点、会一点、知识当堂消化"的原则。

(五)对于违规的教师给予通报批评,限期整改;多次违反制度的教师,交校办处理。

山高小学建立严格的作业检查制度和违规惩罚措施，从学校层面来讲，有利于营造和谐的文化氛围，有效贯彻了素质教育的核心理念，且形成的长效机制可以保障学校教学质量，形成学校特色。从教师层面讲，虽然对教师课堂教学质量提出了较高的要求，但是也促进了教师教学水平的提升，减轻了教师课后负担；对于学生来说，"零作业"制度减轻学业负担与压力，提高学生课堂效率，且不同层次学生受到关注，体现"因材施教"、"以人为本"的观念。

四、构建教师专业发展评价机制

教师是学校发展的灵魂，学校最为宝贵的财富是教师专业发展。教师评价在关注其教学质量的同时，也要关注其专业发展水平。如果教师专业能力发展，专业水平提高，那么课堂教学质量势必不会差，学校教学水平势必不会低。

海口市海秀小学在此次教学管理规范活动中，快速聚焦，找到在以往教师评价中存在的问题：以考试成绩的量化代替了对教师教学质量的评定，导致教学管理活动只重结果而忽视教学过程及获得成绩的手段；重视对教师教学质量的评价，忽视其专业发展水平的评价；对评价结果重评定、轻指导帮助等。

针对以上问题，海秀小学分析产生此问题的原因，并进行反思，对于教师评价方面尝试改革，建立教师发展性评价机制。

（一）重视教师专业发展

每位教师每月提交一份能代表自己最高水平的教学设计及一份教学反思或者教学案例参加交流、评比，按优、良、一般、差四个等级进行评定，同时写出评语，指出优点和存在的问题及今后努力的方向，后一次的评语还要写出与前一次教学设计的对比以肯定其进步，将评定结果返回教师本人审定后存入教师发展档案；每位教师每学期举行1—2次教学研讨课，由各备课组长主持，听课教师参加评议并记录，确定等级，肯定优点，指出不足及今后的努力方向，连同主讲教师就该课写的反思一起存入教师发展档案；每位教师每学期提交两份听课报告，由参与听课的备课组长签字后参加交流、评比。由此，在他人评价、自我反思的过程中，不断进步、不断发展。

（二）课堂教学评价关注细节

1. 教学准备是否精心：教师是否在研究教学内容的特点和学生实际的基础上，制订教学目标，对教学过程中的重点和难点实施有效的教学。

2. 教学组织是否科学：a. 教师是否在教学过程中认真地设置学生思考的题目和安排学生参与活动的时间。b. 教师是否通过有效的提问技巧，创设真实的问题情景，并且在提问后留出候答时间，是否通过对学生的回答反馈和评价等，引导学生专注教学，参与教学。

3. 学习时间是否最大化：a. 教师是否将更多的时间用于教学内容相关的小组合作、探究活动上，而不是用于课堂管理，或与学习无关的活动。b. 教师是否激发学生动机来促使学生对学习的投入，增加他们的有效学习时间，培养学生的学习兴趣。

4. 师生交流是否最大化。教师是否使全体学生都有同等被提问和叫答的机会，多数学生是否经常得到教师的反馈、指导。

5. 教学是否灵活。教师是否通过有效的基本事实，运用科学的研究方法，使学生获得和掌握知识，发展学生的能力；教师是否根据教学内容的特点、学生的状况和实际情况开展适应性强、有针对性的教学，特别是能根据学生的差异，调整改变自己的教学策略和风格；教师是否重视发展学生高层次的创造性能力培养。

（三）综合评定形式多样

英才小学在每学期结束后，进行一次教师教学常规落实全面综合评定，将所有能反映一学期以来教师在教育教学各环节中的所有案头材料如各种形式的备课、听评课记录、教学反思、作业布批、理论学习与科研等进行集中检评、考核，并将考核结果反馈给教师本人,给教师反思与总结的依据。同时也提交反馈给校长室,作为学校考核考评依据。

英才小学建立的教师专业发展评价机制从多方面、多角度评价教师,小到日常的备课、评课,大到最后学年的考核检评,不仅关注教师教学质量,更关注教师在评价过程中专业水平的提升。实际上,教师评价机制的改革与重构,有效提高了教师的研修水平与能力,从而促进了教师专业水平的精炼与完善,教学理念更科学、教学方法更得当、教学视野更广阔、促进了学校整体学科的发展,保障了教学质量的提高。

智慧 7-1

抓实常规管理，提升教育质量

一、从注重实效入手，规范性落实教学常规管理

1. 严格执行课程标准（学校管理）从而促进学科教学，要是连课都开不齐，上不好，怎么能够促进教学质量呢？因此，我校创造条件开足开齐所有课程。

小学阶段开设的各门课程均属基础课程，我校严格执行课程标准，开齐、上足、教好每一门课程，没有随意增减。各学科教师明确本学科教学任务，把握学科的规律和特点，改进教学方法，不断提高教学水平，力求做到学科课程不走样，综合课程不走味，校本课程不走调，确保高质量完成各学科教育教学任务。今年，在学校场地特别有限的情况下，我们结合实际灵活地开设了特色体育课程：每天早晨二十分钟的四、五、六年级长跑课程和一、二、三年级兔子舞课程，还有我校音乐老师自编自导的大课间操活动。这些课程的开发开设，既增强了学生的身体素质，又活跃了学校生活，更增强了校园活力。

2. 强化教学常规管理，落实教学检查制度。教导处继续完善和落实常规检查工作，对教师的教学计划，集体备课、上课、教案、听课、作业批改、辅导、考试等各个教学环节在学期初提出了明确的要求和检查方法，并真正做到落到实处。每学期教导处组织教学抽查，采取不定期方式进行，专项检查中重点是集体备课、听课、评课、作业批改，做到有检查记录，有信息反馈，注重实际。严格实行月常规考核，充分掌握课堂教

学状况。此外,为了保证教育教学质量的落实,我们实行了行政领导蹲点负责制和毕业班教学质量领导蹲点负责制,让行政领导按时下到年级和班级调研并服务。

3. 做好教学质量评估工作,加强考试工作的管理。为进一步提高教学质量,我们不断完善教学质量评价机制,认真组织学生进行期中、期末及单元测试,从命题、试题保密、考试组织到监考、评卷等一系列工作都严格按小考的要求进行。严格考风考纪,杜绝教师和学生弄虚作假现象,营造良好的教学质量评价氛围。及时召开段考、期考教学质量检查分析会,强化考试的诊断功能。组织好每学期两次的考试和评价工作,坚持实行等级评价和多元化评价的方式,确保给学生一个全面的中肯的评价。

二、以实施我校特色的校本课程抓手

学校根据对学生需求的了解,结合教师的特点及社会的资源等因素开设了我校的校本课程。学校的校本课程开设选修和必修课程,生存教育是全校的必修课程,五年级是海岛文化课程,三四年级的是选修课程,每周五的下午的两节课是校本课程的学习时间。"生存教育"是由我校自主开发的具有本校特色的校本课程,主要针对各年段小学生面对突发事件和危险时如何自护、自救和互救的问题,分三个学段(低、中、高)、9 个主题、四大板块(情境、演练、巩固、拓展),这套教材实用性、操作性和趣味性较强,能充分满足小学阶段学生生存教育的需求。五年级"海岛文化"整合海南本土资源和学校资源,课程设计了五大板块:海南的自然风光、民俗文化、饮食文化、人文景观和风物特产等;每个教师负责一个板块的专题研究,并走班上课,通过说一说、做一做、唱一唱、画一画等学生喜闻乐见的活动形式,让学生生动形象地感受海岛文化的内涵和精髓。三四年级的选修课程内容更加丰富,多达四十多项,由学生自主选取自己喜欢的课程进修学习,打乱班级。丰富多彩的走班式校本课程深受学生欢迎。

每年五月举行"我的课程我喜欢"为主题的一周校本课程展示交流活动,邀请家长代表和全校师生参加,以检阅各个校本课程的实施效果。展示形式多样,有现场表演、学生作品展览、展板等,由专门的评审组进行评比并给予一定的奖励。

三、以成就最好的老师为目标，构建立体研修文化

我校潜心构筑立体研训文化，充分整合校本研训资源，让"教研、科研、培训"三者在时间和空间上充分融合，以主题为导引，开展丰富多彩的校本研训活动，使每一个有发展愿望的教师都能找到适合自己的平台，走出了一条富有特色的"主题式教研训一体化"校本研训之路。我们的具体做法是：

（一）确立研训主题，引领研训方向

从 2002 年开始，我校每学年确立一个研训主题，全校上下整个学年都围绕这个主题开展系列教学、研究和培训活动。

研训主题的设计考虑了学校教师发展的需求，更考虑学生成长的需要，又立足于课堂教学改革的实际，坚持以"教学细节"为着眼点，以"高效课堂"为落脚点，不断深化课堂教学研究，铸造高效教师团队，让每个教师都能成为最好的自己。

（二）围绕研训主题，落实常规教研

学科教研组围绕每学年的研训主题，以集体备课和课例研讨为载体，每周保证半天研训活动时间，以自身的课堂作为研究对象，解决自己教学中的真问题。我们单周是集体备课时间，双周是专题研讨时间。

1. 集体备课，让教师对教材的把握更为精准。集体备课一般采用两种形式：一是整个单元的备课。由一人事先准备后主讲，其他人补充提问，组长总结的形式进行。二是典型课型的备课。教研组事先确定主讲老师，让主讲教师和组内其他教师背对背备课，每个人都形成自己的教学方案，同时组内老师也进行集体备课。在对各种的备课方案进行比较后从中选优，对主讲老师的教案进行补充或修正，形成一个集大家意见为一体的教学方案。然后，主讲教师用这个教学方案上课，组内教师听课，做详细的记录，课后及时进行反思研讨。最后，其他教师对课例进行个性化修改后，再上课，并及时撰写出反思或案例。

2. 小专题研究，让教师对课堂教学更驾轻就熟。我校一直坚持围绕研训主题，以课例为载体开展专题研讨活动。一般每个教研组都会根据学校的研训主题，结合本年

级教学中的常态问题再确定一个小课题。在这样一个个有针对性的小专题研究中，教师的教学能力和研究水平都得到了极大的发展和提高。

3. 行为更进，让教师不断积淀和生成实践的智慧。2010 年 4 月，我校与北京市育翔小学结为手拉手学校，在借鉴北京育翔学校教研特色的基础上，我们提出了富有海口滨海九小鲜明特色的"行为更进"式研究策略："更进课堂、人人参与、交替引领、螺旋上升、整体提高"。实践了五年的时间，我们尝到了甜头，教师开始以一个研究者的角色自觉地关注自己和同行的课堂，开始形成了研讨设计、文献学习、制订预案、课堂更进及总结提升的"行为更进"式研训形式。

（三）针对研训主题，开展多样培训

1. 专家引领。针对每年的研训主题，我们一般会在学期初聘请省内外专家到校进行专业引领。近几年来，我们聘请省教育厅卢焕雄副处长、市研训院研训部覃冰副主任、海南师范大学谢海林、李伟诗教授等多名专家开设专题讲座，点燃老师们教育科研的激情，明确主题研训的理念和方向。

2. 个性培训。学校 2006 年成立的个性化培训工作室在做好教师特色教学基本功竞赛、新调入教师现代信息实用技术培训、新上岗教师教材培训和课堂教学调控策略培训等传统校本研训项目的基础上，围绕每年的研训主题开展菜单式和预约式相结合的培训服务，满足了广大教师不同层次不同内容的个性化培训需求，有效促进教师专业水准的提高。近三年我们重点抓了全体教师的普通话表达、三笔字、语文教师课文朗读等专项技能达标考核。第一轮考核不达标的教师，由学校进行针对性培训，教师自己再进行强化训练，最后组织第二轮考核，直到每个教师都达标为止。这样拉网式的个性培训，真正做到让每个教师教学基本功更扎实，课堂教学更得心应手。

3. 名著导航。2007 年，我校启动"名著伴我行"三个一工程（教师每学期阅读一本教育名著，做一本读书笔记，参加一次读书沙龙活动），每年，学校都会开展"全校教师同读一本书"活动，教师通过做笔记、写批注、话感悟、读书交流等形式分享阅读收获，有效提升和放大读书效果，让教师在名著的导航下提升专业品位，丰富专业内涵。

4. 外出学习。学校每学期都选派一大批语文、数学、英语、美术、体育、信息技术等学科教师前往全国各地参加课堂教学观摩比赛及研讨活动。回校后，学校组织这些骨干教师在校内分学科做课堂展示和学习汇报，以"点"带"面"，开阔教师的专业视野，让教师永远和全国的名师们保持着最经常最直接的零距离交流。

5. 师徒帮带。我校根据青年教师队伍逐渐壮大的实际情况，加大了对青年教师的培养力度，积极开展师徒帮带活动。教研室定期对"师带徒"活动进行验收，并对成绩突出者给予奖励。

6. 网络交流。校园网是滨海九小人温馨祥和的精神家园，综合实践活动、攀登英语等特色博客是教师展示交流的良好平台，教师借助网络，与专家、同行不限时空地零距离学习交流，这也是一种非常好的研训形式。积极组织教师参加教育部开展的"一师一优课、一课一名师"活动。在第一阶段校级晒课活动中，我们努力克服校园网带宽过低的困难，周密部署，精心组织，组织全体教师认真学习活动方案和《高效课堂十讲》材料，要求每一位教师及时梳理自己的课堂，将自己最优的课例在教研组全体成员的帮助下完善、提升，力求出精品课、优质课、示范课。校教研室建立完善"一师一优课、一课一名师"活动档案，每位授课教师授完课之后要上传教案、课件、堂清检测、赛课评价表、说课表、评课表、反思表等相关材料，为每位教师建立档案，做好材料收集工作，有力地促进教师的专业化成长。

为了把我校优秀的教育资源向乡镇学校辐射，让边远地区的孩子也能享受到与城里孩子同等的教育资源。海南省教育厅、海口市教育局选定我校与演丰镇中心小学（演海小学、北港小学）结成联盟校，在海南省率先进行同步课堂试点。在开展同步课堂活动的过程中，我校同步课堂课题组时刻围绕打造学生学习共同体、成长共同体和教师专业发展共同体，互动互进，促进双方师生共同发展这一目标，为项目的健康有效推进而不懈努力，为解决城乡学校之间的教育均衡问题做了极为有益的探索。

（四）聚焦研训主题，举行多彩展示

"用自己的课堂培训自己，让自己成为最好的自己"，这是多年来我们始终坚持的一个做法。我们借助多彩的教育展示平台，让教师在反复的磨课实践中，不断学习、反思和调整，为课堂走向高效搭桥铺路。

1. 汇报式展示。近几年来，我校先后派出百余名学科骨干教师前往全国各地参加教学研讨活动。为了检验外出学习的效果，也为了将先进的教学思想和有效的教学方法通过最直观的方式带给所有的老师们,学校教研室定期组织外出学习的骨干教师在校内分学科做课堂展示和学习汇报。与此同时,每位新加盟滨海九小的教师,都被要求上一节汇报课在全校交流展示。这节汇报课必须在教研组内反复磨课后才能参与展示。这既是对新加盟滨海九小老师的一次有质量的磨练,又是对整个教研组教师的一次课例培训,一举两得。

2. 竞赛式展示。为提升教师课堂教学的水平和质量,总结一年的课堂教学研究成果,学校每年都会举办一次大型主题教学节活动,每个教研组都将选送一节组内多次磨课后的由组内青年教师执教的研究课参加全校竞赛,并组织校内的专家进行评议和奖励。在历届教学节竞赛活动中,一大批青年教师脱颖而出,成为学校的教学骨干。

3. 开放式展示。为了让教师的常态课都不断走向高效和精致,我校建立并形成了常态课开放展示机制。每学年的家长开放日,全校所有课堂均向家长常态开放,每位教师的课堂随时向同学科组教师和学校领导开放。另外,兄弟学校的参观交流、师范院校生实习见习等活动,我们都要求教师主动开放课堂。借助外力敦促教师不断优化课堂。

4. 示范式展示。在一年一度的教学节上,我们还设置了特色课堂展示环节。近年来,我校开设了特级教师展示课、省级学科带头人展示课、省级骨干展示课。学校一批骨干教师在这个舞台上展示了自己的教学风采。他们凭借个人独特的教学风采和对有效教学的独到理解,让特色课堂和专题讲座说话,为每届教学节增添了许多精彩,为青年教师的专业成长提供了鲜活的经验和有益的启示。

5. 分享式展示。为了分享教研组主题研训的阶段性收获,学校教学节除了有课堂教学现场展示环节,还有教研组专题研讨汇报交流环节。会上,各教研组组长从小专题的确定、实施方案的研制、观察表的设置、课堂更进的情况、现阶段所探寻到的成果以及在研究过程中的困难和困惑等方面进行了真诚而有效的交流,把行动智慧提升为理论智慧。

(五)提升研训主题,深化课题研究

课题研究是培训提升教师,增强教师职业幸福感的有效形式。如何将课题研究与主题研训融为一体,我们一直在探索和思考着。

近几年来,我校根据当年的研训主题先后组织全体或部分骨干教师进行了《网络环境下小学生的综合性学习》、《校本课程与信息技术有效整合》、《如何在低年级阅读教学中落实写字教学》、《综合实践课程常态有效实施的实践与探索》、《小学课堂高效教学模式研究》等课题研究,这些课题都分别获得了省级乃至全国基础教育优秀成果奖,老师们在这些课题研究中夯实了理论知识,生成了实践智慧,提高了教学技艺,专业水平和能力得到了极大的提升。现在正在进行的是省级资助课题《小学低年级基础学科教育教学综合改革实验项目》的研究。我校现有省优专家一名,特级教师 4 名,省级学科带头人 6 名,省级骨干教师 9 名,市级骨干教师 13 名。在他们的带领并发挥示范引领作用下,我校教师队伍教学素养与能力得到了整体提升。

教学常规管理是学校教育教学活动正常开展的有利保障,创建海口市滨海九小特色的教学常规管理模式是我们矢志追求的目标。而校本研训是促使教师队伍整体素质得以提升的有效途径,是学校教育教学质量的必要条件,构建滨海九小特色的校本研训体系也是我们学校的发展目标之一。

（供稿：海口市滨海第九小学　关心凤　冉茂娟）

智慧7-2

聚焦教研制度,推进教学改革

　　伴随着海南省教育培训院关于"海南省小学低年级基础学科教育教学综合改革实验研究"项目("原点教学")研究的深入推进,我校的教研工作如何实现制度创新,如何改善课堂教学常态,如何更好地提高课堂教学质量等问题迫在眉睫!

一、真实面对当前问题

　　1. 教研缺少主动:学校教研活动自上而下,有安排、有任务则开展;无安排、无任务则放任。

　　2. 教研缺少监督:学校教研有计划、有安排,但是制度执行监督不到位。常常以当时的"中心工作"冲击学科教研组的教研活动。

　　3. 教研缺少合作:教师面对学校教研"单打独斗",独自备课,永远是"独唱"舞台。在学校的教研活动中,没有投入热情,常以要代课、批改作业、管理学生等借口逃避教研活动。

　　4. 教研缺少激励:学校教研工作与相关奖励机制"脱钩"。

　　自从山高小学指导团队把脉我们的教研管理、课堂教学之后,他们肯定了我校"立德、启智"的核心办学理念,同时也提出了我们众多的不足,尤其是"学校教研工作缺少具体监督,教师新课改理念不更新,课堂教学中学生的主体地位没有凸显。"专家指导团队的把脉，让我校决策团队茅塞顿开。我们必须重新审视和完善、更新现有的学校教研体系，形成配套完善的长效教研管理机制，才能全面提高教育教学质量。

二、完善教研制度

一系列教学制度的改革、教研制度的改革，促进了学科教学的改革，从而更好地提升了教学质量。

（一）更新课改理念

身未动，心先行。前苏联著名教育家苏霍姆林斯基这样说："如果你想让教师的劳动能够给教师带来乐趣，使天天上课不至于变成一种单调乏味的义务，那你就应当引导每一位教师走上从事研究这条幸福的道路上来。"学校让教师树立研究意识，促使教师由"教书匠"向"专家型"转变。

采取"请进来，走出去"的办法来提高教师教育教学研究水平。把指导专家团队请进来，零距离地接触，接受新理念、新思想的洗涤。每学期，我校积极组织教师走出去，走进山高小学，感受浓郁的教研氛围，借鉴山高教研平台，充实自我，更新理念。为了打破空间和时间的距离，我校的决策团队要求初始年级的骨干教师与山高教研团队建立帮扶对子，对于课堂常规管理、教学方式实施、打造教研队伍等进行广泛的交流，通过山高教研团队到校当面指导、相互观摩课堂、永发学校教师到山高跟班学习、同课异构等活动，以及电话、博客和 QQ 等方式，实现教学资源的共享。我们也把好的方法加以借鉴，尽快本土化，以便更好地运用到永发的课堂中。通过以点带面，骨干教师的转变带动整个团队的转变，使教研活动由被动变为主动，教师的业务素养得到了整体性提升。

此外，学校每月举行一次理论学习活动，理论学习以展示读书成果、交流学习体会为主。学校要求全体教师制订班级读书计划和个人读书计划，做职业的读书人，并积极撰写读书笔记，学校每学期检查一次。

（二）完善教研制度

学校整合教导处、科组、年级组等多股力量，建立"三级"学校教研网，实行校本教研工作分级负责制。全体教师围绕共同的目标,努力提高教科研水平和教学质量。

第一级——校长、教研主任教研工作制度

1. 全面制订学校校本教研制度与计划,引导全体教师围绕"立德、启智"核心办学理念,参与校本教研,督促和评价学校教研开展,并将具体成绩与绩效、评优评先相挂钩。

2. 带头学习教研理论并参与教学研究,举办专题讲座。校长、主任每月坚持深入课堂,每学期听、评课 40 节以上。

3. 定期召开课题研讨会、成绩质量分析会、信息交流会等。组织撰写校本教研活动方面的心得体会、教学反思、专题论文等。

4. 发动全体教师从自身实际出发,学习教育理论,注重联系实际,加强对实践成果的经验总结。

第二级——科组长校本教研工作制度

科组是学校落实教学工作、开展教学研究和提高教师业务水平的重要组织之一。科组长应负责组织本学科有关教学研究的全部工作。

1. 组织教师学习本学科课程标准,明确本学科的目的、任务,讨论并确定分年级教学要求,制订学期科组计划。组织领导全组教师制订年级教学进度计划,并严格执行。

2. 组织教师进行教学常规建设,实现备课、上课、作业布置和批改、课外辅导等基本教学环节的科学化、规范化、制度化。

3. 组织本学科教师成立备课组,教师在备课组集体引导下,认真钻研课程标准、教材,探索教法和学法,认真备课,写好规范化教案,讲好每一节课,教好每一个学生。

4. 每学期组内开展一次观摩评议活动,研究教材、教法和学法,交流经验,提高教学质量。

第三级——教师校本教研工作制度

教学研究是提高教学质量、促进教师专业化成长的重要手段。教师是校本教研工作的承担者和受益者。教师参加教研活动的质量直接影响到学校教育教学工作的质量,教师必须主动、认真地进行教研活动,在活动中不断提高自己的业务能力。

1. 积极参加学校各级教研组组织的各项教研活动,态度端正。

2. 认真完成学校、教研组、年级组交给自己的任务,在教研组讨论时要认真准备,积极发言。

3. 认真参加听课、说课、评课活动,每周坚持写教学反思,每学期至少听、评 20 节课。

4. 要坚持做到"六个一":每年读一本教育教学理论著作,确定一个教学研究课题,担当一次集体备课主备,上好一堂教学公开课,完成一份心理和德育渗透教案,撰写一篇以上教研教学论文。

5. 要熟悉课程标准、教科书及必要的教参资料,认真制订好一学期的授课计划。

6. 能把握好课程标准和教材要求,认真备好课,写好教案。备课时,既要备教材大纲,又备学生实际,既备知识能力点,又备德育心理渗透点,既备有效教法,又备学法指导,既备书面练习、作业,又备实验实践材料。

三、初尝教研重建成果

(一) 集体备课日渐融洽

集体备课是教师合作研究教学预设最有效的教研形式,它讲究团队合作,发挥集体的智慧,从而准确把握教材重难点,科学设计教学环节,灵活实施教学方法,以集思广益、资源共享的方式,共同促进教师专业素养的提高,同时也有效促进学科教学发展,提高课堂教学质量。

1. 组织形式:建立教研室主抓的集体备课组。语文、数学以年级为单位分别成立 6 个学科备课组,英语以学科为单位也成立 1 个备课组,每个备课组设立一个备课组长,统筹安排、组织主持备课组包括集体备课在内的各类教研活动的开展。

2. 时间安排:按照校本教研计划,原则上集体备课隔周安排一次。三大学科组教研时间也相应固定好,数学周三下午、语文周四下午、英语周五下午。

3. 地点安排:为了让集体备课从"小家"走向"大家",备课地点有两处。即,集体备课正常情况下在备课组办公室进行;另外,每个备课组每学期必须在教师阅览室开展一次集体备课示范活动。届时所有相关教师到位观摩,相互学习、提问或质疑。

4. 集体备课的流程步骤：召开会议,布置任务：定时间、定地点、定内容、定主备。个人初备,撰写个案：(1) 主备人学习课标,钻研教材,组织教材,设计教学过程,制作教学课件;(2) 备课时撰写的教学设计经过备课组长审核后打印出来,科组成员人手一份,以作集体备课时探讨。集体共备,形成共案：(1) 交流小结上一单元教学情况;(2) 十分钟教材朗读(主备人);(3) 以教学设计为载体,主备人说课;(4) 科组成员交流发言,修改产生的共性问题,并记录在案;(5) 备课组长小结活动情况。个性备课,形成个案：教师根据学生实际情况、个人授课特长等,全组教师分别修改教学设计和教学课件,形成个性化的教学设计。课堂展示,反思成案：课堂是检测预设的最终阵地,教师根据生成资源结合课堂教学实践及时地写下课堂所得、所失、所疑、所设想等反思,形成学校的共享教学资源。

"集体备课"以学校搭建教研平台,备课组组织开展,经历"个人初备——集体共备——形成个案——反思成案——资源收集"这一过程。既发挥了教师的个人钻研能力,又强调了集思广益、群策群力的协作精神,极大地促进了我校常规教研的有力开展,有效提升了我校课堂教学质量。

(二)常规监督日渐完善

教学常规管理与教学质量息息相关。基于我校长期以来常规教学工作中"懒、散、慢"的弊端,在教研室的组织下,特成立常规监督小组,校长亲力亲为任组长,抽调学科骨干为成员,改变监督检查方式：

1. 学校将常规监督检查由"静态"改为"动态"。学校把语文、数学、英语、综合四大科组以备课组为单位。单周周一早会时间,由检查小组随机抽取常规检查的备课组。检查的内容包括授课计划(教师的教学进度是否合理)、教案(备课能否根据教材和学生的实际因材施教)、教学反思(课堂教学完成后是否有反思、小结)、听课笔记(教师教研活动的参与情况)、作业批改(作业批改的方式方法、作业布置的数量)等,并对检查的内容做详细记录,同时上交存档。双周利用早会进行检查及时反馈。便于老师们共同学习、改进和发扬。

2. 常规监督小组听课由"通知听课"改为"推门听课",把脉课堂,扶助教师共同提高。在学校组织的各项测评中,总有光环闪耀的"新星"冒出,也总有"陨石"坠落。监督检查小组要适时地深入课堂，进行"推门听课"，总结优点，查找缺点，扬长避短，为教师服务，为学生服务。

3. 定时间、定地点开展：晒教案、晒作业、晒课堂的"三晒"活动，让学校常规工作充分享受阳光的温暖、大众的监督。每学期举行一次课堂开放周，面向全社会晒课堂，用教师与社会的评价来促进课堂质量的提高。每学期的期中、期末时间段，学校定点开展"晒教案、晒作业"活动，让全校老师相互查阅，取长补短，完善自己的教学常规工作。

（三）教研氛围的日渐浓厚

经过一系列的探索与改进，学校对教研工作日渐重视，在完善的监督体制之下，在各种出勤、绩效、评优、评先的激励之下，我校教研教学氛围发生了喜人的变化：常规教研按计划安排开展有条不紊。教育教学质量的提高是学校工作的主阵地，即使有突发任务安排，也尽量以不干扰常规教研活动开展为原则。教研活动任务由"给担子"转变为"抢担子"。曾几何时，教导处安排教研活动任务时，都得看着教师脸色行事，稍不留神，就会两头受气，既完成不了教研活动进程，又会让老师产生意见。所以，教导处形同虚设。可现如今，在评优、评先、评绩效多管激励之下，教师们的教研积极性高涨，"抢担子"屡见不鲜，教师专业素养明显提高。

（供稿：澄迈县永发中心小学　戴启溅）

智慧 7-3

重建教研制度，提高教学质量

　　教育教学质量事关学校的兴衰和学生的前途命运，事关广大人民群众的根本利益，教育教学质量也是衡量一所学校教学工作的硬指标。因此，学校方方面面的管理工作必须始终围绕提高教育教学质量服务，围绕提高人才培养质量服务，离开这一点，我们就违背了教育管理的初衷，也背离了学校教育的初衷。许多事实证明，师资、经费、设备和生源基本相同的学校，因为教学管理不同，教学质量会产生明显的差别。也有不少原来各方面条件较差的薄弱学校，通过加强学校管理，大幅度提高教育教学质量，从而发展成为优质名校。这说明管理出效益，管理出质量。如何通过加强学校管理提高教育教学质量呢？下面详细谈谈龙门镇中心小学在重建教研制度、备课制度及提高课堂教学效率方面的做法。

一、旧的教研、备课制度存在的弊端

2012 年，我校使用的《龙门镇中心小学教研工作制度》：

　　1. 每学期每位教师应认真学习相应学科新课程标准，明确教学要求，研究教材教法、学法。

　　2. 每学期每位教师应根据学校教改思路，于学期初制订好教研计划并实施，期末做好汇报，上交书面总结。

3. 每位教师应认真学习教学理论,积极参与教改实验。

4. 每位教师每学期至少上一节公开课。

5. 落实教师听评课制度,每位教师每学期至少听课 10 节以上。

6. 每次教研活动每位教师应做好活动记录,期末上交业务学习笔记本和听评课记录表。

7. 每位教师应认真总结教学经验,撰写论文,每学年至少撰写一篇论文。

8. 各教研组长要深入课堂听课,做好督导工作,协助教导处组织教学常规检查和定期教研活动。

9. 各教研组根据学校教学活动计划组织学科竞赛活动。

10. 各教研组期初制订教研工作计划,期末写好工作总结。

以上的制度过于笼统,操作性不强,其实只是给教师规定了硬性数量教研任务,没有追踪教师参与教研活动中是否获得提高,教师参与教研活动的积极性没有得到调动。不足之处主要表现为:

1. 教师每学期交的教学工作计划没有针对性,没有具体分析所教班级的学情而制订具体可以操作的教学工作计划,只是为了应付学校的工作检查而应付撰写。有的教师的教学工作计划还是抄袭上一学年的工作计划。这样的做法造成教师不能按计划正常完成教学工作任务。

2. 教师每学期上一节公开课,只有数量,没有质量。学校教研组没有制订主题或指定教师按相关的主题、专题举行研究课活动。教师为了完成学校布置的上公开课的任务而按照教学的进度随意选一课时进行教学。科组举行的公开课课型重复、内容单一,可研究性不强,不能够很好地解决教师平时上课中存在的问题。教学研究课变成教学应付课。旧的教研制度里没有重视集体备课的重要性,没有充分发挥年级备课组集体的智慧。教师平时上的公开课、研究课教案的设计撰写都是靠上课教师单枪匹马作战,年级备课组的集体智慧没有得到充分的发挥。

3. 学校规定每位教师每学期至少听课 10 节以上,有的教师为了应付听课任务,甚至抄写别的老师的听课记录,学校组织的检查活动也只是重点注意教师听课的数量,没有具体检查教师听课的反思、教师听课的评论等。

4. 每位教师每学年都撰写上交一篇论文，但很多教师的论文没有根据自己在平常的课堂教学当中积累的经验进行梳理总结、概括提炼后撰写论文，而是随意应付性地写一篇论文上交学校。

二、重建教研、备课制度

针对龙门镇中心小学在教研、备课制度方面存在的不足，学校领导联合教研员及各个学科的教研组组长多次召开有关会议进行研究改革。借鉴我们的帮扶学校——海口市英才小学的工作经验，我校尝试在以下方面进行改革：

各个学科教师每学期上的校级研究课、公开课由教研组统筹安排时间、上研究课的内容主题。例如语文组的校级研究课，从上课的内容上分为识字课、阅读课、略读课、作文课、课外阅读指导课等。这样做回归了教学研究课研究的目的，重点解决教师在平时上课中存在的问题。

校级研究课重视年级备课组的集体备课活动，集体备课活动的程序借鉴海口市英才小学的集体备课流程：

1. 建立"三级备课制度"。三级备课制度即"个人备课——集体备课——个人二次备课"。备课要求："四定"：定时间、定内容、定方式、定中心发言人；"四统一"：教学目标统一、教学进度统一、教学重难点统一、教学训练统一；"一灵活"：课堂教学范式灵活运用。

教案设计要过好两关：一是学生关，以学定教，给学生一根拐杖，让学生尝试自学、交流、探究，在此基础上确定切实有效的教学对策。二是教材关，教师要结合课程标准吃透教材的编写意图和知识结构，将学习点拆成若干个必经思考的问题，建立起学生思维的台阶。

2. 新课程理念下的集体备课流程如下：

为了使集体备课这一形式沿着新课程方向发展，真正服务于课堂教学，并且增强时效性，以避免流于形式，除有计划组织教师参与备课活动外，我们还建立了教师自评、同事互评、组长终评的评价机制。通过检查评价，最大限度地调动教师利用教研活动时间，积极参与组内集中交流教学反思，从中吸取经验教训，为下一单元的集体备课

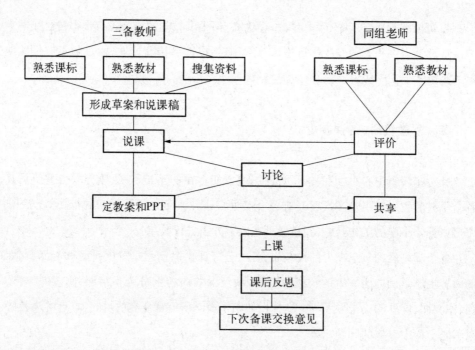

或课堂教学提供理性指导。

实践证明,龙门镇中心小学在集体备课活动的改革中取得的效果很好,集体备课这一教研平台有效地挖掘了年级备课组教师的智慧,从大家的集体研讨中,备课教师受益匪浅。

3. 教师的听课活动更重质量。除了规定教师要完成的听课任务,学校还规定教师的听课记录要记录个人听课的反思及解决问题的策略。

4. 把教师平时的课堂上课质量列入学校教学常规检查工作中。学校检查的方法:实行学校领导、教研组成员推门听课活动,实行对学生进行访谈了解活动。目的是要求教师平时要把握好课堂教学的质量关。

三、龙门镇中心小学教研制度和龙门镇中心学校教师教学常规

（一）龙门镇中心小学教研制度

每学期每位教师应认真学习相应学科新课程标准,明确教学要求,研究教材教法、

学法。教导处统一安排校本培训学习内容、时间、地点、主讲人，及时组织教师参加测试活动。

每学期每位教师应根据学校教改思路，于学期初制订好教研计划并实施，期末做好汇报，上交书面总结。每位教师应认真学习教学理论，积极参与教改试验。每位教师每学期至少上一节公开课。公开课的主题由教研组统一安排制订。每位教师应认真总结教学经验，撰写论文，每学年至少撰写一篇论文。

落实教师听评课制度，每位教师每学期至少听课 10 节以上，听课记录应有听课后的反思及教师的听课点评等。每次教研活动每位教师应做好活动记录，期末上交业务学习笔记本和听评课记录表。

各教研组长要深入课堂听课，做好督导工作，协助教导处组织教学常规检查和定期教研活动。各教研组根据学校教学活动计划组织学科竞赛活动。各教研组期初制订教研工作计划，期末写好工作总结。

（二）龙门镇中心小学教师教学常规管理制度

为了进一步加强教学管理，提高我校教育教学质量，根据《海南省中小学教师教学常规》的规定，结合我校教学实际情况，特制订龙门镇中心小学教师教学常规管理制度。

1. 认真备课。备好课是上好课的前提，教师要重视备课工作，认真钻研课程标准、教材，结合学生实际，编制教学目标，设计教学过程，确定教学方法，选择教学辅助手段，做到目标明确，重点突出，教材处理恰当，教案设计层次清楚，重视学法，教师做到提前一周备课，各学科年级备课组坚持每两周一次的集体备课制度，讲究备课实效。

备课的基本要求：（1）认真钻研课程标准和教材。课程标准是教学的基本依据，教师应认真学习领会课程标准，深入钻研教材，把握教材重、难点，明确教学目的、教学原则以及各年级各学科的教学要求和任务，整体把握教学内容之间的联系和衔接。（2）深入了解学生。了解所教学生的"双基"掌握情况、缺漏所在、心理特点，以便因材施教，提高教学的实效性。（3）认真编写教案。教案是教师统筹规划教学活动的设计方案，其内容应包括教学内容（或课题）、教学目的要求、教学重难点、教具学具准备、课时分配、授课时间、教学过程、板书设计、作业设计、教学后记等。（4）认真写好教学后记。教学后记重点写教学过程的得与失，教后的体会与认识，以及对教学效果的自我评价和原因分析，把改进措施以及对某些问题的看法与体会写于教案后，以积累经验、提高教学水平。教师每周不少于1篇教学后记。（5）坚持每两周一次的集体备课。做到"三定"：定时间，定内容，定主讲人；"五备"：备课程标准、备教材、备教法、备学法、备训练，重点研究本学科教与学的改革与创新。

2. 认真上课。课堂教学是提高教学质量的中心环节，是实施素质教育的主阵地。教师要牢固树立"以学生发展为本"的思想，优化教学方法和教学手段，努力提高课堂教学效率。面向全体，因材施教，积极实行启发式、讨论式教学，开展研究性学习和合作学习，引导学生质疑、调查、探究，努力构建自主、合作、探究的课堂教学模式，培养学生创新精神和实践能力。

上课的基本要求：（1）上课有教案，认真做好课前准备，遵守学校教学常规，准时进入课堂。（2）衣着整洁大方、教态亲切，不穿背心、拖鞋，不坐着上课。（3）语言文明、规范、使用普通话教学。（4）不得提前下课，不准拖堂。（5）关心爱护学生，不讽刺、挖苦、体罚和变相体罚学生，不剥夺学生的上课时间，依法保障学生受教育的权利。（6）体育活动、实验、综合实践等课，要严密组织、加强指导、保障学生安全。（7）不带移动通信工具进课堂，上课时不使用移动通信工具。（8）上课时间，不会客，不擅自离开课堂，不做与本节课无关的事。（9）严格按课表上课，不私自调课、占课，因病因事调课需经教导主任同意并做好登记。（10）认真组织学生做好眼保健操，不得挤占该时间。（11）科学教师做好演示和分组实验。

3. 精心布置和认真批改作业。教师要根据教材内容，精心设计课堂和课外作业，既有统一要求，又能体现因材施教，既不加重学生负担，又能保证练习质量。教师要认真批改作业，重视作业的讲评，切实为改进教学和提高质量服务。

布置和批改作业的基本要求：（1）作业的形式要多样，可分口头、书面、思考、实验、操作、制作、测量、观察、调查等，中高年级学生适当布置一些课外阅读作业，力求能开拓学生知识面、启发学生思维、培养学生能力。（2）作业的内容要精选，份量适当，难易适度，并具有层次性、思考性、应用性、开放性。严格按照上级规定，控制作业总量，既不加重学生负担，又能保证练习质量。课堂作业必须当堂完成。（3）作业的规格要统一,严格要求学生认真、按时、独立完成作业,做到书写工整、格式规范、步骤清楚、书面整洁。(4) 批改作业要及时、认真、细致、不漏批错批。当天的作业当天批改,作文必须在下次习作前批改结束,作文批改要有总批和眉批,批语要有针对性、指导性,字迹要工整。(5) 重视作业的讲评,对学生作业中出现的主要问题,要及时讲评和纠正。对好的作业要予以表扬,同时督促学生订正错误,对无力订正的学生应进行面批。

4. 课外辅导。课外辅导是教学的补充和重要环节,是因材施教,提高教学质量的途径之一,教师要重视学生学习过程和学习方法的辅导工作。要求做到：(1) 认真拟定优生、后进生辅导计划,并做好辅导记载和成绩跟踪。(2) 平时对学生提出的疑问要及时耐心地给予指导和帮助。(3) 根据不同对象确定不同辅导内容,采取不同的辅导措施,对后进生要热情关怀、重点辅导,对优等生要加强培养、发展其特长。(4) 结合学生实际情况,实施分类辅导,使后进生的成绩有明显进步,使优等生的爱好特长得到发展。

5. 认真进行考核：(1) 全期只进行期中、期末检测,时间不超过国家规定的标准。(2) 单元测试随堂进行,综合性检查每次不超过 90 分钟。(3) 严肃考试纪律,学生诚信考试,杜绝作弊现象。(4) 评分标准客观、统一,阅卷做到公正、公平、合理,及时做好成绩统计,成绩评定继续实行等级制。(5) 鼓励和引导学生自我评价,注重评价主体的多元化和对学生学习和发展过程的评价,各班建立学生成长记录袋。(6) 做好学生综合性评价工作,以道德品质、公民素养、学习能力、交流与合作、运动与健康、审美与表现等六个方面的基础发展目标为依据,全面反映学生的发展状况。(7) 学期检测结束后,教师及时填写试卷分析,学校定期进行教学质量分析。

6. 课后反思：(1) 坚持多样化的课后反思。要通过课后反思进行自我评价、自我诊断,不断改进教学,提高课堂教学质量。课后反思可以是自我反思、同伴互助反思和在专家引领下反思等形式。课后反思的呈现方式可以是"课后记"、"教后感"、"教学札记"等形式。(2) 形成撰写课后反思习惯。每位教师每周要写不少于 1/4 新授课时的教学反思,每位教师每学期至少写一篇 800 字以上有一定深度和质量的教学反思,在学科组或校内交流。

7. 认真组织开展课外活动：(1) 开展课外活动要做到四落实：计划落实、人员落实、内容落实、时间落实。(2) 成立形式多样的课外兴趣小组，开设作文、数学、音乐、体育、美术、科技创新六个以上项目的课外兴趣小组活动。各兴趣小组要结合学科特点，制订计划，明确目标，落实措施，使全体学生的兴趣、爱好得到发展。(3) 课外活动要按计划认真组织。保证活动时间，活动内容丰富多彩，形式活泼多样，富有吸引力，确保活动质量，力争出成果。(4) 每次活动要做好记录，包括辅导内容、方法、效果等，注意积累资料，期末认真总结。

（供稿：定安县龙门镇中心小学　王德寿）

在反思中完善，在管理中提高

2013 年 9 月，我们有幸成为"原点教学"实验项目校之一，和我们牵手的是海口市教学教育质量做得最好的学校——滨海九小，他们针对起始年级，基础学科，即一年级语文、数学，三年级英语给予我们帮扶，两年来，他们诚心诚意，我们虚心努力，很多东西悄悄地发生着变化，效果非常明显。在滨海九小的帮扶下和影响下，我们结合学校工作实际，对原有的教学管理制度进行了反思，从反思中找出存在的问题，并在实践中逐步完善教学管理制度。

我们对原有的教学管理制度进行批判性反思，剔除一些落后的、不利于教师发展的规定和做法，改善一些不完善的地方，最终形成新的有利于新课程实施和教师成长的教学管理制度。

1. 关于教学常规管理。我们原先是对教师个人的备课、上课、辅导、听评课、理论学习等方面进行检查量化的制度，这是进行过程性管理、保证正常的教学秩序和教学质量的重要一环，也是教师天天面对的日常工作和检查内容，学校教学管理制度对此制订了具体要求和检评办法，但在滨海九小专家帮扶团队指引下，发现存在如下的问题：

备课：备课是教师经验积累的过程，是对教材的重新加工处理、对学情的分析、进行教学设计的过程，更是上好课的前提和基础。就我校来说，虽然优秀教师云集，但在备课这一检评环节中还存在以下问题：一是还停留在对备课的书写认真与否、环节完备与否、以及量的要求等形式化的检查水平上；二是不能保证做到课前备课，因为多种原因，还存在一些老师课后补备课的现象，这样直接导致课堂教学的随意性，不能保证课堂教学的效率和质量。存在上述两个问题的原因可能是多方面的：一个是个别教师自身的问题，即责任心问题；另一个是没有形成促进教师提高备课水平和质量的检评机制；另外，我们在检查时，更多的是进行教师间的横向比较，没有教师个人的纵向比较，缺乏对教师在备课水平方面进步的评价，难以使教师在备课方面形成积极性。

上课：课堂教学的改革是课改的主阵地，教师教学方式的转变、学生学习方式的转变都主要在课堂教学中进行。但就我校对课堂教学的检评来说主要存在以下问题：一是对上课的评价主要是对教师的课堂教学评比成绩，一次课定终身，使我校教师对自己课堂教学水平自我感觉良好，不利于形成提高课堂教学水平的教学研究氛围；二是缺乏自下而上的课堂教学评价方式，教师对自己课堂教学自信有余，反思不足；三是对课堂教学的指导和研究的良好氛围建设不够到位，在青年教师的培养上我们十分注重，但对业务骨干教师的指导却没有保障，高级教师对学术研究积极性不高，同事之间的交流、研讨没有形成良好的运行机制。

作业：存在的主要问题：一是作业不分层次，学生选择作业的权力几乎没有；二是有的学科中存在作业过多的现象，除教导处规定的订阅资料外，有的教师私下让学生订阅资料，加重了学生不必要的负担；三是作业形式单一，基本上都是巩固性的书面作业，缺乏一些实践性、活动性、探究性作业。

辅导：在辅导方面存在的主要问题：一是教导处对竞赛拔尖缺乏足够的重视和有效的措施，省、市级的学科竞赛成绩不够理想；二是辅导的时间没有保障，使辅导课成了课堂教学的延伸，这样做一方面剥夺了学生自主支配时间的权力，另一方面学生负担过重，使优生进一步提高幅度不显著，差生得不到有效转化，缺乏应有的针对性；三是学科类进行集中辅导力度不够，不利于形成学校整体的稳定的特色，对优秀学生的进一步发展不利，也不利于优秀教师队伍的成长，难以发挥和形成教师的特长。

听评课：每学期规定每位教师听评课的节数，可以促使教师之间的交流、合作和互相学习，提高教师的执教水平。但在具体实施时却并不尽如人意，存在的主要问题：一是没有研究的主题（或者说是目标），使听评课漫无目的、流于形式；二是没有形成促使执教者和听课者提高水平的运行机制，只是当成任务去完成，缺乏主动性；三是检查上存在滞后性和形式化。

理论学习与科研：理论学习应成为教师自觉的需要，成为指导和帮助教师解决在实践中遇到的问题和困惑的需要。存在的主要问题是：一是理论学习流于形式，对新课标、新理念的学习浅尝辄止，意识不到理论将为行动指明方向的重要性；二是对课题研究、教育科研的认识不够，认为进行课题研究、教育科研就是写出研究报告或论文，借此包装自己，缺乏脚踏实地进行研究的思想。如何将理论学习与教学实践和教科研三者有机整合起来，使三者相辅相成、互相促进成为新课改教学管理工作中着力解决的一个问题。

2. 关于教学质量：质量是学校的生命线，也是教师的生命线。如果一位教师的教学质量不好，那么无论如何，他都不会被认为是一位非常优秀的教师；相反，如果一位教师的教学成绩非常突出，往往就会一俊遮百丑，他就可能是一位获得过很多荣誉的"优秀教师"。教学质量与教学成绩在实际操作时的划等号，以及其他一些原因，导致了在进行教学质量评定时出现了一些问题。第一，以考试成绩的量化代替了对教师教学质量的评定，导致了教学管理工作只重结果，不重过程以及获取成绩的手段。第二，对考试结果重评定量化，轻指导帮助。考试结束后，学校往往是评定教师的成绩等次、分析成绩变化，缺少与教师一起共同分析成绩好与成绩差的原因、找出存在的问题、制订今后工作的措施这一环节，这样，对教师的成长和发展极为不利，特别是一些青年教师如果经历过几次失败后，找不到自己存在的问题以及解决问题的对策，得不到领导和同事的指导与帮助，就会对自己失去信心。第三，由于基础不一致，使教学成绩的信度降低。分班时或分班后，由于各种原因导致一些优秀生不平衡，另外还有像教师中途接手等这些因素的存在，导致了教学成绩的评定公平、公正程度不够，因此，使大家对教学成绩的认可度有些争议。

通过对现行教学管理制度在实施时存在问题的反思，分析产生这些问题背后的原因，我们进行了教学管理制度进一步完善的尝试。

做法一：建立教师发展性评价机制

备课、上课、听评课：每位教师每月提交一份能代表自己最高水平的教学设计及一份教学反思或者教学案例参加交流、评比，按优、良、一般、差四个等级进行评定，同时写出评语，指出优点和存在的问题及今后努力的方向，后一次的评语还要写出与前一次教学设计的对比以肯定其进步，将评定结果返回教师本人审定后存入教师发展档案；每位教师每学期举行 1—2 次教学研讨课，由各备课组长主持，听课教师参加评议并记录，确定等级，肯定优点，指出不足及今后的努力方向，连同主讲教师就该课写的反思一起存入教师发展档案；每位教师每学期提交两份听课报告，由参与听课的备课组长签字后参加交流、评比。

教师的课堂教学要求做好以下五个环节：（1）精心准备：要求教师在研究每天课程或每堂课教学内容的特点和学生实际的基础上，制订教学目标，对教学过程中的重点和难点，实施有效的教学。（2）科学组织：a. 教师在教学过程中要认真地设置学生思考的题目和安排学生参与活动的时间。b. 教师要通过有效的提问技巧，创设真实的问题情景，并且在提问后留出让学生候答的时间，要通过对学生的回答反馈和评价等，引导学生专注教学，参与教学，即由学生原来的被动听课转化为主动参与。（3）学习时间最大化：a. 教师要将更多的时间用于教学内容相关的小组合作、探究活动上，减少用于课堂管理，以及与学习无关的活动时间。b. 教师要通过教学的吸引力，激发学生动机来促使学生对学习的投入，增加他们的有效学习时间，注意激发学生的学习动机，培养学生的学习兴趣，教给学生学习方法，使学生学得生动活泼。（4）师生交流的最大化。教师与全班交流，不能只停留在几个同学，必须使全体学生都有同等被提问和叫答的机会，应该使多数学生经常得到教师的反馈、指导。（5）教学灵活性，在教学过程中教师要通过有效的基本事实，运用科学的研究方法，使学生获得和掌握知识，发展学生的能力。教师要能根据教学内容的特点、学生的状况和实际情况开展适应性强、有针对性的教学，特别是能根据学生的差异，调整改变自己的教学策略和风格。教师要十分重视发展学生高层次的创造性能力培养。

作业：每学期举行两次学生作业评定，其中一次必须是实践类、活动类、探究类的作业；教导处将每天各班学习委员的作业反馈纳入教师考核内容。

辅导：针对拔尖与扶差，教导处排出课堂教学时间进行分层教学；为各学科搭建竞技舞台，营造校园竞技氛围；加强竞赛集中辅导力度，形成学校整体的稳定的竞赛特色；出台竞赛绩效评定制度，大幅度提高竞赛奖励额度；鼓励教师进行各类业务水平提高的学习与培训。

理论学习与科研：我们收集素质教育、现代教育心理学、现代艺术教育学等理论材料，印发教师学习，引导教师切实转变观念。组织教师认真学习了《基础教育课程改革纲要》《素质教育学习纲要》，学习并研究各科新课改标准，组织教师进行专题讨论、聘请有关专家来校讲座，帮助教师树立先进的教育教学理念，提高教育科研的自觉性和积极性，让教师真正认识到，教学与科研是一家，有效的教学不是日复一日的简单重复，而是自觉学习新的教育成果和理论，充满激情的创造性探索活动。

关于教学质量：质量是学校的生命线，也是教师的生命线，这是前提。考试成绩的量化仍然是教学质量评价的重要指标，占教师发展性评价量化部分的百分之三十，除了学生的考试成绩外，评价中还包括学生对该门学科的学习是否具有积极的情感，是否爱学、乐学、会学，以及是否形成对人生积极的态度和价值观，以及一系列学生评教活动，综合反映教师教学质量的全貌。

综合评定：每学期结束后，进行一次教师教学常规落实全面综合评定，将所有能反映一个学期以来教师在教育教学各环节中的所有案头材料如各种形式的备课、听评课记录、教学反思、作业布批、理论学习与科研等进行集中检评、考核，并将考核结果反馈给教师本人及校长室，作为学校考核依据。

做法二：建立以校为本的教学研究制度和校本课程体系

1. 优化进行集体备课和教研的方式方法。首先就是每个教研组对集体备课和教研活动除按常规要求进行正常活动外，还要有问题意识，即要有专题，每个学期要解决几个问题。其次就是对集备和教研的质量进行评价，每次进行活动时，要对每位教师提出的有价值的意见、建议、观点等进行记录，每个学期在期中、期末分两次对本组内的所有教师依据提出的价值点的多少进行质性评价。

2. 以综合实践课改革为突破口，构建校本课程。首先让综合实践活动课在教师引导下，更密切联系学生自身生活和社会实际，加强对知识的综合应用能力，促进学生的社会化、个性养成和人格完善；其次是建立形成一种师生依据自己的兴趣特长、进行双向选择的课程体系：如现行的音、体、美特长学生的辅导在进一步完善后给学生以更多的选择；学科类的教师依据自己的特长，开办各类相应技能提高班，每一位教师都可以面向同年级的所有学生进行双向选择，优胜劣汰，逐步形成稳定的教师得以发挥所长、学生得以发展所长的选修课体系，张扬学生个性，并在每个学期进行两次学生的综合素质测评，形成学校特色，逐步构建校本课程体系。

　　两年多来，我校在教学管理制度完善中做了大量的工作，我们教导处对教学管理制度的进一步完善工作也一直在反思中求进取，取得了一定的成效。我们深知，虽然我们很努力，但教学管理制度还不够完善，今后的工作将面临更多的困难和挑战。我们也坚信，只要抱着脚踏实地、敢于争先、勇于创新的工作热情，以公正、公平、求实之心去进一步完善教学管理制度，相信教育教学之花必将在我校灿烂绽放。

（供稿：海秀中心小学　游建家）

智慧 7-5

制度重建与课程改革的互动

　　如今,随着教学理念的改变,各个学校都在进行课程改革。然而,随着课程改革的不断深入,学校原先的一些制度就阻碍了课程改革的深入。因此,学校一些制度的重建就成了课程改革的首要任务。当学校制度重建工作完善后,又将反过来促进课程改革的进一步深入,使制度重建与课程改革之间形成一个良性的互动关系。课程改革的任何一项目标都不是轻易就能实现的,教师的教学方式也不是短时期内能转变得了的,它除了受教师教育教学观念和个人素质等因素影响外,更重要的是受到学校教学管理制度及考试内容和方式的影响。因此,致力于教学管理制度的重建,被认为是本次教学改革的重要任务。

一、改革旧的教育观念

　　观念是行动的灵魂,教育观念对教学起着指导和统率的作用,一切先进的教学改革都是从新的教育观念中生发出来的;一切教学改革的困难都来自旧的教育观念的束缚;一切教学改革的尝试都是新旧教育观念斗争的结果。确立新的教育观念是教学改革的首要任务。教育观念不转变,教学改革就无从谈起;教育观念一转变,许多困难就会迎刃而解。当前中小学教学还没有摆脱应试教育,学校所实施的教学改革也因此变得缺乏成效或事倍功半。在课程改革中,学校应组织学习与培训,开展反思与讨论,提高教师的认识,来一次教育观念的"启蒙运动",把教师的教育观念统一到素质教育的要求上来，统一到新课程的方向上来。例如：我校在改革初期，大部分老师都觉得不可思议、不可能。看了别校的视频后，也觉得别人是在作秀。不愿意在课堂上尝试改革，主要还是老师的观念没有改变。因此，学校为了让老师便于尝试新的课堂，相继推出"四步教学法"、"五步教学法"，让老师有个模式去上课。并不断推出优秀的示范课，让老师从被动到主动去感受新课堂的魅力。而学生也从排练课到潜能激发，在课堂上大放光彩，让老师激动不已。老师们的观念已经悄悄发生了改变，现在要评一节好课，不看老师，主要看学生在课堂上的表现和收获。

二、教学管理制度的重建

重建制度也是本次教学改革的重要任务。教育观念的更新、教学与学习方式的转变需要相应制度为其保驾护航。就学校教育内部而言，观念更新、方式转变的最大阻力来自于落后的评价制度。用应试教育的模式来管理和评价教师，怎么可能让教师产生素质教育的思想观念和行为呢？对于本次课程和教学改革，教师反映最强烈的就是教学管理和评价问题。他们盼望、呼吁与新课程、新教学相适应的新管理和新评价。教学管理制度的重建具有重要意义，它将从根本上解决教育观念和行为问题。新课程的推进对教师提出了转型要求，要求教师角色要由"教书匠"转变为"研究者"，教师必须学会反思和创新。新课程的推进完全是一个开放性的探索过程，任何一所学校都应当承担起探索、创新的职责，有所作为，努力办出特色。学校进行教学研究必须以校为本，即要从学校教育教学实践中的问题出发，通过全体教师共同研究，达到解决问题、提高质量的目的。教学研究要在学校取得"合法"地位，并真正成为学校教学改革发展的永恒动力，必须进行制度化建设。同时，通过制度化建设，在学校形成一种崇尚学术、崇尚研究的氛围，这是保证教学改革和教师专业化发展的最有力的内在机制。我校在此也做了一系列相应的制度重建：

（一）教学常规管理制度

学生篇（规范行为，培养习惯）

1. 课前准备：上课预备铃响后，要迅速走进教室，把书本和文具摆放整齐，坐姿端正,准备上课。

2. 铃声响后:上课铃响后,全体起立,师生互相问好,老师请全体同学坐下。

3. 课堂表现:课上集中注意力,专心听讲,勤于思考,积极参加讨论,互帮互助,勇于表达自己的见解。

4. 学会倾听:老师和同学讲话时,要坐姿端正,专心致志地听,边听边想:别人说什么,说的对不对,完整不完整。等别人讲完后,才能发表自己的观点:或陈述、或补充、或更改。

5. 读书养成:读书时,双手拿书,书向外自然倾斜。站着读书时,不但要拿好书,还要站直站稳。朗读时,读得正确流利、有感情,吐字清晰,声音响亮。默读时,神情专注、态度认真、边思考边批注。

6. 语言表达:能说完整的话。自然大方,声音响亮,口齿清楚,语言亲切,态度诚恳。质疑时,学会用"为什么……"、"我有一个问题:……"、"请问××老师(或××同学)"等句式。回答问题时,学会用"我读了这段话知道了(明白了)……"、"我是这样想的……"、"我体会到……"、"我还认为……"、"我有不同意见……"、"我补充……"、"我们小组的意见是……"等句式。

7. 书写要求:做到"三个一",胸离桌边一拳,眼离书本一尺,手离笔尖一寸。认真独立完成老师布置的作业,要求书写工整,不抄袭,认真做好"堂堂清"。

8. 课上不做小动作,不随便说话,不妨碍他人学习,不做与学习无关的事。尊敬老师,服从老师、同学的领导和分配。

9. 下课铃响后,全体起立,师生互致再见,要礼让老师先走出教室。

教师篇(规范行为,言传身教)

1. 教师必须按时上课,提前进教室,不得迟到,确保每个学生都迅速做好课前准备(摆好学习用品,坐得端正),确保室内安静,必须做好充分准备才能进入课堂。

2. 上课铃响后,老师要精神饱满地走上讲台,教态自然、亲切、大方,一举一动以身为范,以创造良好的教学氛围。

3. 教师要引导学生自主、高效地学习。课堂目标要明确、具体。

4. 教师板书要工整,不潦草。在课堂教学过程中,引导学生认真听讲,积极思考,集中精力学习,养成良好的学习习惯,努力提高课堂教与学的效率,并根据学生情况分层指导。

5. 课堂教学中,教师要注重学生的站姿、坐姿和看书、写字姿势以及听讲状态,根据情况及时纠正。要求学生站直坐正。学生看书写字时,教师应采取有效措施,保护其视力。

6. 当堂的检测题要以课本上的为主(复习课除外),要有代表性,不宜过难。学生完成检测练习时,教师引导学生互评互改,及时纠错,并对出错点进行评讲。

7. 教师在课堂上必须使用职业语言,讲究语言艺术,严禁语言粗俗,动作粗鲁。教育学生要严格,但不得打骂、讽刺、歧视学生,不体罚、变相体罚学生(包括罚站或不让进教室);不坐着上课;不接打电话;不吸烟;不随便离开教室。

8. 下课铃响后,按时下课,杜绝拖堂。

9. 教师上课时服装、妆容要得体、自然。

10. 教师上课基本要求:教师必须按时上课下课,不得提前或推迟。预备铃响后,教师必须立即站到教室门口,关注并确保每个学生都迅速做好课前准备(摆好学习用品,课本放到作业本上,文具放在旁边,坐端正),确保室内安静。上课铃响后,班长喊"起立!"老师精神抖擞走上讲台,亲切地招呼学生"同学们好!"同学们回答"老师好!同学好! 合作愉快!"老师微笑着说"请坐!"教态自然、亲切、大方,一举一动都渗透教师风范。不讽刺、歧视学生;课上不处理学生纠纷(如有违纪的,只要填好纪律记录本,不要浪费学习的时间);不体罚、变相体罚学生(包括罚站或不让进教室);没有特殊情况,不坐着上课;不带茶杯、手机进教室;不抽烟;不随便离开教室。课上要有学习目标,学生因需要而学,因需要而问,始终保持教室学习环境和谐。教师板书工整,不潦草。学习目标要准确、明确、具体,并力求当堂达标。学生看书时,教师的一言一行要有利于学生聚精会神地学习(不板书,不说闲话,不做闲事,不玩手机,不随便走来走去)。自学后的达标测评至少要分三个层次,不同难度,有针对性等特点。学生完成检测练习时,教师不作辅导,但必须巡视,最大限度地发现学生练习中的错误,并思考如何纠错(建立教师纠错记录本)。教师纠错时,应启发较多的学生更正、讨论,教师只负责点拨,不负责公布答案。课堂作业必须以课本上的为主,当堂独立完成,教师不得辅导,不得拖到课后。下课铃响后,教师不拖堂,示意下课。班长喊"起立!"教师亲切地招呼"同学们再见!"同学们齐呼"老师再见!"要礼让教师先走出教室。

（二）备课制度

1. 集体超前认真钻研教材,做到进度统一,重难点讲解一致。

2. 个人手写备课,重点学习目标设计和授课后总结跟进。集体备课提前一周;个人备课提前一天并在上课前请备课组长签字。

3. 一般程序及任务:解决质疑问难的教法和学法,研究教学目标的出现及完成方式。以自学帮扶为主,达到五个"统一":（1）统一进度（划分课时）;（2）统一学习目标;（3）统一思考题;（4）统一课堂达标测评;（5）统一教师引领的过程。研讨如何突破难点:预测学生自学后可能出现哪些疑难问题或错误,学生小组讨论后还有哪些问题难以解决,针对这些问题教师如何补充、纠正、拓展,即走出教材,指导运用。

4. 审阅:集体备课要一人执笔,以电子稿的形式发给学科教研组长参与讨论评选。个人手写备课（为学生好学而设计）。

5. 复备:上完课后,写好学习过关记录,并有针对性地制订当天过关计划。

6. 考核、评比方法:（1）教研组长和年级主任查课时可以直接检查备课和上课内容是否符合（抽查）。（2）学科教研时间分享备课和课堂落实效果。优秀备课奖励。（3）集体备课纳入教研组之间的考核;个人备课纳入本组内考核。

（三）查课制度

1. 每天由教学中心、年级主任、教研组长进行无缝隙查课任务,教学中心负责全校查课任务,年级主任、教研组长负责本组查课任务。发现情况,依据轻重,可进行建议或指正,并将查课结果及时通过校讯通予以公布。

2. 查课任务:教学中心主任每周3节,年级主任2节,教研主任2节。

3. 查课内容:教师到岗时间是否准时,学生课前准备是否整齐、规范,课堂纪律情况,教师是否有体罚现象;教师授课情况,如学生听讲、坐姿、握笔书写等;课堂教学的常规执行,是否有私自调换、挪用、挤占其他科目的情况;教学中心任务的体现以及每课十分钟测评;"循环链接模式"的具体操作及落实。

4. 对于巡堂查课时出现的重大问题,如未经允许随意迟到、缺课、体罚的教师,将依照制度及时通报批评,以防微杜渐。

5. 负责查课领导及时记录查课情况,并纳入教师常规量化考核中。

(四) 零作业制度

杜绝以任何方式抢占学生的课余时间,给学生造成不必要的身心伤害。杜绝不公平、不合理的抢课行为,更好地提高课堂学习效率,落实堂堂清、日日清活动。

每位老师一定要有建优质学校的思想。优质的学校是人才的摇篮,劣质的学校则是人才的坟墓。优质的学校是孩子们的天堂,他们在这里常欢乐,常好奇,主动地探索,健康地成长;劣质的学校则是孩子们的"地狱",他们在这里常悲哀,常恐惧,被动地接受,人格的萎缩。过于紧张的学习生活,只能是极大地剥夺了学生的自由空间,学生没有了自由的张力,也就没有了创造性生长的时空。

成立检查小组的目的,一是监督检查;二是研究适应的对策,保证政策的实施符合教育教学规律。

零作业的具体内容:各年级一律不准布置任何形式的书面作业,不准下发成套试题,校内完不成的作业不准留在校外做,更不准布置隐性作业。精批精改课堂作业,充分发挥作业的功能。复习旧知、萌发新知,激发思维。加快知识的消化、理解和运用。老师所选习题必须注重能力的培养与训练。课堂作业份量的深度和广度要适当,而且要为学生提供适当的选做题,以关注不同层次的学生,力求做到因材施教、分类推进。推行课堂作业当堂完成制度。教师要做到"定目标、快节奏、大容量、讲练结合、当堂训练",突出体现"学一点、记一点、会一点、知识当堂消化"的原则。

(五) 学校校本研训制度

加强和改进教师的教学研究工作是促进新基础教育课程改革目标全面落实的重要保障。为了履行职责,创造性地完成教育教学任务,结合我校实际制订"校本教研制度"。

围绕"强化能力、提升素质、决战课堂、提高质量"的总体目标,以提高我校教师师德素养和业务水平为核心,以"一德四新"的学科培训为主要内容,立足于在教学和课程改革实验中遇到的实际问题,把着眼点放在理论与实际的结合上,把切入点放在教师教学方式和学生学习方式的转变上,生长点放在促进学生发展和教师自我提升上,切实加强对教学研究工作的领导，校长总负责，教务处负责具体抓，建立层层管理、逐级落实、全员参与的教学研究管理与活动机制，确保校本教研工作落到实处。

建立以"自我反思、同伴互助、专业引领"为核心要素，以理论学习、案例分析、校本论坛、教学反思、结对帮扶、经验交流、调查研究、问题解决、协作解决、教学咨询、教学指导、说课、听课、评课、骨干教师与教师对话等为基本形式的校本教研制度，并通过教学观摩、教学开放日等活动，为教师参与校本教研创设平台、创造条件。以"问题——计划——行动——反思"的操作方式，努力提高校本教研的针对性和实效性。

建立起以校长室和教务处、教研组、教师组成的三级教研网络。各级应明确自己的职责和工作制度，端正教育思想，明确培养目标，认真开展教学研究和实践。各级工作制度如下：

一级——校长室和教务处校本教研工作制度

在校长领导下，学校教务处具体负责校本教研工作，全面制订学校教研工作规划与各项规章制度，并负责监督实施，形成一支强有力的教研队伍。

1. 做好骨干教师的培训工作，组织全校教师分期分批参加上级组织的业务培训。努力做好自培工作，包括学校自己组织的业务培训和教师的自我学习培训。

2. 根据形式发展，制订学校教科研课题，并逐级落实。

3. 发动全校师生员工从本校、本职工作出发，学习教育理论，注重联系实际，加强对实践成果的经验总结。

4. 负责全校的教研流程管理工作，加强对学校教师的教研的指导和管理，组织校级课题的论证、申报工作，选编学校的教科研论文集。及时检查各项教研工作的落实、进展情况和教研工作交流。及时安排和总结本校教研工作情况。

5. 加强业务学习与研究，不断提高自身的理论素养，以身作则，理论联系实际，促进全校师生形成实事求是、崇尚学术、勇于创新、不断进取的校本教研风气。

二级——教研组校本教研工作制度

教研组是学校落实教学工作、开展教学研究和提高教师业务水平的重要组织之一。教研组长应在校长、教务处领导下负责组织领导本学科有关教学研究的全部工作。

1. 组织教师学习本学科课程标准，明确本学科的目的、任务，讨论并确定分年级教学要求，制订学期教学计划。组织领导全组教师制订学期工作计划、年级教学进度计划、教学科研计划和教研组学习活动计划，并严格执行。

2. 积极开展教学研究活动。组织组内教师进行集体备课，研究解决教学疑难问题，组织进行教学反思等。学习教学经验、教改经验，总结工作，讨论分析学生的学习态度、学习方法、学习质量等状况，提出解决问题的措施和办法。组织教学研究课、公开展示课，及时总结、交流、推广教学经验，撰写经验论文。教研组活动要有出勤和活动记录。

3. 大力抓好本学科教师的教学工作，组织组内教师认真钻研教学大纲、教材、探索教法和学法，认真备课，写好规范化教学案，讲好每一节课，教好每一个学生。共同研究：（1）单元、章、节、课时的目的和要求；（2）重点、难点、疑点、关键点；（3）作业或练习；（4）教学过程的组织和教学方法的选择；（5）统一进度，相互取长补短，共同提高。

4. 依据学科特点和学生实际，结合教改，确定教研中心和教改课题，组织全组成员学习新理念，不断总结教学成果，推广教学新经验。

5. 每学期组内面向全体教师开展一次观摩评议活动，组织一次教师论坛活动。通过以上形式研究教材、教法和学法，提升教学理念，交流教学经验，提高教学质量。活动要有总结材料。

6. 做好以老带新工作，充分发挥老教师传帮带作用，要落实到人，加速培养新教师和青年教师。

7. 教研组长要保证上述各项工作的贯彻落实，开学时订好教研组工作计划，并认真组织实施。学期结束做好工作总结，并定期向学校行政领导和教师汇报工作。真正创建严肃活泼、刻苦钻研、文明和谐的教研组。

三级——教师校本教研工作制度

教学研究是提高教学质量、提高教师素养的重要手段。教师是开展校本教研工作的承受者和受益者，是开展教研活动的出发点和归宿。教师参加教研活动的质量影响到全校教研活动的质量和教学工作的质量，教师必须主动、认真地进行教研活动，在活动中不断成长，不断提高自己的业务水平和能力。

1. 认真参加学校各级教研组组织的各项教研活动,态度端正。认真完成学校、教研组交给自己的任务。

2. 每位教师认真完成教研组交给自己的集体备课任务,在教研组讨论时要认真准备,积极发言。

3. 认真参加听课、说课、评课活动以及教师个人论坛活动。

4. 在教学实践的同时,要坚持做到:"六个一",即:每年读一本教育教学理论著作,确定一个教学研究课题,上好一堂教学公开课,完成一份多媒体教案,完成一份心理和德育渗透教案,撰写一篇以上教研论文。

5. 要熟悉课程标准、教科书及必要的教参资料,认真制订好一学期的授课计划。

6. 能把握好课程标准和教材要求,认真备好课,写好教案。备课时,既要备教材大纲,又备学生实际,即备知识能力点,又备德育心理渗透点,既备有效教法,又备学法指导,既备书面练习、作业,又备实验实践材料。

三、活动要求

（一）校本教研活动设计要求

1. 营造严谨、求实、民主、宽松的校本教研氛围,改变教师教学研究各自为战和孤立无助的状态,有效开展教师间的交流与合作研究。

2. 加强自我研究意识,养成理论学习和实践反思的习惯,不断提高研究和解决教学实际问题能力,提高课程开发和建设能力,形成在研究状态下工作的职业生活状态。

3. 加强学科沟通整合,改变过于强调学科本位的倾向。定期组织不同教研组或课题组分别交流。

（二）校本教研活动过程要求

1. 每次校本教研活动,负责人要制订好详细的活动计划、做好周密的安排、按计划组织活动,做到准备充分、效率高。

2. 每次校本教研活动,负责人要做好校本教研活动过程记录并做好活动总结。

3. 由教研组或课题组组织的校本教研活动由负责人及时向教务处汇总活动情况,

教务处或教科室组织的由负责人及时向校长室汇报或汇总活动情况。

4. 每次校本教研活动,负责人要整理好过程记录与活动总结,建立并保管好各级管理主体的校本教研档案。

5. 校本教研活动的参与者要积极参加相应的校本教研活动,努力配合管理主体顺利进行教学研究,以主人翁的态度搞好校本教研,提高自身素质。

近年来,我们沿着"制度重建、教学反思、同伴互助"的开放、动态的校本教研制度,并纳入新生成的教学常规,有效地引领并推动了教师专业素质的快速发展,进而给学校教学管理注入了新的生机和活力。

（供稿：海口市山高小学　官建斌）

智慧 7-6

学校教研制度重建的探索与实践

一、充分认识教研制度重建的重要性和紧迫性

（一）教研制度重建是教学规范管理的需要

2014 年 11 月，为了进一步强化我市中小学教学管理，规范办学行为，全面提高管理水平和教育质量，努力办好人民满意的教育，海口市教育局决定在全市中小学开展"教学规范管理年"活动。根据活动工作要求，学校要健全教学工作管理机构，规范教学常规管理；建立健全以校为本的研训制度，不得随意减少课程门类，增减课时。

（二）教研制度重建是提高教学质量的需要

目前，我校教研存在一定的问题，如：1. 学科教研组与备课组活动单调、松散。2. 教研活动缺乏新意。3. 老师对校本教研没有投入热情。表现在：学校以当时的"中心工作"冲击学科教研组的教研活动；教师把校本教研当作教学工作之余的额外负担，常常以要代课、批改作业、要管学生为借口逃避教研活动。4. 制度执行欠监督。5. 与相关奖励机制"脱钩"等问题。在本次规范管理活动中，我校必须重新审视和建构新的学校管理体系。要思考现行学校管理在管理目标、管理方式、评价方法、管理结果等方面与规范管理有诸多矛盾。因此，我校应充分利用"教学规范管理年"活动的契机，建立健全各项管理制度，形成配套完善的长效管理机制，全面提高教育教学质量。

下面以"校本研训"为例，谈谈我校通过实践，力图改变旧的教研管理模式，重建以

教师为主体，以学校为基地，以研究和解决教育教学中的实际问题、总结和提升教育教学经验为重点内容的管理体系。在教研制度建设、教研氛围的营造、对教师的评价、奖罚等方面的管理相应地进行管理理念与管理制度的重建。

二、教研制度重建的方法

（一）建立三级管理机制

把校级领导、教导处、备课组作为校本研训三级管理的部门。因为，校长是校本研训第一责任人。在落实经费、创造条件、营造氛围、保障激励等方面负主要责任。校级领导引导全体教师围绕"志存高远、厚德载物、终身乐学、善施教化"的文化建设目标展开，并将具体成绩与绩效挂钩、与评先评优挂钩，以学校之手强力推进。教导处是学校管理教育、教学工作的职能部门。校本教研文化建设目标的最终目的就是为了提升教师的专业素养，提升整体的教学教研水平。而教导处是否能发挥职能部门的作用，做到贯彻领会、专业引导、跟踪反馈，将直接决定着校本教研文化的建设目标。备课组是教导处领导下的落实学校教学工作的教师基层组织。可以说，教导处的工作内容、工作形式、工作效果，都是通过备课组来落实和呈现的。备课组作为教师基层组织，它就是教师教学教研工作的舞台，也是提升教师专业素养的平台。备课组整体的教学教研水平，就是校本教研"三级管理"的最好践行和见证。

（二）建立以校为本的校本教研制度

"校本教研制度"是以校为本的教学研究制度的简称，是学校以新课程理念为导向，以制度的方式规范教师的校本教研行为，是建立一种自下而上与自上而下相结合的教学研究运行机制，以促进教师的专业化成长的一种教研管理模式。一所规范的、优秀的学校，必然要建立健全相关制度，促使校本研训工作逐步走向规范化、科学化、制度化轨道。具体做法：

1. 坚持研训一体制度。把学校教学研究、教育科研和师资培训纳入学校重要工作，作为学校常规性的工作。教导处切实发挥"把脉、诊断"作用，找准学校教育教学工作中的实际问题，制订目标明确、程序清晰、层次分明的研训一体工作计划。

2. 健全理论学习制度。确定每月一次理论学习活动,理论学习以展示读书成果、交流学习体会为主。学校要求全体教师制订班级读书计划和个人读书计划,做职业的读书人,并积极撰写读书笔记,学校每学期检查一次。

3. 健全听课评课制度。教导处、中层以上领导随时推门听课,并对教师听课、评课情况进行定期检查或抽查,有检查记录。根据市里要求,我们学校的听课节数与市里要求一致,校级领导每学期听课 20 节以上,教导处和各学科教研(备课)组长每学期听课 25 节以上,教师每学期听课 20 节以上。

4. 健全专题研修制度。各科组围绕教学中的实际问题形成小专题,保证每周一次的集体备课活动;学校保证每学年度一次的"家长教学开放周"活动,并有明确的主题。

5. 健全课题研究制度。要引导教师关注自己的"问题",开展"课题研究"。校级领导每人至少要主持或参与一项课题研究。学校要从工作安排、经费保障、评优选好、职称评聘各方面对课题研究人员予以倾斜并形成制度。

6. 健全激励保障制度。学校按规定设立校本研训专项经费,严格执行学校年度公用经费 5％用于教师研训的政策。建立教师研训档案,将考核结果与教师奖励、晋职、晋级和评优挂钩。学校将通过"教学奖、毕业班教学奖、绩效工资中的教学奖"三部分来激励教师积极参与校本研训,努力提升教育质量。为此,各学科的及格率达标奖相应调整为：语文 98％,数学 93％,英语 92％。

三、教研制度重建后的成效

有了具体的制度和校本研训方案,就要看操作模式和行动策略是否有效了,重构具有英才小学特色的教研模式。

特色之一："玩转"教研,教研主题还给教研组

英才小学每学期确定六大教研主题活动,如：集体备课展示、读书沙龙、"三个一"主题教研、学业质量分析、说教材展示、期末总结等教研主题活动。主题确定后,由各备课组随机抽取确定本组的教研活动主题,并按教导处安排的时间组织全校观摩。其他参与观摩学习的备课组,教导处要求他们在活动结束后五分钟内,立即进行全组的

交流讨论，并指定一名年轻教师作小结发言，其他老师作补充发言。这六大教研主题活动，学校不仅把教研的任务下放给各个教研组，把教研的主动权还给一线教师，让老师们人人亲自主持、开展教研活动，当主角，提高了老师参与的积极性。这样，不仅提升了备课组总体的教学教研能力，也促进了年轻教师的快速成长。

任何一种模式的存在，都必须有操作层面和操作策略的支撑和检验。校本教研，最终指向的就是教学现场，就是常规管理。聚焦课堂、规范管理，俨然就是我校校本教研模式生根发芽的沃土和活水源头。于是，在这一发展模式下，自然生成了我校微环节先学后教、集体备课大家看、教学常规抽抽看等高效的教学模式、研讨模式和管理模式。还自然生成了"四级备课"和"三微课程"。"四级备课"即个人第一次备课，第二次中心发言，第三次课堂教学检验，第四次集体备课展示；"三微课程"即"五分钟口算训练课程"、"十分钟经典诵读课程"、"十分钟提笔习字课程"。"四级备课"从根本上杜绝老师们"不备课就上课"的现象，保证课堂的实效性，"三微课程"虽然很小、很不起眼，却是最能为学生成长打底的课程。在"3366"式校本教研模式的引领下，我校的教学教研工作正行进在快速而平稳的快车道上。

为了更加规范这种课堂范式，特别是促进青年教师熟练地驾驭这种课堂范式，我校目前统一的操作流程为"明确目标→导航自学→合作探究→展示交流→点评提升"一堂课，不仅要关注教什么？怎么教？更要关注学什么？怎么学？一条清晰的教学主线、一个明确的教学目标、一套有效的教学流程，是否就能打造出"微环节先学后教"下的高效课堂，最终还得通过聚焦课堂来检验。聚焦课堂，我校采取的是"四课活动"（即过关课、研讨课、示范课、主题研究课）和"三级听课活动"（随堂听、教研组观摩听、公开课听）。由此，"备课、上课、听课"已然形成了一条在"3366"式校本教研模式下的螺旋式链条，让英才园的课堂教学呈现出"万紫千红春满园"的美好景象。作为美兰区的优质学校，省教学教研基地校，不断探索和创新课堂范式，构建高效课堂，是我们的建设目标和工作愿景。这几年我校针对"微环节先学后教"这一课堂范式，虽说是"摸着石头过河"，但却不是"穿新鞋走老路"。操作流程的统一，教学环节的细化，"学习活动单"的渗透，教学策略的支撑，不仅改变了教师陈旧的教学观念，更唤醒了学生心中追求新知的欲望和潜力。

特色之二：集体备课的华丽蜕变

集体备课是教师合作研究教学预设的一种最有效的校本教研形式，它讲究团队合作，在合作中发挥教师群体的智慧，有助于教师深刻领会教材及新课标要求，准确把握教学重点、难点，科学设计教学环节，灵活实施教学方法，有效解决教学中遇到的疑难问题。这种取长补短、集思广益、资源共享、共同提高的教研活动形式在英才小学经过多年实施与推进，目前已逐渐走向完善、规范。具体陈述如下：

1. 集体备课的组织形式。建立教导处主抓的集体备课组。语文、数学以年级为单位分别成立 6 个学科备课组，英语、音乐、美术、体育、科学、计算机以学科为单位也成立 6 个备课组，每个备课组设立一个备课组长，统筹安排、组织主持备课组包括集体备课在内的各类教研活动的开展。

2. 集体备课的时间安排。按照校本教研计划，原则上集体备课隔周安排一次。三大学科组教研时间也相应固定好：（如下表）

	周一	周二	周三	周四	周五
第一节					
第二节					
第三节	综合学科	语文	数学		
第四节	综合学科	语文	数学		

3. 集体备课的地点安排。集体备课地点有两处，这也是我们实现"集体备课大家看"的途径。即，集体备课正常情况下在备课组办公室进行；另，每个备课组全组教师每学期须在备课组长的组织下，到三楼会议室或阶梯教室进行集体备课活动，这一时间的备课活动，分管教导处主任、教学副校长到位观摩，校长有时也到位观摩，其他教师、家长以及跟班学员、见习实习生等均可到位参加观摩甚至提问或质疑。这就生成了英才特色的"集体备课大家看"模式。

4. 集体备课的流程步骤：（1）布置备课任务：各备课组召开会议，完成"四定"—— 定时间、定地点、定内容、定主备人。（2）个人备课（第一次备课）：① 主备人学习课标，钻研教材，组织教材，设计教学过程，制作教学课件；② 备课时撰写的教学设计经过备课组长审核后打印出来，科组成员人手一份，以作集体备课时探讨。(3) 集体备课(第二次备课)：备课组集体备课时环节为：① 交流小结上一单元教学情况；② 十分钟教材朗读(主备人)；③ 以教学设计为载体，主备人说课(主备人陈述本课的教学目标、教学重点、教学难点等内容，并将本课在书中所处地位以及本课的大概内容加以分析及教学重难点突破的方法加以说明)；④ 科组成员交流发言(就本课的各个部分进行深入的探讨和分析)，修改产生的共性问题，并记录在案；⑤ 备课组长小结活动情况。(4) 全组教师个性备课(第三次备课)：根据学生实际及个人授课特点，全组教师分别修改教学设计和教学课件，形成个性化的教学设计。随后就是根据教学预设并结合课堂生成资源进行课堂教学实践及根据授课情况写下课堂所得、所失、所疑、所设想等反思。

集体备课以学校倡导的"微环节先学后教"课堂范式进行备课，必须经历"个人备课——集体备课——形成个案"这一过程。个人备课需要个人钻研，独立思考。集体备课强调集思广益，相互切磋，发挥集体的群策群力和协作精神。集体备课后，个人再对集体备课的内容进行消化、吸收、再补充，并进行修改，形成"微环节先学后教"下适合本班学生学习的教学设计。

5. 集体备课的管理方式：(1) 个人备课后由科组长审核教师个人备课教学设计并签名。(2) 备课组长在规定时间内将科组成员备课教学设计拷贝到教导处电脑接受分管教导检查并分别上传到语文组、数学组、综合组博客存档。(3) 集体备课时间有专人负责检查备课组教师到位参加备课情况并做好考勤记录。(4) 双周教导处分学科随机抽查备课组备课常规。(5) 每学期年级学科备课组轮流做一次集体备课展示，校级领导及教导处分管教导到位参加并指导。(6) 每学期期末分学科组进行备课常规全面互检。

6. 集体备课的显著成效：(1)"微环节先学后教"课堂范式在集体备课活动中得到重视、强化与提升，是落实学校倡导的教学理念的保障。(2) 有效提高教师的研讨水平。每次集体备课中都有主备人，作为主备人在备课时为了把自己的教学设想提供给大家探讨，务必要认真学习课标、研究教材、查阅资料、设计教法、组织流程等，在共同探讨中自己的认识、观点在碰撞中又得到了不断的完善、深化,因此,集体备课活动让老师们用行动达到了自我研讨水平的提升。(3)显著提高教学效果。一册教材内容备课任务由备课组教师平均分担,备课内容量少轻松,教师们的精力与重点在集体备课时的交流探讨上。在探讨中领会教材及新课标要求,准确把握教学重点、难点,科学设计教学环节,灵活实施教学方法,有效解决教学中遇到的重点及疑难问题,因此,最后形成的教学设计必然是同中存异,异中求优的教学预设。(4)提高学生的学习兴趣。有效课堂提升教学效果,教学效果推进学生的学业发展,孩子在学习中能找到成就感,学习兴趣得到提高。

集体备课是对教学工作进行全程优化的校本教研活动,它使教师在教学认知、教学行为上向科学合理的方向转化。分工主备、自我钻研、集体研讨、教后反思的过程,就是教师专业发展的过程。这既有利于教师扬长避短,更有利于教师在更高的起点上发展。随着课程改革的深入,我们将不断探索犹如"集体备课大家看"这样的高效教研模式,追求更完善更科学更有效的集体备课模式。

特色之三:教学常规检查有创新

1. 单周常规抽抽看。教学常规管理与教学质量息息相关。我校以"教学教研规范管理年"为契机,对教学和教研分别提出了八项具体要求。根据八项具体要求,教导处认真检查教师贯彻落实教学教研工作规范情况,以促进各项工作的有效落实,这是学校校本教研义化建设的主要工作。

以往的常规检查,我们习惯性地只安排期中、期末两次常规检查。长此以往,我们发现这样的常规检查存在一定的弊端,即学校虽然也关注教师的备课、课后反思、作业批改、教学秩序、教研活动等等,但往往只以数字来做直观统计,不能做到"常检查、多反馈、看过程、促发展"。久而久之,学校采用的这种定时的、静态的检查管理方式,难以及时发现并解决常规管理中存在的问题,难以调动教师自觉做好常规教学教研的内趋力。基于这种弊端,学校将常规检查由定期静态的改为不定期动态的,我们称之为"教学常规抽抽看",使得学校的教学常规管理取得了良好的效果。

具体做法:学校把语文、数学、综合三大科组以备课组为单位进行电脑编程,每个科组里均有六个备课组(语文:一年级语文组、二年级语文组、三年级语文组、四年级语文组、五年级语文组、六年级语文组；数学：一年级数学组、二年级数学组、三年级数学组、四年级数学组、五年级数学组、六年级数学组；综合：体音美组、一二年级攀登英语、三年级英语组、四年级英语组、五年级英语组、六年级英语组）。单周周五例会时间，由教导处利用电脑根据编程随机抽取常规检查的备课组。被自动编程随机定格的备课组就是本周被抽检的备课组，透明操作，公开抽检，没有商量，好好送检。

2. 双周检查反馈：（1）检查。双周教导处和备课组长对常规抽查抽到的备课组进行常规检查，检查的内容包括授课计划（教师的教学进度是否合理）、教案（备课能否根据教材和学生的实际因材施教）、教学反思（课堂教学完成后是否有反思、小结）、听课笔记（教师教研活动的参与情况）、作业批改（作业批改的方式方法、作业布置的数量）等，并对检查的内容做详细记录，同时上交存档。（2）反馈。检查是为了更好地反馈和跟踪。学校更侧重于在检查中发现优点与不足，并做到及时反馈跟踪，以便于老师共同学习、改进和发扬。因此，教导处在检查后根据需要会及时和个别老师进行沟通交流，帮助这些老师及时改进常规工作。同时，教导处把检查情况上报到学校，由被抽检备课组的组长在周末的全校教职工例会上详细反馈。这种反馈方式有"一对一"的沟通跟进，也有"全员"的交流分享，不仅保证了常规抽检工作的实效性，延续了校本研训制度，真正落实了"规范管理年"的宗旨，也提升了备课组整体的教学教研能力，可谓一举两得。

总之，课改在不断深入，学校校本教研制度如何尽快地与新的课改理念相适应，与海口市"规范管理年"要求一致。我们还有许多问题值得思考，在规范管理上，我们依然在不断探索和实践。

（供稿：海口市英才小学）

第八章　协同机制：
用"共同体"撬动教学变革

　　基于提高教学质量、促进学校发展的目的，海南省部分中小学校建立起了相应的合作机制，建立起了学校发展"共同体"，形成了相互帮扶与支持的合作关系。各个"共同体"学校优势互补，加强学校之间的交流与合作，促进教育均衡发展，形成了良好的协同机制。学校以"共同体"撬动教学变革，在学校管理层面、班级管理层面、教师教学层面与学生学习层面都获得了成效。

协同论认为，系统能否发挥协同效应是由系统内部各子系统或组分的协同作用决定的，协同得好，系统的整体性功能就好。如果一个管理系统内部，人、组织、环境等各子系统内部以及他们之间相互协调配合，共同围绕目标齐心协力地运作，那么就能产生 1＋1＞2 的协同效应。

何为共同体？"共同体"即"通过这种积极的关系而形成族群，只要被理解为统一即结合，或者被理解为现实的和有机的生命——这就是共同体的本质。"①"共同体"的概念很常见，诸如"教师共同体"、"教育共同体"、"学习共同体"等，都是意味着主体出于一定的目的，在一定的主题下形成的联合体。这个联合体有共享的价值和愿景、共赢的心态与实践、共生的文化和理想以及共融的团队和智慧。

在实施"原点教学"项目实验的两年里，基于提高教学质量、促进学校发展的目的，滨海九小与海秀小学、英才小学与龙门镇中心小学、山高小学与永发中心小学发展建立共同体，形成帮扶与被帮扶的联合关系。帮扶学校对被帮扶学习的实际情况进行调研，针对存在的现况进行诊断并制订出切实可行的帮扶计划。在实验过程中，各个学校充分发挥共同体的教育优势，加强学校之间的交流与合作，促进教育均衡发展。共同体的建立发展，实现了双方的合作共进、资源共享，全面提高了被帮扶学校的管理水平和教育质量，实现其优质发展和特色发展。同时，帮扶学校的管理水平和教育教学质量也有所提升，使学校的特色建设更上一个新台阶。以下结合三对学校及具体学

---

① （德）斐迪南·滕尼斯.共同体与社会[M].林荣远，译.北京：商务印书馆，1999：52.

科，重点从协同机制、推进要点、成效取得三方面展开论述：

一、协同机制

（一）听班制

听班制在这里指的是教师到其他班级听课并对课堂教学进行评价反馈的制度，一般以"课堂教学活动评价表"完成反馈。在"原点教学"实验项目中，英才小学课题组到被帮扶学校班级听课、评课，抽查备课作业，快速准确定位到被帮扶学校课堂问题原因所在，并进行诊断式指导。同样，被帮扶学校派教师到英才小学进行跟班学习，深入课堂，听课交流。听班制可以帮助学校、教师快速定位、分析、诊断课堂教学中存在的问题，为有效解决问题奠定基础。

（二）视导制

视导制是校级领导及相关人员对班级、年级教学工作、教学质量、教学管理进行检查、督促、评价及指导的制度。实验过程中，无论是初期调研考察、中期指导帮助还是后期评价总结，帮扶学校课题组都对被帮扶学校给予了很大的帮助，如滨海九小的陈亚耀校长、吴清锴副校长每个月都到海秀中心小学一天进行视导，对学校的教学管理进行全面的了解并提出反馈。视导制有利于学校对教师教学管理工作进行全面的检查与监督，了解并掌握教师教学、教研、教改等工作的基本状况和班级、年级教学管理情况，并作出评价，提出意见和建议，提供帮助与指导，帮助总结提炼经验。

（三）送课制

送课制是一所学校选送优质课程或讲座到另一所学校，并进行交流研讨的制度。送课制度能够让学校之间共享资源，相互交流，相互吸取好的经验与文化，使之互通有无。英才小学每学期根据协同校的需要选送一节课、一个讲座到协同校进行研讨，选送的课例及讲座主题有：语文课堂的朗读指导、语数英课堂的口令运用、自主合作学习课堂模式、学生课堂学习兴趣的激发、起始年级班级管理等。山高小学团队老师"送课下乡"，课后与永发中心小学（含侍郎小学）老师一起研讨"循环链接"课堂的具体操作方法，解读老师们对这种课型的诸多问题，达成共识。同样，滨海九小语、数、英学科每学期至少组织两次优质课，到海秀中心小学送课。并选派课题组实验教师到海秀中心小学具体进行说课和课堂教学的指导，以及现代教育技术教师培训。

（四）1∶1 结对制

所谓 1∶1 结对制就是帮扶学校与被帮扶学校形成一对一的帮扶制度。以滨海九小与海秀小学为例，两所学校在学校领导、教师、教研组与学生之间都开展了结对互动。

为了加强干部交流，两所学校开展领导班子结对活动，滨海九小校长每个月都到海秀中心小学一天进行视导，并开展教育管理方面的专题讲座。两校领导班子每学期进行一次研讨活动，互相交流学校管理制度，共享双方管理过程中的有效经验。两校教师分层结对（如：骨干教师结对；同一年级、同一学科教师结对；班主任结对等）。通过多种形式（博客、QQ 群等），让两校教师一对一地就备课、上课、听课、评课等课堂活动，以及学生养成教育、班级文化建设、班级学生管理等进行交流、探讨，共谋发展，共同提高。教研组结对活动就课题研究、校本教研、读书活动展开。两校语、数、英三学科教研组每一学年进行一次共同课题研究交流活动；共同开展校本教研活动，海秀小学教师参加滨海九小教学节活动，围绕语、数、英、综合科组经验交流课、科组优质课、科组长经验进行交流。两校教师还每月定期举行教学研讨活动，通过相互参加教研组活动，听课、上课、评课等环节，共同研究教学中的热点、难点问题，从而促进教学水平的提高；示范学校与项目学校还选派实验教师，参加两校教师读书沙龙活动，通过读书、学习，交流读书心得，以达到共同提升教师素养的目的。两校通过少先队大队部的结对，架设起学生交流的桥梁，构建一个互相学习、互相帮助、取长补短的平台，促进学生共同发展。比如"体验乡村生活"、"献爱心"等活动的开展让两校学生共同成长、共同进步。

（五）资源共享制

资源共享制是指双方拿出属于自己的资源，相互交换、共同分享。在此次活动中，帮扶学校将本校优质课程资源、教学资源、有效经验提供于被帮扶学校。结对学校教师共同备课，资源共享，开展多种形式的教研活动。海口市英才小学课题组选定年级、学科、单元与龙门中心学校老师进行集体备课，形成统一的备课思路，生成个性化教案，并在网络上共享，两校老师随时可以使用优秀资源，为教学所用。每学期英才小学还根据教学教研工作计划和安排，邀请龙门镇中心小学的领导和相关老师参加英才的各项校本研训活动，共享英才的研训资源，一同探究教学教研，共同提升、共同成长。在滨海九小与海秀中心学校的教研活动中，针对海秀学校教师教学中的问题与困难，滨海九小的老师非常热情大方地将自己的教学法宝和有效经验与实验学校的老师进行交流与分享，这是资源共享的体现。

（六）长期跟班制

长期跟班制是指一方对另一方进行长期跟踪指导。在"循环链接"课堂的具体应用中，山高团队对永发团队进行"一对一"结对并长期跟班指导，并实行实时实地电话、QQ、微信交流，山高团队将每天、每周的计划、竞赛对永发进行资源共享。同样，滨海九小对海秀小学、英才小学对龙门镇中心小学实行长期跟班制，双方形成密切联系，有效及时沟通，并形成良好机制。

二、推进要点

（一）注重完整性

在推进实验的过程中，教师备课、课堂教学、课后反思都是贯穿始终的，形成一个完整的流程。滨海儿小课题组带领海秀小学教师一起进行课标的研读，更新教学理念，建立教学底线，初步建立本学期的重点课型的教学模式，例如语文学科的识字教学模式。一年级的重点是识字教学，除了继续建立识字教学的有效教学模式外，探讨如何将"听写"系统化、策略化是十分必要的，该听写哪些内容，听写有哪些形式，如何激发学生听写的兴趣等等是中心话题，将有效教学与有效训练有效结合起来，提高教学效率。在一年级语文组的常规教研中，首先观摩某老师执教的《人有两个宝》的第二次更进课，并参与了科组的评课活动，按"三个一"的模式评课，即"一个亮点、一个不足、一个建议"。最后以《低年级阅读教学怎么教》的主题讲座结尾，教师反思、总结与完善。完整的教学活动中，崭新的教育教学理念和先进的教育教学方法相互碰撞，在课堂观摩和课例研讨中明确优点和不足，促进教师形成个人教学风格，实现个性化教学。

（二）注重适切性

一个学校的教学改革,只有根据实际情况,找到合适的改革切点才能够成功有效。海口山高本着"只有合适的,才是最好的"的理念,摒弃追随潮流热点的理念,依据永发中心学校的实际情况进行帮扶与指导。在介绍与引进山高"循环链接课堂"与"生态课堂"的有效经验时,山高小学多次调研,了解永发实际情况,简化程序,帮助永发形成了一套属于自己的"循环链接"体系:明确目标,教师引领;合作探讨,活动体验;分享质疑,沉淀提升;达标测评,反馈矫正。并融入"训练对子"、"小组学习"等形式,有效提高课堂效率,保障课堂教学质量。在学科改革时,比如低年级识字教学中,依据低年级学生身心发展规律,以"卡片游戏"的形式进行课堂导入,适合孩子特性,提高学生学习兴趣,营造了合适的课堂氛围。

（三）注重科学性

无论是帮扶学校的自身发展还是被帮扶学校的教学改革,都要注重科学性。因为学生身心发展、学科教学、学校常规管理等都是有其自身发展的规律的。在实验项目中,帮扶学校的校长在交流学校管理经验时,并不是拍脑袋得出的,也不是捣糨糊,而是实实在在地根据教育教学管理理论,结合本校实际得出的。同样,落实到具体学科教学时,从研读课标、聚焦教材,再到结合教学内容与学生身心发展特点去设计课堂教学无不遵循着科学性这一原则。在协同研究时,各学校也并非随便就能得出结论,而是调研访谈,采用行动研究法、调查法、测验法、经验总结法、文献法、个案研究法、实验法等真正进入问题中去,找到原因,在过程中寻找解决策略。

三、成效取得

（一）学校管理层面

好的学校管理制度能够最大程度地挖掘教育的潜能,充分调动教师的积极性,优化教育资源,使学校健康、全面、和谐、稳步快速发展。首先,学校管理理念转变。在此次实验项目中,帮扶学校在充分调研的基础上,与被帮扶学校的领导、教师一起谈论、交流,共同提炼学校的办学理念,明确学校发展方向,定位学校办学特色。再次,学校完善管理制度,在办学理念的支撑下,学校科学合理制订出精细、简单易操作的管理制度,制订常规制度,对各环节进行考核,并及时反馈,落到实处。最后学校管理更为科学,效果更为显著。可以看出,经历两年的实验,被帮扶学校在管理方法方面更为科学与成熟,管理效率提高,整体效果良好。

（二）班级管理层面

学生的课堂行为习惯一直是学校与教师关注的焦点,也是课堂教学质量、学生习得知识的关键因素。此次实验中,学校从课前、课中、课后三个环节重点抓住语文听说读写习惯。通过专题讲座规范教师的课堂行为,边实施边指导纠正。以行为习惯养成教育为主题的班会课、课堂小口令、评价方式和班级文化不断规范学生的课堂行为,同时还通过国旗下的讲话、专题教育等形式,把行为养成教育,渗透到各学科、各项活动之中。在老师与孩子们的共同努力下,可以看到实验学校学生们课堂行为规范了,逐渐养成了良好的行为习惯。挺直的腰板、高举的小手、整齐的书声成为学校一道亮丽的风景线。学生课堂纪律良好,活泼而不混乱,热情而有秩序。

（三）教师教学层面

首先教师教学理念有所更新,教师只有在拥有正确的发展观、学生观和教育观,对自己所教学科的课程标准有一定的认识的前提下,教学质量才会有根本上的提高和突破,帮扶活动中,示范学校通过讲座、课标解读、诊断课堂等更新了实验学校教师教学观念与理念。再次,教师教学能力提高,通过协同机制,围绕具体课堂实例展开研究与讨论,提高课堂教学实效和内涵,进而提高与发展教师的教学能力。最后,教师自我反思、自我发展的意识提高,在此次实验中,教师的自我发展意识逐步提高,意识到教师专业成长＝反思＋经验[①],只有教师自身提高,教学质量才能提高,因此,教师教研热情提高,水平提升,效果显著,整个学校实现了"科研氛围浓厚、专业水平提升"的转变。

（四）学生学习层面

良好的学习习惯较之知识和能力对学生的发展更重要,要提高基础教育的教学效率,培养学生良好的学习习惯是不可或缺的一个重要环节。在原点教学的项目中,示

---

① 波斯纳教师成长公式：成长＝反思＋经验

范学校力求以科学理论为指导，在实践中探索符合儿童身心特点的良好学习习惯的途径和方法，使学生能够从小养成良好的学习品质，能够为今后的学习输入不竭的动力。首先，学生主体地位提高，实验学校提高"学生为本"的思想与意识，并在教学管理与实践中贯穿始终，采用"学习活动单"等，使学生成为课堂的起点与重点。再次，学生学习方法改进，实验项目中，教师鼓励学生自学，鼓励学生采用合作探究的形式获取知识，开展学习，契合了新课程"自主、合作、探究"的理念，学生改变被动、懒散的学习状况，掌握科学的学习方法。最后，学生学习效果提高，原点教学项目中，学生的成绩进步显著，被帮扶学校教学质量明显提升，期中、期末考试中，及格率与优良率较之前大幅度提升。

智慧 8-1

建立帮扶共同体

在实施课改实验的两年里，我们滨海九小课题组每个学期都会对海秀中心小学的情况进行调研，包括对原有帮扶工作进行总结、提升，针对海秀中心小学存在的现况进行诊断并制订出切实可行的帮扶计划。在这个过程中，我们充分发挥帮扶共同体的教育优势互补，加强学校之间的交流与合作，促进教育均衡。通过滨海九小对海秀中心小学的"一帮一"、"一带一"的联建活动，建立发展共同体，实现双方合作共进、资源共享，全面提高海秀中心小学的管理水平和教育质量，实现学校优质发展和特色发展。同时，也进一步提升滨海九小的管理水平和教育教学质量，使学校的特色建设更上一个新台阶。下面，我们重点从协同机制、推进要点、成效取得三方面进行论述：

一、协同机制

（一）1∶1结对制

1. 领导班子结对活动

为了加强干部交流，我们滨海九小的陈亚耀校长、吴清锴副校长每个月都到海秀中心小学进行一天视导，每学年为海秀中心小学举行一次教育管理方面的专题讲座。

两校领导班子每一学期进行一次研讨活动，互相交流学校管理制度，共享双方管理过程中的有效经验。

2. 实验教师的结对活动

滨海九小与海秀中心小学的教师分层结对（如：骨干教师结对；同一年级、同一学科教师结对；班主任结对等）。通过多种形式（博客、QQ 群等），让两校教师一对一地就备课、上课、听课、评课等课堂活动，以及学生养成教育、班级文化建设、班级学生管理等进行交流、探讨，共谋发展，共同提高。

3. 教研组结对活动

课题研究。两校语、数、英三学科教研组每一学年进行一次共同课题研究交流活动：例如语文学科的识字和阅读教学模式的研究，数学学科的计算及解决问题教学模式的研究，英语学科的"听说课"教学和字母教学课模式的研究等。

校本教研。每一学期滨海九小和海秀中心小学都共同开展一次大型的校本教研活动。作为示范学校的滨海九小，每个学年都有教学节活动。在为期一个月的教学节活动上，有语、数、英、综合科组经验交流课、科组优质课、科组长经验交流等。此时，我们都会邀请海秀中心小学的老师们前来参加。除此之外，我们两个学校的老师还每月定期举行教学研讨活动，通过相互参加教研组活动，听课、上课、评课等环节，共同研究教学中的热点、难点问题，从而促进教学水平的提高。

读书活动。每学期组织一次两校教师的读书活动，示范学校与项目学校选派实验教师，参加两校教师读书沙龙活动。通过读书、学习，交流读书心得，以达到共同提升教师素养的目的。

4. 学生结对活动

通过两校少先队大队部的结对，为两校学生架设起交流的桥梁，构建一个互相学习、互相帮助、取长补短的平台，促进学生共同发展。

海秀中心小学属于农村学校，每个学期，他们学校都会邀请滨海九小的孩子们走进乡村，体验乡村生活，以锻炼城市孩子的生活能力。

开展各种形式的"献爱心"活动。根据实际情况，给对方学校进行捐赠活动（图书、学习用品、生活用品、衣物等），示范学校选派条件好的学生，与项目学校的贫困留守儿童结对，慰问、帮助贫困儿童。同时示范校滨海九小每年组织一次集体慰问海秀中心小学贫困留守儿童活动，让城乡孩子在活动中共同成长、共同进步。

（二）每月送课制

每学期，滨海九小语、数、英学科都要至少组织两次优质课，到海秀中心小学送课。并选派课题组实验教师到海秀中心小学具体进行说课和课堂教学的指导，以及现代教育技术教师培训。

英语学科：2013 年 10 月 9 日下午 3 点，海秀中心小学的三位老师及其下属学校丘浚学校的谢小莉老师来我校参加了英语教研活动，活动的形式为听评课。我校黄玮珮老师执教了一节攀登英语课，并采用了 1＋1＋1 的评课方式；2014 年 10 月 15 日下午 3 点，我校韩燕霞及邱晶晶二位老师与海秀中心小学英语组的王敏、吴佼虹老师和她们学校英语组的其他老师进行了座谈。首先，我校韩老师针对本学期开学以来帮扶学校的老师们在教学上所产生的一些困惑作出细致的指导并解答。她非常大方地把我校在教学上的一些好的做法和自己平时在工作中所总结的经验拿出来与她们分享。接下来，海秀中心小学的英语老师们就希望得到我们帮助的方面提出了要求：第一，她们对于单词的教学在课堂上该如何处理没有找到高效的办法，希望我们能帮助她们一起解决这个问题。第二，她们想针对四年级多听一些示范课，多给她们提供一些直观的帮助。第三，她们也想知道如何备好一堂课，备课时应该细化到什么程度。韩老师把她们的问题一一记录了下来，回校后与主管英语组帮扶结对的钟芸主任共同讨论，并在下一次活动时给予了细致的解答。

语文学科：2013 年 10 月 22 日，海秀中心小学郑传娃、吴月娇等四位实验老师来到滨海九小，参加一年级语文组的常规教研，观摩了代悦老师执教的《人有两个宝》的第二次更进课，并参与了科组的评课活动。2014 年 11 月 18 日，澄迈县永发中心小学教导主任赴名校跟岗研修班的活动在海秀中心小学如火如荼地继续开展着，活动邀请了海口市滨海第九小学的课题团队担任主角。活动伊始，先由海口市滨海第九小学二年级语文组的钟艳老师为大家执教小学语文苏教版教材二年级上册的《小动物过冬》一课；接着参加活动的成员分别按"三个一"的模式评课，即"一个亮点、一个不足、一个建议"；最后滨海九小的孙丽华老师为大家做了《低年级阅读教学怎么教》的主题讲座。活动结束后，大家都对此次活动赞不绝口。

数学学科：2013 年 10 月 16 日，我校的罗丁转老师为前来听课的海口市海秀中心小学老师精心准备了《10的认识》一课；2014年10月30日，组织了"同课异构"活动，我校曾媛媛老师与丘浚学校的朱丽芬教师围绕同一课题《6和7的加减法》先分别备课，再互相讨论、融合，共同完成一份教案，最后由曾媛媛老师与帮扶学校朱丽芬教师同时执教，全体课题教师参加听课、评课。

以上案例只是滨海九小在两年的课程实验中坚持其每月至少两次送课活动的少数缩影而已。正是通过这些送课活动，滨海九小实验教师为海秀中心小学的教师们带来了崭新的教育教学理念和先进的教育教学方法，通过课堂观摩和课例研讨，进行课堂观察和更进，找出教学中的优点和不足，对已建立的高效课堂模式进行验证和进一步完善。另一方面，进行课堂观察和更进，充分发现海秀中心小学实验教师的优点和潜质，帮助其充分发挥自身长处，实现个性化教学，促进其个人教学风格的形成，为促进农村学校的海秀中心小学教师业务能力的提升起到了很好的帮扶作用，同时也加强了城乡教师之间的经验交流，对缩小城乡之间的差距，达成城乡优质教育资源共享与均衡发展进行了有益的探索。

二、推进要点：（2013年9月——2015年1月）

（一）定义"适合"

"世上万物没有绝对的好坏，只有适合的，才是最好的。"本着这样的理念，我们摒弃了追随那些前沿的热点理念和策略的做法，冷静地思考着：怎样的做法才能从根本上提高海秀中心小学起始年级语数外三科的教学质量，从而为提高海南省基础教育实验改革提供富有实效的经验和示范。

2013年9月12日下午，两校课题组成员聚集海秀中心小学实地调研。在这次调研中我们发现海秀中心小学的优势在于：1. 学校领导班子重视学校发展，有清晰的办学思想和理念；2. 教师工作状态也积极而向上，对提高本学科的教学质量有热情有期待；3. 硬件设施完备，每个教室都有多媒体、电子白板。劣势：1. 学校的管理制度和研训制度不够完善；2. 教师的整体素质较弱，大多处于"经验型"教学阶段；3. 课堂秩序和学生行为习惯堪忧。

基于以上的了解，课题组全体成员经过反复的研讨，确定了第一阶段的"适合"：1. 完善海秀中心小学的管理和教研制度；2. 带领教师进行课标的研读，更新教学理念，建立教学底线；3. 初步建立各学科本学期的重点课型的教学模式，例如语文学科的识字教学模式，数学学科的计算教学模式，英语学科的"听说课"教学模式；4. 建立良好的课堂秩序和培养学生良好的学习习惯。

（二）践行"适合"

在客观地定义了海秀中心小学专属的"适合"以后，课题组全体成员就努力地寻找着能够承载和实现这些"适合"的活动：1. 修改、完善学校制度。好的学校制度能最大限度地挖掘教育的潜能，充分调动教师的积极性，优化教育资源，使学校健康、全面、和谐、稳步快速发展。课题组在充分调研的基础上与海秀中心小学的领导、教师一起提炼学校的办学理念，确定学校的发展方向，定位办学特色。在理念的支撑下科学合理制订出精细、简单、易于操作的管理制度。2. 构建、更新教师理念。教师只有在拥有正确的发展观、学生观和教育观，对自己所教学科的课程标准有一定的认识的前提下，教学质量才会有根本上的提高和突破。而海秀中心小学实验年级的老师们虽然对自身的专业成长和教学效率都有着热切的期盼和强烈的愿望，但因大多年纪较大，旧的观念已根深蒂固，且身处农村，接受各种专业培训的机会不多，因此对于新课程的教育、教学理念的了解和认识还不够全面。课题组通过做专题讲座、课标解读、课堂诊断等方式帮助海秀学校的教师更新教学理念，建立起教学的边界和底线，明晰自己为什么而教，该教些什么，学会从理论中汲取力量。3. 发展教学能力。课题实施的两年间，课题组每学期至少开展4次围绕具体的课堂教学实例展开的研究与讨论，研究"如何上好一节课、促进学生的真实发展"。通过课例研讨，对课堂实行精细化研究，把课堂教学解剖开来，像医生那样找出病灶、分析病因、解析病理、开出病方、进行治疗、查看疗效、调整药量，这样就能很好地提高课堂教学的实效和内涵，进而提高和发展教师的教学能力。4. 构建、优化教学模式。课题组引进了海口市滨海第九小学荣获"2014年度海南省优秀成果奖"的省级课题《构建高效课堂教学新模式》成果，从海秀中心小学的实际出发，根据语数外三个学科的教材类型构建起一个个与之对应的，有着较为稳定的教学活动结构和活动程序的有效教学模式，以便于教师掌握和操作，全面提高教学效率。

5. 培养、规范学生学习习惯。良好的学习习惯较之知识和能力对学生的发展更重要，要提高基础教育的教学效率，培养学生良好的学习习惯是不可或缺的一个重要环节。课题组力求以科学理论为指导，在实践中探索符合儿童身心特点的良好学习习惯的途径和方法，使学生能够从小养成良好的学习品质，能够为今后的学习输入不竭的动力。

（三）更进"适合"

事物是在不断发展变化的，此时的"适合"不一定会是彼时的"适合"，刻舟求剑的人是永远捞不着剑的。因此，每学期的课题研究工作即将结束的时候，课题组全体成员都会集合在海秀中心小学召开现场会，听课、记录学生的学习习惯、查阅学生的作业、与学生座谈、分析学生的考试情况，及时收集第一手资料，并以实事求是的态度从内部和外部、稳定性和非稳定性、可控制和不可控制等维度进行归因，然后再寻找相关的策略和方法，不断更进上学期定义的"适合"。

例如课题实施的第一个学期末，课题组根据海秀中心小学跟进课题一学期后的实际情况更进了"适合"：1. 学校班额较大，学生程度不一，好的很好，差的很差，很难有效组织教学，因此，第二学期引进课堂差异教学策略的研究是必要的也是适合的；2. 老师已经很努力地学理念、学方法了，可是学生的成绩为什么总是没有提高？下学期我们的研究不能再停留在帮教师"教"的层面，还要落实学生系统的"练"。例如语文学科，一年级的重点是识字教学，除了继续帮助建立识字教学的有效教学模式外，还将一起探讨如何将"听写"系统化、策略化，该听写哪些内容，听写有哪些形式，如何激发学生听写的兴趣等等。将有效教学与有效训练结合起来，提高教学效率。3. 教师的理论水平很欠缺，必须要开展"教师专业阅读"活动。4. 海秀中心小学的常规教研活动存在着随意性大、目标不明确、措施单一、反思不深等问题，为了让常态的教研活动更加深入，更加有实效，课题组决定在第二学期引进滨海九小的"行为更进式"教研形式。

三、成效取得

（一）学校层面

1. 教学常规常抓不懈。一是海秀中心小学制订了《海秀中心小学教学常规管理制度》，对教师的教学计划、总结、质量分析及备课、上课、辅导、检测、教研等各环节进行考核。二是对常规教学检查情况及时通报。对教学常规落实好的进行大张旗鼓的表彰，对落实较差的，指出原因，提出批评与建议，限期整改，加强了常规教学的监控。三是将教师的教学常规落实的结果，作为评优评先、年度考核、绩效考核的重要条件和内容。四是重视单元检测。单元检测由教导处统一管理，并要求教师针对检测写出质量分析，对存在的问题及时采取补救措施。在教学管理中，海秀中心小学重点突出"三抓"：一是抓备课；二是抓上课；三是抓作业。

2. 制度的落实到位起到了较好的效果。提高课堂教学水平和效益，减轻了学生学业过重的负担，杜绝了补课的现象。严格控制学生在校的活动时间。

3. 教学管理的着力点放在"三个有利于"。一是海秀中心小学的教学管理制度有利于教师潜心教学的积极性和创造性的发挥，使学校形成讲奉献、比贡献的教风。二是有利于"低负担高质量"，引导教师深入研读课标，深钻教材，研究教法，指导学法，提高课堂教学效益，努力培养"创新型、效益型"的教师。改变挤占、挪用其他课时和课外时间的"时间加汗水"的"苦干蛮干型"教师。三是有利于学校领导干部的榜样作用的发挥，做到了学校领导人人带课带班，坚持教学的"三个深入"，坚持与教师同值日、同教研、同活动。四是有利于对教师和学生的评价。

（二）班级管理层面

海秀中心小学起始年级学生的课堂行为习惯一直都是我们关注的焦点，也是我们相对头痛的一件事情。可能是因为老师驾驭课堂能力的问题，也可能是因为孩子天生好奇多动，课堂上，学生的状态可以说是五花八门：搞小动作的，交头接耳的，趴着躺着的，甚至有离开座位的，让课堂效率大打折扣。针对这一现象，我们开的药方是：规范学生的课堂行为习惯。主要从三方面狠抓，即课前、课中、课后，语文课堂重点抓课中的听说读写等习惯，数学课堂抓学生的口头表达能力、学会倾听的能力。首先我们通过专题讲座规范教师的课堂行为，边实施边指导纠正。其次通过以行为习惯养成教育为主题的班会课、课堂小口令、评价方式和班级文化不断规范学生的课堂行为，同时海秀中心小学还通过国旗下的讲话、专题教育等形式，把行为养成教育，渗透到各学科、各项活动之中。在老师们的坚持下，慢慢地，孩子们课堂行为规范了，逐渐养成良好的行为习惯。课堂上，孩子们挺直的腰板、高举的小手、整齐的书声已经成为海秀中心小学一道亮丽的风景线。

（三）教师教学层面

经过两年的课题研究，海秀中心小学的老师们已经改变了课堂教学的观念，更重视引导学生学会倾听，注重学生口头能力的培养和学习方法的指导，评价学生的方式也发生了变化，达到了课题目标的要求。海秀中心小学的老师们已经能从以前评课时的不开口到抢着说。刚开始进行评课时，都是滨海九小的老师评课，海秀中心小学的老师几乎不开口，特别是老教师林佳梅老师，每次听完课以后都是说："你们都说完了，我不会说。"在经过多次研讨课后，她终于抢着开口了，而且说："我不先说，你们都说完了。"年轻的朱丽芬老师也能从以前的不发言到说一点，逐渐提升到能说几点了，可以说课题研究促进了教师参加教研活动从"要我参加"向"我要参加"的转变。通过发现、分解、诊断、归因、提升、完善问题式教研，使海秀中心小学的教研活动更具针对性和有效性。开展同课异构、课堂观察和更进、专题讲座，共同切磋教学技艺，充分发现实验教师的优点和潜质，帮助其充分发挥自身长处，实现个性化教学，提高起始年级的课堂教学效果。经过两年的课题研究，构建了语数英三科富有海秀中心小学特色的课堂教学模式。

（供稿：海口市滨海第九小学　冉茂娟　苏云燕）

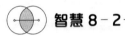

建立协同研修机制

我省基础教育教学质量在全国相对落后。两极分化也比较明显，城区学校教学质量相对要稍好些，但乡镇学校教育教学质量明显偏低。为快速提升我省基础学科教育教学质量，初步形成有效的校本教研模式和精细的常规教学管理，海口市英才小学应省教育厅的工作任务部署，牵手定安县龙门中心小学，从实际出发，进行小学低年级基础学科教育教学综合改革实验项目协同研究。从小学抓起，从基础学科抓起，从习惯养成教育抓起，以校本教研为载体，落实协同计划目标，发展海南基础教育。为使实验研究工作快出成果，早出成果，海口市英才小学制订了相应的研修机制。

一、夯实教学常规，促进教师专业成长

英才小学教学常规管理的指导思想为"规范管理、质量提升、人民满意"。在继续"严抓每一项常规教研活动，严格按照教学常规八要求，认真执行七环节教学常规"的同时努力携手定安龙门中心校，夯实教学常规，将工作落实到位，有效促进教师专业成长。

教学常规七环节为：（1）制订计划；（2）多层备课：个人备课、集体备课；（3）组织上课：以生为本、自主学习；（4）布置作业：合理有效；（5）课外辅导：分类、无偿；（6）及时复习：指导学生建立"自我错题库"；（7）学生学业评价及质量分析：改进教学，提升质量。

二、创新校本研训，努力以研促教

英才小学校本研训以素质教育为导向，以教师为主体，以学校为基地，以研究和解决教育教学中的实际问题、总结和提升教育教学经验为重点内容。因此，除了与龙门中心小学交流我校的校本研训制度和具体要求，创新校本研训，努力以研促教外，每学期我们还根据我们的教学教研工作计划和安排，邀请龙门中心小学的领导和相关老师参加我校的各项校本研训活动，共享英才的研训资源，一同探究教学教研，共同提升、共同成长。本学期我校的校本研训活动主要有：

1. 开展"主题式"研讨活动。三大科组以年级为单位，上好一节研讨课、做好一个结合研讨课例的主题发言、组织一次带问题的集体研讨（三项内容安排三个人负责），活动之后组织相应的在线研讨。秋季（第一学期）安排二、四、六年级，春季（第二学期）安排一、三、五年级。

2. "家长开放周"活动，由德育处协助教导处落实。借助"家长开放周"及省市区布置的帮扶送训活动，积极发挥辐射带头作用。

3. 基本功训练："说教材"示范活动。结合课标、结合本册教材特点、结合教学重难点说一册教材，既说整体又说重点。教导处将做好示范、引领，带动各科组进行"说教材"的基本功训练活动，提升各位教师的能力。

4. 与经典同行，与阅读相伴——打造书香校园，办好"读书节"。读书节启动仪式；组织以"梦想"为主题的班级朗诵大赛；组织图书跳蚤市场和作家进校园活动。

5. 开展学科在线研讨，通过在线研讨集大家之智慧，解决学科教学的实际问题，让所有教师有所思、有所悟、有所获。每学期各科组将组织至少 2 次主题研讨并邀请龙门小学相关老师参与。每学期老师们要在个人博客上至少完成：5 篇有效教学设计和反思，3 篇听课笔记，1 篇有效教学论文或者案例分析，1 篇读书笔记，15 条评论。

6. 教学节课例引领。选课：学科组推荐一位执教教师，由其自主确定教学内容；备课：执教教师进行个人备课；上课：执教教师根据教学目标、教学设计，进行第一次实践；议课：第一次上课结束后，学科组组织议课活动，研讨上课得失，实现教学设计的优化。在此基础上，N次试教，N次议课；展课：年级形成面向全校公开展示的精品课，并由执教教师进行展示；辩课：在课例基础上，围绕一定的辩题，组织在线说课、辩课活动，达到交流观点、分享智慧的目的；结课：备课组长收集相关资料：教学设计、教学反思、活动图像等，形成书面材料，以供借鉴；每学期教学节的开展，英才小学均邀请协同校派老师一起参加课堂教学评比，并请协同校相关领导及教师到校观摩活动，进行研讨交流。

7. 送教研讨，发挥联动辐射作用。每学期英才小学均能根据协同校的需要选送一节课、一个讲座到协同校进行研讨，同时我校中心组成员到协同校进行听课、评课、参与教研活动、抽查备课作业、经验交流等。迄今为止，选送的课例及讲座主题有：语文课堂的朗读指导、语数英课堂的口令运用、自主合作学习课堂模式、学生课堂学习兴趣的激发、起始年级班级管理等。

三、成效描述

协同研修致力于校本教研文化建设，在英才小学原有的浓厚教研氛围基础上，经过近两年的协同研究学习，锐气进取，不断改进、提升、创新校本教研思路、策略、途径，目前已逐步形成了富有特色的校本教研模式，为探索"自主乐学、习得方法"的学科课程理念落实到教育教学行为中提供了有效的研究平台，提炼了更符合协同校实际的包括"微环节先学后教"模式在内的高效教学范式和具体的教学策略。形成常态化校本研训文化的有微环节先学后教、集体备课大家看、教学常规抽抽看等高效教学模式、研讨模式和管理模式。

（一）"一单五环"，还学生主体地位

"一单五环"作为一种课堂教学模式，其实是基于"生本"思想的探索和实践。让学生真正成为课堂的主体，是毋庸置疑的教学观和学生观。学生只有成为教学活动的"主体"，才能让课堂成为奏响师生生命乐章的圣殿。

"一单五环"同时也作为一种教学策略。一堂课总要从"学"字开始。没有学生的学，就没有教师的教，正所谓"学贵有疑"、"不愤不启"。"先学后教"这个"学"是自学的意思，但并不是盲目的自学，而是学生带着既定目标、带着教师布置的任务的自学。学生的自学成为一堂课的起点，也是这种课堂教学模式的最大特色和亮点。为了让学生更加明确既定的自学目标，我们倡导使用"学习活动单"或"学习研究单"，不仅列出本课的学习目标、重要的知识点和学习提纲，还提出明确的自学要求，学生根据这个自学要求能很快进入课堂上的"先学"状态。为了更加规范这种课堂范式，特别是促进青年教师熟练地驾驭这种课堂范式，我校目前统一的操作流程为"出示学习目标——先学（出示自学导航）——后教（讨论、更正）——当堂检测"。聚焦课堂，我校采取的是"四课活动"（即过关课、研讨课、示范课、主题研究课）和"三级听课活动"（随堂听、教研组观摩听、公开课听）。由此，"备课、上课、听课"已然形成了一条校本教研模式下的螺旋式链条。

（二）"集体备课大家看"，实现备课的华丽转身

1. 集体备课的组织形式。建立教导处主抓的集体备课组。语文、数学以年级为单位分别成立 6 个学科备课组，英语、音乐、美术、体育、科学、计算机以学科为单位也成立 6 个备课组，每个备课组设立一个备课组长，统筹安排、组织主持备课组包括集体备课在内的各类教研活动的开展。

2. 集体备课的时间安排。按照校本教研计划，原则上集体备课隔周安排一次。时间也相应固定好：周一上午第三第四节课为综合学科备课组开展集体备课活动时间，周二上午第三第四节课为语文各备课组开展集体备课活动时间，周三上午第三第四节课为数学各备课组开展集体备课活动时间。

3. 集体备课的地点安排。集体备课正常情况下在备课组办公室进行；另，每个备课组全组教师每学期须在备课组长的组织下，到三楼会议室或阶梯教室进行集体备课活动，这一时间的备课活动，分管教导处主任、教学副校长到位观摩，校长有时也到位观摩，其他教师、家长以及跟班学员、见习实习生等均可到位参加观摩甚至提问或质疑。这就生成了校本研训特色的"集体备课大家看"模式。

（三）"教学常规抽抽看"，让常规管理真正走向常规

1. 单周常规抽抽看。学校把语文、数学、综合三大科组以备课组为单位进行电脑编程，每个科组里均有六个备课组（语文：一年级语文组、二年级语文组、三年级语文

组、四年级语文组、五年级语文组、六年级语文组；数学：一年级数学组、二年级数学组、三年级数学组、四年级数学组、五年级数学组、六年级数学组；综合：体音美组、一二年级攀登英语、三年级英语组、四年级英语组、五年级英语组、六年级英语组）。单周周五例会时间，由教导处利用电脑根据编程随机抽取常规检查的备课组。被自动编程随机定格的备课组就是本周被抽检的备课组，透明操作，公开抽检，没有商量，好好送检。

2. 双周检查反馈：（1）检查。双周教导处和备课组长对常规抽查抽到的备课组进行常规检查，检查的内容包括授课计划（教师的教学进度是否合理）、教案（备课能否根据教材和学生的实际因材施教）、教学反思（课堂教学完成后是否有反思、小结）、听课笔记（教师教研活动的参与情况）、作业批改（作业批改的方式方法、作业布置的数量）等，并对检查的内容做详细记录，同时上交存档。（2）反馈。检查是为了更好的反馈和跟踪。学校更侧重于在检查中发现优点与不足，并做到及时反馈跟踪，以便于老师共同学习、改进和发扬。因此，教导处在检查后根据需要会及时和个别老师进行沟通交流，帮助这些老师及时改进常规工作。同时，教导处把检查情况上报到学校，由被抽检备课组的组长在周末的全校教职工例会上详细反馈。这种反馈方式有"一对一"的沟通跟进，也有"全员"的交流分享，不仅保证了常规抽检工作的实效性，落实了"规范管理年"的宗旨，也提升了备课组整体的教学教研能力。

（供稿：海口市英才小学　陈慕贞）

智慧 8-3

用共同体撬动教学改革

任何的变革，都伴随着阵痛，但是海南教育的变革已迫在眉睫。在省课改办这个项目实施伊始，我们按照上级领导的要求，制订了详细的工作方案，并采取了如下帮扶形式：山高小学每学期初对永发中心学校教师进行课堂教学的相关培训，每学期进行两次教学方面的检查、调研；帮助训练课堂常规；一次"送课下乡"，一次"同课异构"；要求永发中心学校的老师来山高观摩课堂，跟班学习；共同备课，资源共享，多种形式的教研。

在帮扶的最初，山高团队多次进驻永发中心小学，帮助打造课堂常规，我们分三个学科同时进行现场指导，由山高的语文教师董菲菲、数学教研组长姜伟，英语教师郑情进行具体操作实验，一节课下来，几乎没有几个同学走神，孩子们参与的积极性很高，永发的老师们直呼"神奇"。课后，我们一起研讨了良好的课堂常规对课堂的意义，如何有效地利用课堂口令进行课堂调控，山高的老师们传授了许多训练妙招，并针对永发的实际情况，为他们量身打造简单易学的课堂常规训练口令。

山高团队在永发中心学校课堂常规有了巨大改变之后，重点放在小组长的培训、对子和小组的合作训练方面。经过双方的努力，一个学期下来，课堂各方面的改造已初见成效。接下来，我们开始着手为永发中心小学定制简单易操作的课堂模式——"循环链接课堂"。

"循环链接"课堂

前提条件：培训小组长组织学习的能力，训练对子、小组合作学习。

一、明确目标，教师引领

操作方法：教师设置情境，导入所学内容。教师根据所学内容，设计几个有梯度的任务，让学生根据自己的需求和能力自主学习，目的是让每个人都有事做。

二、合作探讨，活动体验

操作方法：通过自己的学习，再和对子或组内成员说说自己的收获，培养学生合作交流的意识。

三、分享质疑，沉淀提升

操作方法：根据教师所设计的任务，汇报自己通过学习、交流、拓展取得的成果，在班内进行分享。

四、达标测评，反馈矫正

操作方法：重点、知识点的落实、检验，并及时纠错。

模式确定后，山高团队成员手把手教永发团队进行课堂步骤的操作，并通过送课、同课异构形式进行检验，到第二阶段，这种课堂模式已在永发中心小学广泛应用。

【语文案例】

《棉花姑娘》的教学设计（设计者：山高学校 李桂燕）

学习目标：

1. 有感情朗读课文，分角色朗读课文。

2. 认识一些对人类有用的鸟类和益虫。

重难点：

1. 有感情朗读课文，分角色朗读课文。

2. 引导学生了解一些科学常识，增加学生保护鸟类和昆虫的意识。

上课流程：

一、明确目标，教师引领

情境导入：（出示图）棉花，是一种农作物，是温暖的象征，瞧，一畦畦碧绿的棉花田，一片片壮观美丽的棉花地，一朵朵洁白无瑕的棉花。可是呀，有一天，棉花姑娘生病了，原来罪魁祸首是一群可恶的蚜虫。蚜虫是一种昆虫，身体卵圆形，

有绿色、棕色和黄色。专门吸食植物的汁液,它是许多农作物的杀手。(ppt 简介蚜虫)

二、合作探讨,活动体验

1. 读课文,找出你喜欢的词语或句子多读几遍,小组内分角色朗读。

2. 棉花姑娘都请谁来帮忙,她们是怎么说的? 请来的伙伴,治好她的病了嘛? 为什么? (把句子美美地读一读,互相说说)

3. 你还知道哪些益虫和益鸟呢?

(设计意图：引导学生在合作、探究的基础上进行互助学习)

三、分享质疑,沉淀提升

1. 朗读自己喜欢的词、句、段。

2. 多种形式分角色朗读：男女生读、师生读、分角色读等。

3. 简介七星瓢虫。

4. 简介收集的益虫和益鸟资料。

5. 学了这篇课文,你知道了什么?

(设计意图：培养学生的参与意识,锻炼学生的口语表达能力)

四、达标测评,反馈矫正。

听写生字词(当堂纠错)。

(供稿：海口市山高小学　辛淑娟)

参考文献

［1］（德）黑格尔.逻辑学［M］.杨一之,译.北京：商务印书馆,1965：55.

［2］陈凯安.原点思维［J］.思维与智慧,2006(1)：4-5.

［3］李倩,刘万海.回归教学原点：意涵及可能［J］.当代教育科学,2010(6)：10-13.

［4］闫婷.回归原点的有效教学［J］.基础教育,2014(1)：58-65.

［5］孙火丽.让学——教学的原点［J］.小学教学参考,2010(1)：15-16.

［6］温儒敏.把培养读书兴趣作为小学语文头等大事［J］.重庆与世界(学术版),2017
(7)：41-44.

［7］何海燕."山高"的循环链接教学经验［N］.中国教师报,2013-01-09(7).

［8］褚清源.山高人为峰——海口市山高学校循环链接生态教育解读［N］.中国教师
报,2015-11-04(1).

［9］洵阳路小学：从"类结构教学"到"类结构课程"［J］.上海教育,2012(10)：51.

［10］邵怀领.三种课堂范式及其特征［J］.课程·教材·教法,2010(6)：28-31.

［11］魏双悦.谈低年级课堂口令的应用和意义［J］.小学教学参考,2015(3)：83.

［12］白艳红,赵验军.小口令 大作用——谈小学大班额自主学习课堂的有效管理
［J］.基础教育论坛,2015(27)：20-21.

［13］翁琴雅.试论教学质量及其监测［J］.教育测量与评价(理论版),2012(1)：18-20.

［14］吴金财,赖书海.深圳市龙岗区中小学教学质量监测与评价的实践与探索［J］.教
育测量与评价(理论版),2011(3)：17-20.

［15］杨云霞.素质教育背景下教学质量监测路径探究［J］.教育探索,2013(1)：76-77.

［16］杨小微.学校管理创新：以促进学科教学改革与教师发展为旨归［J］.课程·教
材·教法,2010(1)：30-36.

［17］（德）斐迪南·滕尼斯.共同体与社会［M］.林荣远,译.北京：商务印书馆,
1999：52.

［18］林上洪."教育共同体"刍议［J］.教育学术月刊,2009(10)：20-21.

[19] 柴江,潘明珠.教育内涵发展的定位与思考[J].甘肃联合大学学报(社会科学版),2011(6)：93－97.

[20] 刘耀明,熊川武.论义务教育内涵性均衡发展的边界[J].华东师范大学学报(教育科学版),2011(1)：36－40.

[21] 柳谋.强化教育内涵发展 全面提高教育质量[J].中国农村教育,2010(8)：45－47.

[22] 范国睿,李树峰.内涵发展：教育均衡发展的新趋向[J].上海教育科研,2007(7)：14－17.

[23] 吕星宇.论"教育内涵式发展"[J].现代教育论丛,2010(5)：2－4.

[24] 柴江,潘明珠.教育内涵发展的本质与路向选择[J].当代教育科学,2011(23)：32－35.

[25] 郑金洲.学校内涵发展：意蕴与实施[J].教育科学研究,2007(10)：23－28.

[26] 杨小微.义务教育内涵式均衡发展路径分析[J].教育发展研究,2009(5)：6－10.

后　记

　　《国家中长期教育改革和发展规划纲要(2010—2020年)》"指导思想和工作方针"一章中明确指出,要树立以提高质量为核心的教育发展观,注重教育内涵发展,鼓励学校办出特色、办出水平,出名师,育英才。随着素质教育的实施与新课程改革的不断推进,我国教育发展正处于一个新时期,这要求我们在关注教育投入、巩固教育普及水平的同时,更应重视教育内涵发展。

　　教育内涵发展是学校依靠结构优化、资源共享、效能提高以及制度保障等措施以促进教育发展的过程。[①] 教育内涵发展与教育外延发展相对应,引用了逻辑学中"内涵"与"外延"的意义,教育外延发展关注"物"的因素,注重"量"的变化,比如学校教育的外延发展是以规模扩张为基础的人、财、物的增量,强调数量的增长、规模的扩大、空间的拓展等。而教育内涵发展关注"质"的提升,其关注因素是"人",认为人是教育的出发点与落脚点。有学者认为,从学校教育活动的过程来看,教育思想、办学理念、制度、决策、管理、校园文化,以及目标达成度和工作满意度、教育教学内容的选择和设计以及教育方法的合理度,教学力,科研力,时效等表现为质量和效益,属于教育内涵发展的范畴。从学校教育活动的结果来看,学生身心发展水平、综合素质、适应能力以及可持续发展能力等也属于教育内涵发展的范畴。[②]

　　教育内涵发展的出发点与归宿是全面提高教育质量,以"育人为本"为理念,推行素质教育,促进学生的全面发展。然而,改革开放以来,我国的经济水平不断提高,国家在推进义务教育均衡发展方面取得了显著成效,城乡教育硬件资源配置方面的差异不断缩小。但是,所谓的"漂亮的薄弱学校"也应运而生,即一些硬件设施齐全,总体的教育质量、管理水平、校园文化欠缺的学校。教师教学缺少激情,学生学习缺少灵动,这与教育内涵发展"以人为本"的要义是相违背的。因此,要促进教育内涵发展,教学

---

　　① 柴江,潘明珠.教育内涵发展的定位与思考[J].甘肃联合大学学报(社会科学版),2011(6):93-97.
　　② 吕星宇.论"教育内涵式发展"[J].现代教育论丛,2010(5):2-4.

综合改革是必不可少的。

在海南省基础教育课程改革实验工作领导小组办公室牵头的"海南省小学低年级基础学科教育教学综合改革实验研究"项目中，九所学校形成共同体，"薄弱学校"在优质学校的帮扶下，进行了"原点教学"实验项目，旨在寻找当今课堂存在的现实问题，寻求解决之策。在常规管理制度、教师队伍建设、课堂教学、学校科研以及校园文化等方面进行了改革与完善。事实证明，教学综合改革能够有效提高教学质量，促进学校教育内涵发展。

1. 常规制度改革是保障。学校常规管理制度的建立与完善是教育内涵发展的保障。对学校常规管理制度的改革，就是要进一步规范学校内部管理，建立健全制度机制，稳步提高教育教学质量与办学水平。学校管理中应坚持"德治"与"法治"相结合，既有"以人为本"的精神贯穿始终，又有细致严格的章程制度，在体现民主的同时，促进师生将遵章守纪内化为自我规范与自我约束。学校常规管理制度包括教育、教学、师资、学生、后勤等方面，且制度应是细致化、科学化、可操作的。在此次项目中，海秀小学、山高小学等学校加强教学常规与课堂常规制度建设，建立健全教学管理的各项制度和机制，加强备课、课堂教学、评价等环节的管理，进一步优化教学过程管理，提高管理水平，改变原有的制度松散、学校管理机械的局面，为学校的内涵发展提供了强有力的保障。

2. 教师队伍建设是关键。教师队伍建设是教育内涵发展的关键。著名学者梅贻琦说过："大学者，非谓有大楼之谓也，有大师之谓也"，学校的发展不取决于楼房盖得如何，关键是要有好的教师。教育内涵发展要求重视教师的内涵发展，教师队伍的建设，教师对于内涵发展的理解并付诸于教学实践对于提高教学质量、促进教育内涵发展是至关重要的，也就是说，两者之间是相辅相成、相互促进的。教师队伍建设包括教师理念转变、教学方法改进、教师专业发展等。教师教学理念应由原先的"教师为主"转变为"以生为本"，关注学生发展。同样，教学方法由原来的"教授"转变为"自主、合作、探究"，促进学生的自主学习，培养学生自主学习、主动学习的能力。教师专业发展包含了知识与技能、情感与态度以及师德等方面的内容，是与教育教学相关的一切能力的发展与成长。在此项目中，帮扶学校通过讲座报告、座谈会、研讨等形式，为被帮扶学校输送崭新的、科学的理论知识与观点,营造热烈的讨论氛围,促进教师教学理念与教学方法的转变与改进;通过专家讲座、学习平台、远程教育等方式,提高教师学习与研修的自主性;通过教学评价改革、明确奖惩等措施激励教师,形成良好机制。

3. 课堂教学质量是核心。保障课堂教学质量是教育内涵发展的核心要义。内涵发展的出发点与落脚点是全面提高教育质量。课堂教学有效性关系到课堂教学质量,课堂教学效率的提高,课堂教学效果的显见,课堂教学氛围的热烈,课堂教学质量的保障是教育内涵发展的关键。要提高课堂教学质量,必然要进行课堂教学改革,其根本是满足学生发展的需求,学校的课堂教学要唤醒学生的主体意识,给予学生最大限度的信任,做到课程结构与形式的多样化,促进学生发展。海口市几所学校拥有自身的课堂范式,用流程稳定教学质量。山高小学以"循环链接教学模式"打造"生态课堂";海口市英才小学建构"一单五环"教学模式打造"高效课堂";海南省滨海九小以"类结构教学"打造"有效课堂"。课堂教学改革有效促进教学质量的提高,是教育内涵发展的核心。

4. 教育科学研究是重点。教育科学研究是教育内涵发展的重点。教育科学研究并不只是专家学者的工作与职责,实际上,一线教师作为基层工作者,与学生接触最多,与课堂教学距离最近,教师应该在教学实践中发现问题、解决问题,努力克服研究工作与教育教学实践脱节的现象,发挥教师的主体作用,将教育科学研究与教学实践融为一体。高效的教育科研工作机制对于教育内涵发展也是十分重要的,学校应该做好教育科研立项、评审、鉴定、评奖、推广等工作,教师与教师之间、学校与学校之间、地区与地区之间形成良好的科研氛围,实现资源互享与优势互补,使教育科学研究成为提高教学质量的动力。海口市英才小学致力于建设校本教研文化,自觉回到教师发展的原点:教学教研,从教学现场寻找最满意的答案,逐步形成了富有英才特色的"3366"式校本教研模式,促进了教师专业的再成长、教学质量的再提高、学校内涵的再发展。

5. 校园文化建设是灵魂。校园文化建设是教育内涵发展的灵魂所在。校园文化是学校的灵魂,是凝聚人心、展示学校形象、提高学校品味的重要体现。学校的重要功能就是将上一代的文化内容经过价值批判和取舍,去粗取精,去伪存真,传播给下一代。[①] 校园文化具有导向功能、凝聚功能、规范功能，对于学生的人格发展至关重要。我国优秀传统文化博大精深，很多内容对于学生的发展都是大有裨益的，应择其善从之。面对纷繁复杂的外来文化，学校应在保持文化"多样性"的同时，确保文化的"本真"与"单纯"，去伪存真，取其精华，结合学校自身实际，创建有自身特色的校园文化。此次项目中的山高小学校园生态文化具有代表性与特色，其主题为"回归自然"、"平等空间"与"关注生活"，学校认为课堂文化来源于校园文化，只有给学生营造良好的校园文化氛围，才能将文化移植到课堂之中，形成良好的课堂秩序与课堂文化，最终形成校园生态与校本文化。教师与学生在潜移默化中接受校园文化的熏陶，在不知不觉中得到文化的浸润，从而体会教育和学习的真谛。

教育综合改革要注重改革内容的综合性。它并不是对某种或者某一单独的教育现象进行改革，而是对于教育系统包含的各种各类教育改革对象进行全面的把握与协同的处理。正如华东师范大学杨小微教授所说："学校教育改革只有深入到最基本、最核心的教育教学活动领域，推进课堂教学、班级建设、学校管理等多层面、多领域的综合改革，才有可能实现学校教育的整体形态、内在基质和日常教育实践的真正转型，基础教育内涵发展才有可能落到实处。"[②]2013 年海南省小学"原点教学"实验项目证明，教育综合改革从区域角度来看，是海南区域的综合改革，既包括城市学校的改革，又包括农村学校的改革；从要素来看，教育综合改革主要以制度改革为着力点，但要注重教育观念、教育活动（包括教育活动涉及的主客体、资源等）等的改革；从体制机制来看，既是对管理体制的改革，也是对学校教学体制、评价体制、教育保障体制等的综合改革。两年的实验证明，海南省九所学校常规管理制度、教师队伍建设、课堂教学、学校科研以及校园文化等方面的综合改革与完善是其学校教育内涵发展的不二方略。

编者

2020 年 1 月 6 日

---

① 柴江,潘明珠.教育内涵发展的本质与路向选择[J].当代教育科学,2011(23)：32 - 35.
② 杨小微.义务教育内涵式均衡发展路径分析[J].教育发展研究,2009(5)：6 - 10.

学校课程发展丛书

数学学科课程群	978－7－5675－9445－6	58.00	2019 年 8 月
科学学科课程群	978－7－5675－9593－4	34.00	2019 年 9 月
核心素养与课程设计	978－7－5675－9462－3	46.00	2019 年 9 月
语文学科课程群	978－7－5675－9441－8	56.00	2019 年 9 月
品牌培育与学校课程	978－7－5675－9372－5	39.00	2019 年 9 月
英语学科课程群	978－7－5675－9575－0	39.00	2019 年 10 月
体艺学科课程群	978－7－5675－9594－1	34.00	2019 年 10 月
跨学科课程的 20 个创意设计			
	978－7－5675－9576－7	34.00	2019 年 10 月
学校课程与文化变革	978－7－5675－9343－5	52.00	2019 年 10 月

品质课程实验研究丛书

学校课程框架的建构：HOME 课程的旨趣与架构

	978－7－5675－9167－7	36.00	2019 年 9 月

聚焦育人目标的课程设计：红棉花季课程的愿景与追求

	978－7－5675－9233－9	39.00	2019 年 10 月

核心素养导向的课程设计：花园式课程的文化与聚焦

	978－7－5675－9037－3	48.00	2019 年 10 月

学校课程文化的实践脉络：百步梯课程的逻辑与架构

	978－7－5675－9140－0	48.00	2019 年 11 月

学校课程发展策略：SMILE 课程的逻辑与深度

	978－7－5675－9302－2	46.00	2019 年 12 月

聚焦内涵发展的课程探究：芳香式课程的理念与实施

                    978 - 7 - 5675 - 9509 - 5   48.00   2020 年 1 月

以儿童为中心的课程：欢乐谷课程的旨趣与维度

                    978 - 7 - 5675 - 9489 - 0   45.00   2020 年 1 月

特色学校聚焦丛书

每一个孩子都是一棵树   978 - 7 - 5675 - 6978 - 2   28.00   2018 年 1 月

教育不是一个人的事："众教育"36 条

                    978 - 7 - 5675 - 7649 - 0   32.00   2018 年 8 月

不一样的生命，一样的精彩   978 - 7 - 5675 - 8675 - 8   34.00   2019 年 3 月

童味正醇：特色学校的文化图谱   978 - 7 - 5675 - 8944 - 5   39.00   2019 年 8 月

特色普通高中课程建设探索   978 - 7 - 5675 - 9574 - 3   34.00   2019 年 10 月

儿童是天生的探索者：360°科学启蒙教育

                    978 - 7 - 5675 - 9273 - 5   36.00   2020 年 2 月

做精神灿烂的教师：教师自我成长的 5 个密码

                    978 - 7 - 5760 - 0367 - 3   34.00   2020 年 7 月

跨学科课程丛书

大情境课程：主题设计与创意评价

                    978 - 7 - 5760 - 0210 - 2   44.00   2020 年 5 月

社会参与素养的培育模型与干预机制

                    978 - 7 - 5760 - 0211 - 9   36.00   2020 年 5 月

大概念课程：幼儿园特色主题活动设计

                    978 - 7 - 5760 - 0656 - 8   52.00   2020 年 8 月

核心素养导向的课堂教学丛书

图书在版编目（CIP）数据

原点教学：提升区域育人质量的策略研究 / 陈力，罗基鸣主编. —上海：华东师范大学出版社，2020
ISBN 978 - 7 - 5760 - 0212 - 6

Ⅰ.①原… Ⅱ.①陈… ②罗… Ⅲ.①课堂教学—教学研究—小学 Ⅳ.①G622.421

中国版本图书馆 CIP 数据核字(2020)第 095510 号

原点教学：提升区域育人质量的策略研究

主　　编　陈　力　罗基鸣
责任编辑　刘　佳
项目编辑　林青荻
特约审读　汪　琴
责任校对　张　筝　时东明
装帧设计　卢晓红

出版发行　华东师范大学出版社
社　　址　上海市中山北路 3663 号　邮编 200062
网　　址　www.ecnupress.com.cn
电　　话　021 - 60821666　行政传真 021 - 62572105
客服电话　021 - 62865537　门市(邮购)电话 021 - 62869887
地　　址　上海市中山北路 3663 号华东师范大学校内先锋路口
网　　店　http://hdsdcbs.tmall.com/

印 刷 者　杭州名典古籍印务有限公司
开　　本　787×1092　16 开
印　　张　18.5
字　　数　277 千字
版　　次　2020 年 8 月第 1 版
印　　次　2020 年 8 月第 1 次
书　　号　ISBN 978 - 7 - 5760 - 0212 - 6
定　　价　56.00 元

出 版 人　王　焰